文化创意企业融资创新模式研究

Research on Financing Innovative Modes for Cultural and Creative Enterprises

甄 烨 ◎ 著

图书在版编目（CIP）数据

文化创意企业融资创新模式研究／甄烨著. —北京：经济管理出版社，2019.6
ISBN 978-7-5096-6512-1

Ⅰ.①文… Ⅱ.①甄… Ⅲ.①文化产业—企业融资—融资模式—研究—中国 Ⅳ.①F279.24

中国版本图书馆 CIP 数据核字（2019）第 063725 号

组稿编辑：张莉琼
责任编辑：张　艳　张莉琼
责任印制：黄章平
责任校对：王淑卿

出版发行：经济管理出版社
　　　　　（北京市海淀区北蜂窝 8 号中雅大厦 A 座 11 层　100038）
网　　址：www.E-mp.com.cn
电　　话：（010）51915602
印　　刷：三河市延风印装有限公司
经　　销：新华书店
开　　本：720mm×1000mm /16
印　　张：15.75
字　　数：292 千字
版　　次：2019 年 7 月第 1 版　2019 年 7 月第 1 次印刷
书　　号：ISBN 978-7-5096-6512-1
定　　价：68.00 元

·版权所有　翻印必究·
凡购本社图书，如有印装错误，由本社读者服务部负责调换。
联系地址：北京阜外月坛北小街 2 号
电话：（010）68022974　邮编：100836

序 言

进入 21 世纪以来，文化创意产业因其低能耗、低污染、高科技含量、高附加值等特性成为许多国家极力鼓励发展的重要产业之一，文化创意产业正在迅速地占领经济发展高地，甚至成为引领整个产业结构调整的风向标。我国也非常重视文化创意产业的发展，1998 年成立文化部文化产业司。2007 年中共第十七次全国代表大会提出要"激发全民族文化创造力，提高国家文化软实力"。2009 年国务院发布的《文化产业振兴规划》，明确提出要"将我国文化产业的发展上升为国家战略高度"。2010 年中共十七届五中全会指出要"将我国的文化产业发展成为国民经济的支柱产业"。2012 年中共第十八次全国代表大会提出要"建设社会主义文化强国"。随着中国经济进入新常态，文化产业在国民经济中的战略地位越来越重要。2017 年中共第十九次全国代表大会提出要"坚定文化自信、推动社会主义文化繁荣兴盛"。

文化产业发展依赖于文化创意企业的发展壮大，而文化创意企业的发展离不开资金的支持。由于文化创意产品市场不确定，文化创意企业价值难以得到有效评估，银行等传统金融机构对文化创意企业普遍存在惜贷现象。虽然近年来国家出台了一系列关于金融资本支持文化产业发展的政策，并加大了对文化产业的政策扶持力度，但是为了控制风险，金融机构以及文化产业专项基金仍然是以大型文化企业和文化产业项目为支持对象，中小型文化创意企业的受益范围有限。我国目前的文化创意企业大多属于中小微企业，企业规模小、可用来抵押的固定资产少，很难运用传统的融资模式从银行等传统渠道获得融资。

目前，国内外学者对中小企业融资难问题的研究有很多，但专门针对文化创意企业的研究较少。本书通过国内外文化创意企业融资对比和实证研究，揭示了融资环境、市场环境、企业特质、文化政策等因素对文化创意企业融资能力的影响机理，发现我国文化创意企业主要存在融资渠道单一、融资质押缺乏创新和融资风险大这三方面的问题。因此，本书围绕文化创意企业尤其是中小文化创意企业存在的这三方面问题展开，提出适合中小微文化创意企业的融资创新模式。

(1) 基于众筹的文化创意企业融资渠道创新模式

目前，大多数企业融资时，采用的融资渠道依然是传统渠道，如政府支持、银行信贷、民间借贷等。这些渠道的受益企业基本上都是大企业，中小微企业因为固定资产少，信用评级差，很难获得融资。互联网金融的出现，尤其是众筹的出现，为中小文化创意企业融资带来新的契机。因为创意类产品容易引起社会大众的支持和共鸣，尤其是专业的创意产品爱好者往往是潜在的投资者，众筹能够在创意项目发起者与投资者之间搭起桥梁。本书从"互联网+"视角出发，以缓解投融资双方信息不对称为目的，充分考虑文化创意项目爱好者的支持行为，设计了文化创意众筹运作模式，并通过实证研究揭示了文化创意众筹中支持者投资行为的动态性机理，得出吸引支持者参与文化创意众筹项目的对策建议，突破了传统文化创意企业融资渠道单一的问题。

(2) 基于版权评估的文化创意企业融资质押方式创新

对于银行信贷融资来说，为了控制信用风险，银行往往要求文化创意企业提供质押物或担保。近年来，虽然我国银行也针对文化创意企业开发了一些新的金融产品，如版权质押融资、应收账款质押融资、未来收益权质押融资。但是据调查显示，文化创意企业将其版权、著作权等无形资产向银行质押融资时，大部分银行需要贷款人以厂房等固定资产作为抵押，同时承担无限连带责任，或者是需要有担保人或者担保机构给予担保。所以知识产权质押融资只适合于部分资金实力比较雄厚、财务状况良好、信用等级较高的文化创意企业，因此，针对中小文化创意企业的融资质押创新势在必行。然而，在文化创意企业版权质押融资过程中，版权价值评估是最难的环节。通过设计文化创意企业版权质押融资运行机制，对版权价值评估体系进行研究，建立版权价值评估模型并对其进行实证检验，可以有效缓解文化创意企业的版权价值评估难问题，为中小文化创意企业融资质押提出新的融资模式。

(3) 基于保险的文化创意企业融资风险管理创新

文化创意企业的高风险特性是制约银行等金融机构向中小微文化创意企业提供融资的主要原因。文化创意企业的风险高一方面是由其自身特性决定的，由于文化创意产业是轻资产的，退出壁垒低，文化创意企业自身违约概率较高，存在道德风险；另一方面文化创意企业运营也面临诸多风险，因为文化创意产品属于创新性和体验性产品，市场反应不确定程度高，因此，银行等金融机构在向文化创意企业提供信贷融资时，往往会担心其自身和运营风险所导致的融资风险，文化保险的出现为文化创意企业降低运营风险提供了重要手段。通过向保险公司投保并将保单质押给银行,可以降低商业银行的融资风险,提高商业银行的信贷限额,有效缓解文化创意企业的融资难问题。本书对文化创意产业风险的承保范围进行分析,设计文化创意企业的保险融资模式,并对保险融资服务的定价问题进行探讨。

由于能力及时间所限,本书的研究在数据收集、研究方法等方面还存在着一些局限,还有很多问题值得进一步深入研究,这些也将是笔者以后的研究方向。本书只是抛砖引玉,希望更多不同学科领域的学者能够参与到文化金融的研究中来,共同努力,将文化金融理论不断发展完善。本书得到了国家自然科学基金项目(编号:71402112)、山西省高等学校哲学社会科学研究项目(编号:201803089)和山西省高等学校人文社会科学重点研究基地项目(编号:201801030)的资助,在此表示感谢。

本书是笔者博士论文以及后续研究成果的一些汇总。由于知识水平和能力所限,书中难免存在一些不足与疏漏之处,希望得到广大学者的批评指正,以便在今后的研究工作中不断修正与完善。

甄 烨
2018 年 12 月于太原

目 录

1 绪 论 ... 1
1.1 研究背景与意义 ... 1
1.1.1 研究背景 ... 1
1.1.2 研究意义 ... 3
1.2 研究内容与研究框架 ... 4
1.2.1 研究内容 ... 4
1.2.2 研究框架 ... 5
1.3 研究方法 ... 5
1.4 本书的创新之处 ... 7

2 文献综述 ... 8
2.1 文化创意产业相关文献综述 ... 8
2.1.1 国外文化创意产业相关文献综述 ... 8
2.1.2 国内文化创意产业相关文献综述 ... 12
2.2 文化创意企业融资相关文献综述 ... 19
2.2.1 文化创意企业融资难的原因相关研究 ... 19
2.2.2 文化创意企业融资模式相关研究 ... 22
2.2.3 文化创意企业融资支持体系相关研究 ... 27
2.3 文献综述 ... 30
2.3.1 现有文献总结 ... 30
2.3.2 现有文献不足分析 ... 32

3 文化创意产业融资现状分析 … 34
3.1 文化创意产业的发展现状 … 34
3.1.1 国外文化创意产业的发展现状 … 34
3.1.2 我国文化创意产业的发展现状 … 38
3.2 文化创意产业的融资现状 … 41
3.2.1 国外文化创意产业融资模式 … 41
3.2.2 我国文化创意产业融资模式 … 45
3.3 国内外文化创意企业融资的差距及原因分析 … 47
3.3.1 文化创意企业融资渠道单一 … 47
3.3.2 文化创意企业融资质押缺乏创新 … 49
3.3.3 文化创意企业融资风险大 … 50

4 文化创意企业融资能力影响因素分析 … 53
4.1 文化创意企业融资能力影响因素理论分析及假设提出 … 53
4.1.1 融资能力 … 53
4.1.2 融资环境 … 54
4.1.3 市场环境 … 55
4.1.4 企业特质 … 55
4.1.5 政策因素 … 58
4.2 文化创意企业融资能力影响因素实证研究 … 59
4.2.1 样本的选择和数据收集 … 59
4.2.2 变量的定义和测量 … 59
4.2.3 实证分析 … 60
4.3 文化创意企业融资影响因素结论及启示 … 68

5 基于众筹的文化创意企业融资渠道创新 … 71
5.1 文化创意企业众筹的必要性分析 … 71
5.2 文化创意企业众筹融资运作模式 … 74
5.2.1 文化创意类项目众筹平台的功能定位 … 74
5.2.2 文化创意类项目的众筹交易流程 … 75
5.3 文化创意众筹中支持者投资行为的动态性分析 … 77
5.3.1 理论分析与研究假设 … 77

5.3.2 研究设计 ······ 79
　　5.3.3 实证结果及其分析 ······ 80
　　5.3.4 结论与建议 ······ 86

6 基于版权评估的文化创意企业融资质押方式创新 89

6.1 文化创意企业版权质押融资的必要性与可行性分析 89
6.2 文化创意企业版权质押融资模式的运行机制设计 90
　　6.2.1 现有文化创意企业版权质押融资的模式分析 ······ 90
　　6.2.2 文化创意企业版权质押融资流程的再设计 ······ 91
6.3 基于质押的文化创意企业版权价值评估体系 92
　　6.3.1 传统知识产权评估方法及其适应性 ······ 92
　　6.3.2 基于质押的版权价值评估的基本思路 ······ 94
　　6.3.3 基于质押的版权价值指标体系 ······ 95
　　6.3.4 基于质押的版权风险指标体系 ······ 96
6.4 基于质押的文化创意企业版权价值评估模型 98
　　6.4.1 价值因子和风险因子的模型评估方法 ······ 98
　　6.4.2 版权价值 VaR 评估模型 ······ 99
6.5 基于质押的文化创意企业版权价值评估实证研究 100
　　6.5.1 价值因子和风险因子的模糊综合评判 ······ 102
　　6.5.2 版权质押价值 VaR 综合评估 ······ 106

7 基于保险的文化创意企业融资风险管理创新 108

7.1 文化创意企业保险融资的必要性分析 108
7.2 文化创意产业风险承保范围分析 109
　　7.2.1 文化创意产业风险可保性分析 ······ 109
　　7.2.2 文化创意产业保险的分类 ······ 110
7.3 文化创意企业的保险融资模式 114
　　7.3.1 文化创意企业投保模式 ······ 114
　　7.3.2 商业银行投保模式 ······ 116
　　7.3.3 商业银行与保险公司合作模式 ······ 117
7.4 文化创意产业保险融资服务定价 118
　　7.4.1 保险公司的保费决策 ······ 118
　　7.4.2 银行提供贷款的条件 ······ 119

8 促进我国文化创意企业融资创新的政策建议 …… 124
8.1 政府层面 …… 124
8.1.1 加大文化创意产业扶持力度 …… 124
8.1.2 建立良好的文化金融环境 …… 125
8.1.3 完善文化创意产业知识产权体系 …… 127
8.2 金融机构层面 …… 128
8.2.1 加强文化金融创新 …… 128
8.2.2 加强文化金融风险管理 …… 129
8.2.3 加强金融机构之间的合作 …… 129
8.3 文化创意企业层面 …… 130
8.3.1 加强文化产品内容创新 …… 130
8.3.2 提高企业信用等级 …… 131
8.3.3 拓宽融资渠道 …… 131

9 结论与展望 …… 133
9.1 本书的主要结论 …… 133
9.2 研究展望 …… 135

附　录 …… 137

参考文献 …… 221

1 绪 论

1.1 研究背景与意义

1.1.1 研究背景

进入21世纪以来，文化创意产业（Cultural and Creative Industries，CCI）因其低能耗、低污染、高科技含量、高附加值等特性成为许多国家极力鼓励发展的重要产业之一，尤其是在一些经济发展水平较高的国家，文化创意产业正在迅速地占领经济发展高地，甚至成为引领整个产业结构调整的风向标。我国也非常重视文化创意产业的发展，近些年来出台了很多政策大力支持文化产业的发展。我国文化创意产业迎来了高速的发展期。截至2014年底，我国文化企业数量达130多万家，文化类的个体创业者、经营者达200多万个。到2015年底，我国规模以上文化企业共有49356家，实现营业收入84163亿元，共吸纳就业人员2041万人。在文化创意企业迅猛发展的同时，也发现在我国的文化创意企业中，大多数企业属于中小微企业，资产不足、信誉不高、抗风险能力弱，以及资产形式主要以人才、创意、知识产权等无形资产为主等特征使其很难从银行等金融机构获得融资意向，虽然这些企业拥有创意的研发产品、优秀的团队，但往往由于缺乏流动资金而陷入经营困境。

为了解决文化创意企业融资难、融资贵、融资模式单一、融资渠道不畅通等方面的困境，近年来国家相继出台了一系列有利于文化创意企业发展的金融政策来推动文化创意企业的发展。如2010年九部委联合出台的《关于金融支持文化产业振兴和发展繁荣的指导意见》，2012年财政部、文化部分别发布《文化产业发展专项资金管理暂行办法》《关于鼓励和引导民间资本进入文化领域的实施意见》，2013年，中共十八届三中全会提出"鼓励金融资本、社会资本、文化资源相结合"，以及为支持小微文化企业发展，党中央启动的"文化金融扶持计划"，

2014年文化部会同中国人民银行、财政部等相关金融部门出台的《关于深入推进文化金融合作的意见》《关于大力支持小微文化企业发展的实施意见》，以及为支持电影产业的发展，财政部会同国家新闻出版广电总局等七部门联合发布的《关于支持电影发展若干经济政策的通知》，2016年中国资产评估协会发布《文化企业无形资产评估指导意见》，以及财政部联合文化部启动的第三批PPP示范项目申报筛选工作等。银行等金融机构在国家政策的指引下，也采取了积极的措施来支持文化产业的发展，如国家开发银行开通支持文化产业基础设施建设的相关业务，中国进出口银行为文化企业进行境外投资与并购提供金融服务，中国工商银行等为影视剧的拍摄提供贷款，中国人保财险公司开发了针对文化产业的保险产品，中国银行等积极探索文化企业无形资产抵押贷款。还有一些银行设立了文化产业金融事业部，从体制与机制上进行文化金融创新。在各项主体的共同协作下，我国文化创意企业的融资渠道有了较大的扩展，形成了以银行信贷、企业债、小额贷款、民间借贷、天使投资、VC/PE、新三板、IPO以及专项资金、商业信用（延期付款、预付款）等为主的多元化融资渠道。然而由于文化创意企业自身的特殊性质，使得银行等金融机构对具备规模以上的文化创意企业比较青睐，中小微文化创意企业期待的普惠制金融扶持以及突破融资难瓶颈的现实，目前依然无法得到有效解决。

"互联网+"时代的到来尤其是互联网金融的出现，为我国中小微文化创意企业融资带来了一些契机。互联网金融模式中的众筹模式、P2P模式可以为中小微文化创意企业投融资提供便利的渠道。但由于互联网金融在我国的发展刚刚起步，在法律和监管问题上还游离于现有的金融法规制度之外，因而自出现以来受到来自社会各界的广泛争议。2014年国务院总理李克强提出"要促进互联网金融健康发展"，使得互联网金融这一原本饱受争议的新兴事物得到了最终的认可。近几年国家也相继出台了一系列政策，如《关于促进互联网金融健康发展的指导意见》《互联网金融风险专项整治工作实施方案的通知》来规范互联网金融的发展，但是互联网金融毕竟是新兴事物，在实际的发展中，如何能与我国文化创意产业融资需求进行有效结合，还需要进行进一步的探索。

基于以上背景，结合中小微文化创意企业的发展实际，本书认为必须对文化创意企业现有的融资模式进行创新，提出适合文化创意企业的金融创新体系，才能使得文化创意企业健康发展。基于此，本书系统地梳理、总结和简评国内外文化创意企业的发展现状以及现有的融资模式，找出我国文化创意企业融资难的根本原因。然后采用实证研究与规范研究相结合、定性与定量相结合的方法研究影响我国文化创意企业融资能力的关键因素，在此基础上，设计了我国文化创意企业融资创新的众筹、版权质押以及保险模式，以期对解决我国中小微文化创意企业融资困境提供重要的理论参考，为加快我国文化创意企业的发展贡献力量。

1.1.2 研究意义

鉴于能源、资源的有限性，未来经济的发展趋势必然是从依靠传统自然资源消耗转入创意的时代。文化创意产业符合经济的发展规律，以人的创意为基础，在现有的文化资源基础上进行再创造，将文化资源和创意资源转化为经济成果，并带来经济附加值。文化创意产业可以推动整个产业链的重新整合，带动相关产业的联动发展。因此被称为"21世纪的朝阳产业"。

近几年来，在相关政策以及习总书记提出的"文化自信"指引下，我国文化创意产业获得了长足的发展。但是与发达国家相比，我国文化创意产业的发展还比较落后，企业运营资金短缺是制约其发展的主要瓶颈。虽然目前针对文化创意企业的融资渠道有很多，如银行信贷、企业债、引入VC/PE、新三板上市、首次公开募股IPO、专项基金、统贷平台等，但是这些金融机构在做出是否放贷以及投资决策时，一般都看重企业的规模、信用评级、财务状况等指标。我国大部分文化创意企业都属于中小微企业，企业自身规模小、信用评级较低、财务状况不透明、固定资产少等特征使得银行等金融机构不愿意承担风险为其提供融资，企业往往由于缺乏流动资金陷入经营困境。因此，针对目前文化创意企业的融资困境，对文化创意企业现有的融资模式进行创新，具有重要的理论意义和应用价值，具体体现在以下两个方面：

首先，针对文化创意企业融资中存在的融资渠道单一、融资规模小，融资成本高以及融资风险大等问题，本书提出了三种文化创意企业融资创新模式，分别是基于众筹的文化创意企业融资创新模式、基于版权质押文化创意企业融资创新模式、基于保单质押的文化创意企业融资创新模式。众筹模式主要是解决文化创意企业融资渠道单一、融资成本高等问题；版权质押融资主要是解决文化创意企业版权资产价值无法得到有效评估、融资风险大等问题；保单质押融资主要是解决文化创意企业融资渠道单一、融资风险大等问题。三种融资创新模式的提出有利于推动文化创意产业投融资理论的发展。

其次，针对现有融资渠道以及文化产业专项基金青睐于大型或者国有文化企业的现实，本书从中小微文化创意企业融资困境及影响因素着手，提出了基于众筹、版权质押、保单质押的文化创意企业融资模式，该模式的提出有助于拓宽文化创意企业的融资渠道。此外，针对文化创意企业固定资产少，以版权等无形资产为主且版权价值容易受市场需求、资产价值无法有效评估、盗版等因素影响，导致具有风险厌恶偏好的银行等金融机构出现惜贷的现实，本书在版权质押融资模式以及保单质押融资模式分析中将风险因素考虑进来进行了进一步研究，该研究有助于降低银行等金融机构信贷风险，同时也为银行等金融机构提供了新的业务模式，具有一定的实践意义。

1.2　研究内容与研究框架

1.2.1　研究内容

本书共分为九章。

第1章为绪论。主要对本书的研究背景与意义、研究思路与方法进行了阐述，论证了文化创意企业融资创新对文化创意产业发展的重要性，以及本书研究所能产生的理论价值与实践意义，提出了本书研究遵循的逻辑思路和所采用的研究方法。

第2章为文献综述。运用总结归纳法对国内外学者在文化创意产业、文化创意产业融资方面的研究成果进行了梳理与总结，包括文化创意产业融资难的原因、文化创意产业融资模式、文化创意产业融资支持体系等；最后提出了目前国内外相关研究的不足以及本书的研究出发点。

第3章为文化创意产业融资现状分析。运用总结归纳法和对比研究法，分析了国内外文化创意企业发展状况以及采用的融资模式，指出我国文化创意企业融资中存在的问题，并对原因进行了分析；指出我国文化创意产业融资创新的现实需求和基础。

第4章为文化创意企业融资能力影响因素分析。针对文化创意企业的融资困境，结合文化创意企业自身的特性，提出影响文化创意企业融资的关键因素，运用实证研究的方法分析这些因素与企业融资能力之间的逻辑关系。

第5章为基于众筹的文化创意企业融资渠道创新。首先从文化创意类项目众筹平台的功能定位以及交易流程两个方面对文化创意企业众筹交易的运作模式进行了分析，其次运用实证研究的方法分析了众筹成功项目的支持者投资行为随时间的动态变化。

第6章为基于版权评估的文化创意企业融资质押方式创新。首先对文化创意产业版权质押融资的必要性与可行性进行了分析；其次对我国文化创意企业版权质押融资模式的运行机制进行了设计，针对目前我国文化创意企业版权价值评估存在的弊端，结合 VaR 风险度量方法与模糊综合评价法构建了基于质押的文化创意企业版权价值评估体系；最后通过实证数据对评估体系的有效性进行了检验。

第7章为基于保险的文化创意企业融资风险管理创新。首先对文化创意企业保单质押融资的风险承保范围进行了分析，将文化创意产业风险分成三类，并针对各类风险对保险产品进行了匹配。其次设计了各种保险产品对应的中小文化创意企业保单质押融资模式。最后针对带免赔额和最高赔付水平的商业保险，研究了文化创意产业保单质押融资的服务定价，给出了保险公司的保费决策及相应情况下银行提供贷款的条件。

第8章为促进我国文化创意企业融资创新的政策建议。分别从政府、金融机构、文化创意企业三个层面提出了促进我国文化创意企业融资创新的政策建议。

第9章为结论与展望。

1.2.2　研究框架

本书的研究框架如图 1-1 所示。

1.3　研究方法

本书采用实证研究与规范研究相结合、定性与定量相结合、文献查阅与比较研究相结合的方法研究了影响我国文化创意企业融资能力的关键因素，设计了文化创意企业融资创新模式。具体采用的研究方法有：

1) 通过文献查阅和比较研究的方法，对英国、美国、法国、日本四个发达国家和中国的文化创意产业发展状况及融资模式进行了分析，指出我国文化创意产业融资相对于发达国家存在的不足，并对原因进行了分析。

2) 通过实证方法，对文化创意企业融资相关影响因素进行了研究。首先，通过收集新三板文化创意企业的数据，运用多元回归方法对文化创意企业融资能力的影响因素进行了实证检验；其次，通过收集众筹网的文化创意项目数据，运

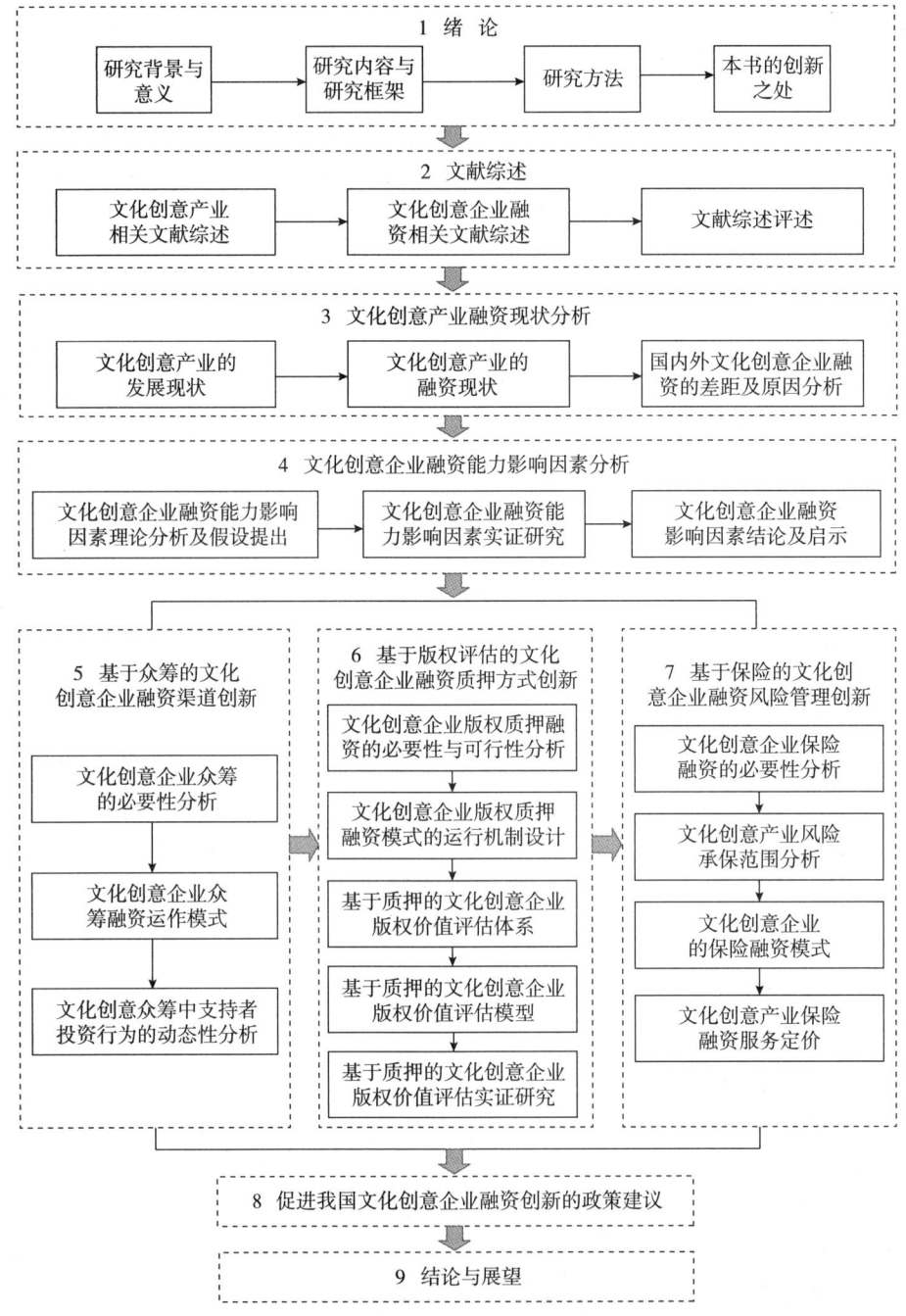

图 1-1 本书技术路线

用面板数据模型对文化创意众筹中支持者投资行为的动态性进行了分析。

3）采用数理模型的方法，构建了文化创意企业版权价值评估模型，对文化创意企业保险融资中服务定价机制进行了研究。

1.4　本书的创新之处

本书的创新之处主要体现在以下四个方面：

第一，目前国内外学者对中小企业融资难问题的研究有很多，但专门针对文化创意企业的研究较少。本书通过国内外文化创意企业融资对比和实证研究，揭示了融资环境、市场环境、企业特质、文化政策等因素对文化创意企业融资能力的影响机理，发现我国文化创意企业主要存在融资渠道单一、融资质押缺乏创新、融资风险大这三方面的问题，为下文从这三个方面提出文化创意企业融资创新模式奠定基础。

第二，传统的文化创意企业融资研究大多考虑政府的支持以及银行信贷渠道，本书充分考虑文化创意项目爱好者的支持行为，提出基于众筹的文化创意企业融资渠道创新，设计了文化创意众筹运作模式，并通过实证研究揭示了文化创意众筹中支持者投资行为的动态性机理，得出吸引支持者参与文化创意众筹项目的对策建议。本书的研究从"互联网+"视角出发，以众筹方式缓解投融资双方信息不对称问题，突破了传统文化创意企业融资渠道单一的问题。

第三，针对文化创意企业的固定资产少、无形资产多的特点，提出基于版权评估的文化创意企业融资质押方式创新，设计了"政府贴息+独立评估+反担保"的版权质押融资模式；构建了基于质押的文化创意企业版权价值评估体系，并通过实际数据对评估的准确性进行了检验。本书提出的基于质押的版权价值评估方法，综合了成本法、市场法和收益现值法的优势，并考虑到银行的风险态度，弥补了现有评估方法不能有效应用于文化创意企业融资的局限。

第四，针对文化创意企业运营风险导致的融资风险问题，提出基于保险的文化创意企业融资风险管理创新，对文化创意产业可保性进行分析，设计了文化创意企业的保险融资模式，并对保险融资服务的定价问题进行了探讨，给出了保险公司的保费决策及相应情况下银行提供贷款的条件。本书借助目前兴起的文化保险产品，设计"文化保险+融资"的创新型模式，作为一种新的融资风险转移方法，能够对现有文化创意企业融资风险管理提供有益补充。

2 文献综述

文化创意产业作为一种新兴产业,已经成为许多国家和地区经济发展、社会进步的新引擎。然而世界各国基于本国实际,对文化创意产业的称谓不同,有的国家称为文化产业,有的国家称为创意产业,有的国家则称为文化创意产业。因此,本章对国外学者对于文化创意企业的研究会综合各国的不同称谓展开论述。

2.1 文化创意产业相关文献综述

文化产业在欧美等发达国家是一个发展相对较为成熟的行业。目前文化创意产业已经渗透到北欧国家尤其挪威国家关于制定一国、地区和当地发展水平的政策框架和战略举措中(Pinheiro 等,2014)。因此,对于文化创意产业方面的研究,国外学者的理论研究成果要早于我国。本章主要从国内外学者对于文化创意产业发展以及文化创意产业融资两个层面,对学者们的研究成果进行梳理与总结。

2.1.1 国外文化创意产业相关文献综述

国外学者对于文化创意产业的研究主要是从基础理论与实践发展两个层面展开的。

基础理论层面,学者们主要是围绕文化创意产业的创新理论、新增长理论以及创意经济理论展开的。创新理论的鼻祖为约瑟夫·熊彼特,其主要贡献是强调了创新在经济发展中的作用。之后,学者 Schmookler(1966)认为,创新会受到市场需求的影响,提出创新的"需求拉动说";而学者 Mowery 和 Rosenberg(1979)认为,不仅是需求因素,供给、技术以及市场因素也会对企业的创新产生重要影响，提出了供给推动和需求拉动的"双因素说"。到20世纪80年代中期，Paul M. Romer等学者发现知识要素异于古典经济学中的边际收益递减规律，而是呈现边际收益递增现象，认为创意、技术创新以及知识的传播已经成为经济增长的巨大推动力量，进而提出了新经济增长理论①。同时学者Rosen（1981）针对不同明星所得收入不同的状况，提出了"超级明星理论"。随着文化创意产业的进一步发展，学者Throsby（1999）对创意和创新进行了辨析，认为创意更多强调的是一种思想，是创新的基础来源，只有当创意进入产业转化为生产时，才能成为创新，并于2001年提出创意经济的概念。通过构建创新效用模型，Throsby提出创意效用的大小由创意结果的文化价值来衡量，并指出该模型适用于文化类产品的创作、电影电视音乐的创作等行业。Sarooghi（2015）对创造力增强创新活动的观点进行了进一步实证检验，得出创造力与创新之间存在着强正向影响，尤其是在个人层面。同时还发现相对于小公司、产品创新和高技术的产业来说，大公司、过程创新和低技术产业中，创造和创新的关系更强。Greffe（2016）认为，福利经济学主导文化经济学的表述，是一种静态思维，没有考虑创造力在其中所起的作用，因而应该从动态角度来看待文化经济。作者以艺术市场、艺术技巧以及宏观文化政策为例，论证了文化经济学和创意经济学是互利共赢的融合关系。

实践发展层面，学者们主要集中在文化创意产业的产业聚集效应、发展指标体系构建与其他产业的融合发展以及相关政策支持体系四个方面。

文化创意企业集聚效应方面，学者们主要是从文化创意空间集聚对创意城市的布局与规划、创意阶层发展两个层面进行了研究。Landry（2000）提出"创意城市"的概念，指出文化创意产业的空间集聚现象除可以有效提升城市外在吸引力外还可以优化城市内部格局②。Caves（2002）在Landry研究的基础上，从人才、城市发展、金融支持三个方面分析了区域集聚对文化创意企业发展的支持作用。Franke等（2005）研究了如何用创意经济思想改变城市发展格局。学者Florida（2003）对产业集聚现象进行了延伸，提出了"创意阶层"这一概念，并指出文化创意产业集群就是将从事建筑设计、艺术表演、音乐、娱乐、教育等行业有创新想法或独创内容、创新技术的人才集聚起来，实现价值和财富增值的一个产业群体。在Florida研究的基础上，一些学者研究了文化创意产业聚集点的

---

① http：//baike.baidu.com/link？url=hdJ2hU_2QkVF6NSrswL981BSFtEpfrw-sHGESlf25t3dGxcpG23poiWVhMfGJOS20YaabuhuW3JVgFmtHkZhtIVdAOCRx7qrK_zWxeVnEk93KndgevAF-aDiohp-26b84iukDovomwXOTOeJkymK.

② Landry C. The creative city：A toolkit for urban innovators［M］. London：Earthscan Publications, 2000.

地理位置选址问题，指出文化创意产业集聚区一般会选择在大城市废弃的厂房和仓库，原因是创意人才在将创意变为生产之前一般缺乏资金，而废弃工业区房租低廉，可以成为其实现创意的聚集地，随着该区域的创意人才创意价值的实现，该地区会变为文化高端区，连带房价会上涨，又会出现创意聚集地的扩散和迁移（Markusen & King，2003；Mommaas，2009）。此外，经济全球化和文化国际化背景下美国创意经济以及创意阶层的崛起现象也得到了一些学者的关注（Wyszomirski，2008；Florida，2012）。还有一些学者构建了文化创意产业发展指标，用以分析文化创意产业、区域竞争力和经济发展之间的关系以及评价创意城市的发展状况（Molina，2012；Lazzeretti 等，2008，2012）。Francois（2010）对大量 CCI 相关产业的特征进行研究，分析了其对经济发展产生的诱导作用。Daubaraitè 和 Startienè（2015）运用实证研究的方法分析了创意产业各行业对国民经济的影响，该研究为国家向创意产业的培育和发展提供定向基金提供了依据。Hsueh 等（2012）构建了文化创意企业发展效率多准则评价模型，并选取案例对模型的适用性进行了验证。Tsang 等（2016）构建了文化创意集群可持续发展的 3C（集群、社区、创意）模型，并选择中国香港两个文化创意产业集群对模型进行了验证，研究表明集群、社区、创意三要素对文化创意产业集群的可持续发展存在相关性。Becut（2016）指出，虽然创意产业对罗马尼亚经济产生正向影响，但是创意产业在发展过程中仍然存在创意产品市场疲软以及生产和分销体系功能异常的障碍。Bonet 等（2011）研究了制度体系、市场、非营利组织以及政治策略等因素如何影响创意城市从文化政策到地方政策的转变扩展。Craig（2013）探讨了城市在促进文化产品创造环节的作用，指出城市为文化产品的创作提供了新的思想和表现形式，是创意人才的集聚地。Douglass（2016）指出产生于基于社会关系空间文化环境中的韩国创意社区正成为振兴城市的文化经济策略。其中家族企业对于文化经济政策的推动只是一个特例，应该关注地方创意社区在推动文化经济政策发展的作用。

文化创意产业与其他产业融合发展也是国外学者研究的重点。Pine 和 Gilmore（1999）提出将文化创意元素融入传统旅游的思想。在此基础上，Richards 等（2000）提出了创意旅游思想，指出创意旅游最大的特色就是旅行者在旅游过程中的角色由被动观赏转变为主动学习，提升自我价值的同时有助于促进经济的发展。Davie（2002）介绍了南非文化创意旅游的发展情况，并证实了文化创意产业的发展有利于促进该地旅游业的发展。持有该观点的学者还有 Pappalespore 等。Pappalespore 等（2014）以东伦敦为例，论证了创意集群在促进该地旅游业发展中所起的作用。Kakiuchi（2016）指出目前日本越来越多的城市使用侧重于文化特别是创造性艺术的"创意城市"概念来缓解社会和经济问题。先进的创意设计可以振兴传统工艺产业，而传统工艺产业的振兴又有助于增强一个城市的吸引力并间接提升文化旅游产业。Christopherson（2008）认为英国的手工业在促进文化创意产业（影视、音乐、剧院、设计等行业）就业率增加上起到了重要作用。因此，重视文化创意人才的培养、支持是发展文化创意产业的关键（DCMS, 2008; Higgs, 2008; Banks, 2010）。Chena 等（2015）分析了影响游客对台北5个文化创意产业园区忠诚度的影响因素。Muller 等（2009）指出创意产业与新技术的融合，有助于拓宽文化创意内容的传播渠道。Gonzalez 等（2015）运用德尔菲法分析了社交网络在文化产业中所起的作用。Greenstein 等（1997）则将电信、广播电视和出版三大产业融合视为以数字融合为基础、为适应产业增长而发生的产业边界的收缩或消失。Scott（1997）指出世界文化产业集聚使得产品合作、风险企业和创意伙伴之间组成了全球网络，进而各创意产业集聚区之间的关系成为基于网络的关系，并形成了各集聚区特有的不同竞争优势。持有该观点的学者还有 Pratt（2000）。Bujdosóa 等（2015）分析了文化、遗产、地理、旅游、体验经济之间的复合关系，并对每个专用术语在文化旅游和体验经济环境下进行了新的界定。Gibson 和 Gordon（2016）认为，社区音乐企业有助于促进农村文化智慧。

对于文化创意产业的政策支持体系方面的研究，各个国家由于经济体制机制不同，政策支持体系不同。以英美为代表的发达国家实行自由竞争的企业制度，遵从市场主导型、减少政府行政干预的发展模式来支持文化创意产业的发展，因而这些发达国家的中小企业以及个人手工业者占了文化创意产业的很大比重。Scott（2001）分析了英国文化创意产业个体与中小企业兴起的原因，这些中小企业和手工业者之间通过竞争与合作实现创意源泉的交流外，还提高了就业率和财富。Vinet 和 Mark（2005）研究了加拿大等国家的艺术产业发展情况。亚洲地区大多数国家遵从政府主导型的发展模式，以日本、韩国、中国、新加坡等国为代表。Wu（2005）认为，政府主导模式在文化创意产业发展初期起着很重要的作用，因此，政府应该构建创意的机制体制，鼓励企业制造创意，输出创新。Towse（2011）研究了文化经济的产生、发展和影响。Green（2007）提出应该调整国家创新系统，推动 CCI 发展，并且要重视 CCI 在产业创新系统中的角色。Kawashima（2015）分析了中国大陆、日本、中国台湾、韩国和新加坡等东亚国家和地区文化政策发展的共同与差异轨迹，强调了各个国家和地区文化政策区域发展对经济发展体系的影响以及政治历史的差异也会影响文化政策的发展，尤其是在初级阶段；并指出近几年，文化创意产业政策正在追求跨国化，一国地区的通俗文化和媒介文化的跨国流动得到重视。

2.1.2 国内文化创意产业相关文献综述

国内学者对文化创意产业的研究，主要集中在文化创意产业的概念辨析、知识产权保护、效率评价、发展路径及与其他行业融合发展等方面。

（1）文化创意产业概念辨识

国内很多学者对文化产业、创意产业和文化创意产业的概念进行了辨析。有代表性的学术观点如下。宋泓明（2007）从广义层面认为文化创意产业是以创作、创造、创新为根本手段，以文化内容、创意成果为核心价值，以知识产权实现或消费为交易特征，为社会创造财富，提供广泛就业的产业[①]。兰建平、傅正（2008）认为，虽然文化产业和文化创意产业所包含的行业内容有较大的重叠，但是二者是两个不同的概念，文化产业中的诸如传统戏剧表演、民间活动、文物保护、非物质文化遗产保护等属于传统类文化产业，而文艺表演、新闻出版、电视电影等属于创意类文化产业；创意产业中包含的诸如软件研发、工业/建筑设计等属于科技类创意产业。于嘉（2009）认为，文化产业、创意产业、文化创意产业三者之间的同大于异，无须纠结三者在概念上的差异，应将重心放在文化产业学科建设及现实存在的问题解决上，针对国际和国内对文化创意产业与创意产业概念混淆使用的现实，作者建议使用国际和国内认同度高的文化产业为宜，针对目前国内所建的创意产业园区与高新技术产业园区雷同的问题上，作者建议使用文化产业园区进行区别，而朱自强、张树武（2012）指出文化创意产业与创意产业的区别主要看文化，与文化产业的区别主要看创意[②]，并提出了识别文化产业与文化创意产业的四个特征标识。余霖（2013）对三个概念之间的演变过程以及各个国家和国内各地区对于文化创意产业的使用情况进行了分析，发现目前三个概念的边界界定较为模糊，常被混用，然后作者通过政府、产业和学术三个层面对三个概念使用的合理性与可行性进行了辨析，认为应以"文化创意产业"作为产业统一名称；刘亚军（2015）则认为，文化创意产业包含四要素：文化要素、人的创造力要素、科学技术要素以及产业化要素，四者缺一不可。陈少峰、侯杰耀（2016）提出随着"互联网+文化产业"模式的日渐成熟，需要用互联网思维重新定义文化创意产业。

[①] 宋泓明. 文化创意产业集群发展研究——以北京市朝阳区为例的分析 [J]. 上海经济研究，2007，12：118-122.

[②] 朱自强，张树武. 文化创意产业概念及形态辨析 [J]. 东北师范大学学报（哲学社会科学版），2012，1：117-121.

(2) 文化创意产业知识产权保护问题

在文化创意产业知识产权保护方面,文化创意产业知识产权保护过程中存在的问题、路径分析以及构建知识产权公共服务体系研究等方面是学者们研究的热点。王宇红、张晓玲(2009)对陕西省文化创意产业知识产权保护的现状、存在的问题进行了分析,从政府、行业协会、创意企业、个人四个层面构建了陕西省文化创意产业知识产权保护体系。陈静(2010)研究了北京市文化创意产业知识产权存在的问题,提出应尽快完善相关法律法规、严厉打击盗版侵权行为等建议。邵培樟(2010)构建了知识产权创新与保护的路径与机制,针对浙江省文化创意产业知识产权在创新与保护方面存在的问题,提出了相应的对策建议。董凤华、姚英春(2012)在分析了文化创意产业与知识产权保护之间关系的基础上,指出了目前我国文化创意产业存在的问题,并从增强企业知识产权保护意识、加强版权保护、完善法律法规三个层面提出了相应的对策建议。宋春光、王舒(2013)从移动互联网视角研究了文化创意产业知识产权保护的相关问题。关于文化创意产业知识产权保护的路径选择与机制研究等方面,王海燕(2011)运用 SWOT 分析法对武汉城市圈文化创意产业进行了分析,重点分析了知识产权与文化创意产业之间的关系,在此基础上比较分析了版权、商标权、专利、商业秘密四种知识产权保护模式的选择方式,最后从宏观、中观、微观三个层面提出武汉城市圈实施保护文化创意产业知识产权的相关对策。邹龙妹(2012)提出应构建以产业协会、企业联盟、企业和从业人员协同为主,与产业主体发展阶段为辅的文化创意产业知识产权的保护策略。彭辉(2012)提出在文化产业价值链的不同阶段应采用不同的版权保护应对策略。刘海虹(2013)从文化创意产业知识产权保护视角研究了欧美国家电视版式产业蓬勃发展的路径以及对我国电视产业发展的启示。杨德桥(2013)提出应建立以著作权战略为主,专利权、商标权、商业秘密权和反不正当竞争战略为辅,政府、行业协会和文化创意企业共同发挥职能的复合型知识产权战略。孙玉荣(2014)从著作权保护、专利权保护、商标权保护、商业秘密权保护和反不正当竞争保护、合同法保护五个层面构建了我国文化创意产业知识产权保护的路径。张静静(2015)从价值转换路径、知识产权发挥功能、知识产权价值评估三个层面剖析了文化创意产业的知识产权价值内涵,在此基础上,从价值评估、价值维护、价值创造三个方面构建了知识产权价值管理路径,最后从投融资战略角度提出了文化创意产业知识产权发展的策略。

(3) 文化创意企业集聚效应、竞争力及效率评价研究

文化创意产业集聚、集群效应可以集聚各企业资源优势,提高企业整体的竞争力。近年来受到很多学者的关注。

关于文化创意产业集群形成条件、发展状况、演化机理方面的研究，花建（2007）基于产业丛与知识源理论，分析了文化创意产业聚集区的内在规律和发展动力。夏兰、阙大学（2013）对江西省文化创意产业集群的形成条件、目前存在的几种集群发展模式（政府推动型、市场推动型、政府推动和市场引导相结合型、政产学研结合型、历史沉淀型）进行了分析，提出未来江西以及我国西部地区文化创意产业集群发展的相关建设思路。厉无畏（2014）阐述了上海文化创意产业集聚区发展的背景和现状，分析了目前集聚区的四种发展模式（校企合作型、依托老建筑改造型、依托传统布局型、全新创造型）以及集聚区发展的优势条件和不利因素，从宏微观层面提出集聚区发展的建设思路。黄天蔚（2014）对比分析了国内外文化创意产业集群形成条件，提出了影响文化创意产业集群形成的因素、构建了识别指标体系并对其演化机理进行了剖析，最后以武汉市文化创意产业集群为例对所构建的模型的适用性进行了实证检验。张振鹏、马力（2011）以伦敦创意产业集群、东京动漫产业集群和迪士尼公司产业集群为例，剖析出文化创意产业集群所具备的共性特征，并对其内生机理以及外部制度安排进行了分析。曾琎（2012）分析了我国环渤海地区、长三角地区和中西部部分地区的文化创意产业集群发展状况，指出发展存在的问题，以英国伦敦、美国纽约、日本东京文化创意产业集群发展的成功经验为例，提出我国文化创意产业集群发展的建设思路。王庆金、侯英津（2015）构建了文化创意产业"产业链""创新链""资金链"三链融合模型，指出协同创新下价值立体扩散的网络化集聚演化路径，提出我国文化创意产业集聚发展的相关策略。姜照君（2016）将文化创意产业区分为创新驱动型的文化创意服务业与成本驱动型的文化产品制造业。基于江苏省文化创意产业层级分工的特征事实，提出层级分工假说，运用江苏省13个地级市数据，对假说进行了检验。万里洋等（2016）运用空间数据分析与地理信息科学相结合的方法，分析了济南市CCI空间关联性、空间集聚类型及布局特征，构建了济南市CCI集聚发展的资源集约化集聚、园区集聚、产业链集聚三种模式，并对未来济南市发展CCI集聚提供了建设思路。姜照君、吴志斌（2016）从系统耦合互动的视角，构建了耦合度模型与耦合协调度模型，以2005~2013年30个省会城市的数据为样本，分析了城市化子系统与文化创意产业集聚子系统的耦合关系。谭娜、彭飞（2016）从省级纵向层面和地市级横向层面搜集数据研究了文化创意产业集聚区建设与区域文化产业优势形成之间的关系，得出CCICs（文化创意产业集聚区）数量不能准确反映区域文化产业发展程度，对区域文化产业优势的形成影响有限。

关于文化创意企业集聚效应、竞争力与效率评价方面的研究，张洁（2011）分析了文化创意产业的空间分布情况，构建了地区文化创意产业绩效指标体系，得出东部地区并不比全国平均水平高等结论，并从地区投资重点、产业发展所处阶段等角度对结果进行了原因分析。池建宇、姚林青（2013）选取北京市各区县2008～2010年的数据对北京市文化创意产业的集聚效应进行了实证研究。李明彧（2016）构建了文化创意产业综合水平评价指标，对北京市内各区县文化创意产业发展水平进行评估[①]，分为传统特色文化区、文化科技融合区、文化创意产业综合提升区、文化创意产业潜力挖掘区和生态文化发展区，并给出了具体的发展策略。鲍枫、沈颂东（2013）选取2010年我国31个省市文化创意产业数据对其竞争力进行了评价，同时选用区位熵对我国地区文化创意产业的集聚水平进行了测度，在此基础上，分析了集聚水平与竞争力之间的相关性，得出集聚水平和经济发展水平以及文化创意产业竞争力水平具有高度的相关性。程乾、方琳（2015）构建了长三角文化旅游创意产业竞争力评价指标体系，以长三角地区16个城市为例，对其生态位进行测评并将其竞争结果进行聚类分析，最后根据不同的等级，提出竞争力提升的相关策略。方燕、冯雨菲（2016）构建了北京市16个市辖区文化创意产业的竞争力评价指标，采用因子分析方法得出北京各区域文化创意产业的发展水平、优劣势构成以及综合实力的情况，并提出了相关的建设思路。对文化创意企业竞争力进行评价的学者还有王健（2016）。赵琼、姜惠宸（2014）运用EDA分析方法对我国文化产业上市公司的效率进行了评价。于泽（2014）分析了文化产业效益、效率及资金配置机理，并对文化产业的社会效益、经济效益和发展效率进行了评价，找出发展效益与效率之间的关系，提出了以效率效益为导向的文化产业资金配置的对策建议。郭淑芬等（2015）运用DEA-Malmquist指数方法对2009～2011年中国31个省市区文化产业效率值进行了测度分析，并运用实证研究方法分析了影响东中西三大区域效率值的关键因素[②]。指出：中国文化产业效率整体呈上升趋势，但仍存在东、中、西部区域之间发展不平衡性现象，但差距正呈逐渐缩小趋势。刘颖（2015）从静态和动态层面对我国文化创意企业的创意效率进行了测量评价，并以A股文化创意上市公司数据作为样本，对我国文化创意企业创意效率影响因素、创意效率对企业成长性的影响进行了实证研究。雷原等（2015）选取了68家文化创意上市公司数据对其技术效率进行了分析，认为我国文化创意上市公司整体技术效率偏低，并对原因进行了分析，最后从企业要重视自身资源的利用能力等方面提出相关的政策建议。对文

[①] 李明彧.基于主成分分析的北京市文化创意产业发展水平及功能分区研究[J].生态经济，2016，32（3）：127-130.

[②] 郭淑芬，王艳芬，黄桂英.中国文化产业效率的区域比较及关键因素[J].宏观经济研究，2015，10：111-119.

化创意企业技术效率及影响因素研究的学者还有赵倩等（2015）。

（4）文化创意产业发展研究

对于文化创意产业发展情况的研究，学者们的观点主要集中在我国文化创意产业发展存在的问题、未来的发展路径与模式、协同创新、与其他产业融合发展情况等几个方面。

在我国文化创意发展存在的问题、未来发展路径方面，学者们的研究模式大致存在两类：一类是借鉴国外文化创意产业的发展经验，提出我国文化创意产业的发展思路；另一类是基于我国文化创意产业的发展实际、存在的问题，提出相应的发展思路。洪涓等（2013）对比分析了北京和伦敦文化创意产业的发展情况，从营造社会文化环境、加强政策支持以及产业集聚区建设和完善知识产权保护法制环境四个方面提出了北京市文化创意产业的发展思路。王曦（2013）分析了澳大利亚文化创意产业在政策、昆士兰模式的文化创意产业园区建设与中小文化创意企业孵化、复合人才培养的优势，提出了发展我国文化创意产业的启示与借鉴[①]。周光毅（2015）分析了美国、日本、韩国三国政府在文化创意产业发展中采取的政策与所起到的职能作用，重点分析了金融资本在文化创意产业发展中所起的作用，最后从人才培养层面提出了我国发展文化创意产业的相关对策建议。向勇、刘颖（2016）通过对英、美、法、澳、日、韩等国家的文化产业政策在投资、研发、生产、消费等领域的绩效分析，提出我国文化产业政策治理的基本方向和战略重点。胡敏姿（2013）对湖南省演艺业发展现状与问题进行了研究，指出了湖南省演艺业发展成功的原因，并提出了湖南省演艺业持续发展存在的主要问题与推进方法。张叶露（2015）针对目前我国文化创意产业发展中存在的诸如区域发展不平衡、法制建设落后或缺失、重复建设及资源分散等问题，提出了相应的对策建议。沈毅玲（2015）以中国台湾布袋戏传统文化产业为例，研究了传统布袋戏向文化创意产业转化的产业环境，为我国传统文化产业的转型提供了思路。陈少峰、侯杰耀（2016）对2015年我国文化创意产业的发展情况进行了盘点，提出未来我国文化创意产业的发展趋势[②]。金元浦（2016）分析了在"互联网+"及创客时代，我国文化创意产业发展的新形态、新趋势，并针对目前我国文化创意产业在文化、美学与伦理方面存在的缺失问题，提出了相应的解决思路。鲁肖荷（2016）分析了目前特色演出的发展现状，指出特色演出应发挥

---

① 王曦. 澳大利亚文化创意产业发展对我国的启示——以"昆士兰模式"为例[J]. 中央财经大学学报, 2013, 1: 71-77.

② 陈少峰, 侯杰耀. 2015年文化创意产业的发展情况与趋势展望[J]. 艺术评论, 2016, 2: 11-18.

先天特性，摆脱同质化发展和重复建设倾向，走创新发展的道路。

还有一些学者基于我国文化创意产业的发展状况，研究了文化创意产业的发展模式。金元浦（2010）提出了我国文化创意产业发展的三个阶梯（第一阶梯为东部发达地区，第二阶梯为中部发展中地区，第三阶梯为西部欠发达地区）三种模式（进军全球文化创意产业市场、交叉发展、跨越式发展模式），并在此基础上提出构建我国多层次文化创意产业的合理架构和错位发展的模式。胡晓鹏（2010）基于地域文化属性，将地区文化创意的发展概括为六种模式。王国华（2012）认为，建立现代演艺产业园区是我国发展现代演艺产业的独特"运作模式"，而演艺产业园区的规划和管理重在产业价值链的构建和商业模式的创新上。马骏（2016）认为，我国文化创意产业应该遵循以政府驱动型和市场演化型为双主体的发展模式。黄锦宗、陈少峰（2016）分析了互联网文化企业的发展趋势，提出了互联网文化产业商业创新模式：未来模式、平台模式、广告营销模式、技术服务模式、IP改编模式、小企业联合平台模式[①]。

在文化创意产业协同创新方面，学者们的研究主要集中在文化创意产业创新平台以及创新系统构建、创新绩效以及创新能力评价、协同创新机制和机理演化三个方面。臧志彭、解学芳（2013）指出制约我国演艺产业发展模式存在的三大瓶颈，提出演艺产业应立足"创新力"与"市场化"两方面，通过构建演艺产业孵化链来进行创新发展。黄学等（2013）以杭州市动漫产业为例，运用基于内容分析的案例研究方法，分析了基于产业链视角的动漫产业园区创新平台的运行机制问题。郑志、冯益（2014）基于文化创意产业的特征并结合自然生态系统和技术协同创新模型的优势，构建了以核心文化企业、行业协会和创意平台为核心的文化创意产业创新生态系统模型，并提出了相应的对策建议。蒋婷婷等（2014）将软创新理论纳入文化创意产业的研究中，构建了软硬创新理论交互影响的文化创意产业创新系统模型，并提出了创新系统未来的发展趋势。黄天蔚、刘容志（2016）从文化创意产业园区内部以及外部支撑要素两个层面构建了园区创新能力评价指标，以长江经济带11个省市文化创意产业园区为例，对其创新能力进行了评价，提出了文化创意产业园区创新能力提升的相关建议。王蕾（2016）分析了文化创意产业技术创新绩效的影响因素，构建了技术创新绩效逻辑框架并对其作用机理进行了分析。郭淑芬等（2016）采用序关系分析法对我国31个省市文化产业创新各阶段绩效和综合绩效进行测度，得出各省市文化产

---

① 黄锦宗，陈少峰. 互联网文化产业商业模式创新 [J]. 福建论坛·人文社会科学版，2016，2：63-68.

创新各阶段绩效以及综合绩效都跟当地经济发展水平存在一定的相关性[①]。陆淑敏等（2013）构建了移动互联网以及Web2.0下文化创意产业与西部科技融合创新服务机制，提出了科技融合下文化创意产业协同创新模式。杨秀云、郭永（2013）分析了文化创意产业提升城市创新能力的内在演化机理（创生机理、采用机理和保持机理），在此基础上构建了数理演化方程对其演化机理进行刻画，指出文化创意产业在城市创新能力提升中所起到的重要作用，为我国政府未来制定文化创意产业相关政策提供理论依据。贺艳（2016）分析了京津冀文化创意产业发展状况及协同发展存在的问题，从加强区域联合、分层管理、完善产业链建设三个层面提出了协同发展的对策建议。

文化创意产业与其他产业融合发展问题，近年来也得到了学者们的关注。荆艳峰（2012）构建了文化创意产业与旅游产业共生、融合、集成的发展路径，并提出了知识产权体系保护下的市场创新平台、体制创新平台、金融创新平台"三位一体"的运行模式。杨永超（2013）分析了文化创意产业与旅游产业融合中的文化消费作用机制，提出了文化创意产业与旅游产业融合的延伸型、渗透型、整合型融合模式[②]。薛兵旺（2015）从游客的主客观需求分析了文化创意产业与旅游业融通的必要性，研究了二者之间的融通效应，提出了资源整合型、产业延伸型、创意互动型、节事会展型的融通发展模式。赵华、于静（2015）研究了新常态下乡村旅游与文化创意产业融合发展的模式与途径。袁俊、吴中堂（2016）使用网络文本分析法，以深圳大芬油画村为例，研究文化创意产业园与旅游业的融合发展的效果以及游客的体验偏好。谢文海、马海涛（2012）对文化创意产业与体育产业互动发展存在的问题、互动发展所具备的条件进行了分析，在此基础上提出了龙头企业带动发展、品牌赛事带动发展、文化产业链合发展、产业集聚功能提升发展的四种互动发展模式。王学人（2013）对文化创意产业融合发展的动力、跨界发展中存在的问题以及跨界发展中与政府的关系进行了综述研究，提出要加强宏微观理论的有机结合，多采用个案研究方法以及加强对文化传媒产业跨界融合方面的前瞻性研究思路。程善兰、廖文杰（2016）采用实证研究的方法，对苏南文化创意与金融融合的相关性进行了研究，指出存在的不足，提出"2个强化""2个引导""2个创新""2个推进"的融合思路。胡慧源（2016）重点分析了文化创意产业与农业、制造业、信息技术、旅游、体育等产业融合的路径选择[③]。

---

① 郭淑芬，裴耀琳．中国内地31省市文化产业创新绩效区域比较——基于过程视角[J]．科技进步与对策，2016，33（4）：31-37．

② 杨永超．文化创意产业与旅游产业融合消费机制研究[J]．学术交流，2013，8：208-211．

③ 胡慧源．文化创意产业与相关产业融合路径研究[J]．中国出版，2016，7：33-36．

2.2 文化创意企业融资相关文献综述

各国因文化背景、政策制定、经济发展等体制、机制存在差异，因而文化创意企业呈现出不同的融资态势，综述国内外学者对于文化创意企业融资的研究，发现学者们的研究主要集中在文化创意企业融资难及原因分析、文化创意企业融资模式以及文化创意企业融资支持体系三个方面。

2.2.1 文化创意企业融资难的原因相关研究

在文化创意企业中，很多企业属于中小企业，其发展瓶颈主要是融资难问题。学者们对于文化创意企业融资难方面的研究主要集中于对中小文化创意企业融资难的理论解释（信息不对称理论、价格歧视理论、融资成本理论等）以及从实践层面对其融资难的分析，具体集中在融资现状、存在的问题及原因、融资选择路径、融资结构、融资约束、融资效率及评价、融资需求与能力的影响因素等方面。

关于融资现状、存在的问题及原因分析方面的研究，Lampel 等（2000）认为，文化创意企业融资难的原因主要来自产品市场、消费者需求的不确定性。McCarthy（2001）分析了融资渠道对表演艺术（歌剧、戏剧、舞蹈和音乐）的影响，探讨了演艺业融资模式最新的发展趋势及其未来演变的过程。Clara 等（2005）认为，中小企业可以通过转向信用市场来缓解从资本市场融资难的情况。Higson 等（2007）认为，创意企业在内容、人力资本、商标等方面的"不确定性"是制约投资者进行投资的主要原因。Manning 和 Sydow（2007）以影视制作企业为例，分析了如何借助项目管理从投资方获得融资。Gaustad（2008）研究了私人电影融资情况，其中重点分析了挪威电影行业的收益和损失。Siwek（2011）研究了美国经济中版权产业的融资问题。Angilella 和 Mazzù（2015）针对中小企业进入信贷市场存在的诸如融资困境等障碍，构建了基于软信息的创新型中小企业多准则信用风险模型，并运用真实的案例对构建的模型进行了普适性分析。李华成（2011）以武汉 CBI 动漫基地为调研对象，通过调研其中三家最大的动漫企业，发现企业存在诸如融资需求高、融资渠道较为单一、外部融资成功率低以及企业对融资重视不够等问题，从产业、企业、制度层面分析了原因，并提出建设思路。厉无畏（2011）认为，发展文化创意产业需要投融资创新，针对文化创意产业存在较大的不确定性和市场风险现实，提出政府、投融资、市场和交易三个层面的风险控制与分担策略。王运生（2012）对文化创意产业的融资困境及成因进行了分析，从发挥文化创意企业知识优势、政府实施差异化扶持政策、构建多元融资机制等方面提出文化创意产业融资新思路。睢博、韩丹（2013）采用实证研究方法对文化创意企业金融抑制现象进行了研究，得出无形资产价值评估是制约文化创意企业获得融资的主要原因，提出完善评估机制、合理评估文化创意产品内在价值的建议。邓丽丽（2014）构建了基于资金市场的均衡模型对文化创意企业的投融资问题进行了分析，通过调研金融专家、从事信贷业务人员、从事股权类投资人员，以大学生为主体的文创团队和以成熟企业家为主体的文创团队这些群体，对文化创意企业投融资问题进行了实证研究。郭玉军、李云超（2014）从权利冲突、规则冲突、质押登记程序不完善等方面阐释了我国文化企业著作权质押融资难的原因，并从法律层面提出我国文化企业著作权质押融资的相关建议。张苏秋、顾江（2015）认为，信息不对称是导致小微文化创意企业融资难的主要因素，通过构建地方政府和民间借贷机构博弈模型，得出在一般市场中中小文化创意企业的融资需求很难得到满足，而文化产业区域性股权交易市场的引入，可以有效解决中小微文化创意企业的融资难问题。王大为、魏亚平（2015）从文化创意企业的内外部因素层面对其融资困境进行了分析，提出构建多层次资本市场、扩展间接融资渠道、发展文化创意产业集群的建设思路。李为（2016）分析了福建省文化创意与金融合作的发展状况，针对文化创意企业融资面临的困境，提出完善无形资产评估、培育产权交易市场、推动文化创意企业走直接融资道路、加大财税扶持力度等措施。唐斌、彭媛（2016）分析了我国文化创意企业投融资面临的问题，运用麦克米伦缺口理论、信息不对称理论、交易成本理论对其投融资困境的原因进行了解释，并从加大政府扶持力度、建立专业投融资人才培养机制和创新文化创意产业投融资模式、建立健全风险评估与控制机制四个层面提出改善思路。杨光等（2016）认为，开展融资租赁业务可以有效解决中小文化创意企业融资难、融资贵的问题，但是也存在一些诸如融资租赁物的标的难以明确、缺乏该行业融资租赁业务人才、文化创意作品折旧、租赁期难以确定等问题，针对上述存在的问题，提出了相应的解决思路。郭娅丽（2017）将质押融资模式分为版权质押融资模式、应收账款质押融资模式、未来收益权质押融资模式、组合担保质押融资模式（使用频率较高），针对目前版权质押融资模式存在的问题，提出将版权期待权纳入版权质押标的范围、完善企业担保方式及其信用信息公示制度范围、借鉴最新司法成果降低质权实现难度等措施。

文化创意企业融资机制、发展路径研究方面，Gwee（2009）以新加坡文化创意产业为例，分析了文化创意产业的聚集效应，提出产业聚集能够有效缓解文化创意企业的融资难问题。Rupeika-Apoga（2014）认为，企业家应该明确中小企业的融资需求，最主要的障碍是融资的可得性和有效性。作者分析了三个波罗的海国家中小微企业的融资困境，强调了外源融资可替代资源的重要性，提出要有效解决中小微企业融资难困境，需要对现有的政策进行重新设计、评估和对现有的金融政策进行改革。Fujita（2013）提出风险投资助推文化创意产业是解决文化创意企业融资难的一个有效途径。持有该观点的还有我国学者袁新敏（2013）。马树华、金昕（2011）认为，具有可观察性和商业上可行性的文化创意企业当期或未来的现金流，是帮助文化创意企业获得金融机构认可并给予融资支持的关键。郑万青、熊斌斌（2013）认为，建立电影期待版权预告质押融资制度可以有效缓解电影企业融资难的问题。易华等（2013）认为，文化创意产业融资机制包含融资主体、融资特点、融资结构、融资方式、融资环境，通过国内外学者在这些方面的研究，提出文化创意产业的融资创新机制。张铮、熊澄宇（2014）认为，版权融资可以有效解决小微传媒企业融资难问题，但版权融资同时存在着诸如版权评估体系不健全、权威评估担保机构缺乏等风险，提出从政府、社会环境以及企业自身等角度解决我国小微传媒企业融资难的建议。魏亚平、宋佳（2014）对文化创意产业园区内产业链和信誉链"双链""合力"推动集群融资机理进行分析，通过实证研究得出双链质量对园区企业集群融资具有正向拉动作用。李海燕、陈梦滢（2015）对文化传媒产业现有的融资渠道——政府财政投入、银行间接融资、上市融资、政府引导的产业基金、股权投资进行了分析，并对各渠道对传媒类文化创意企业融资的适用性进行了分析，提出多元化融资体系是促进文化传媒产业健康发展的有效途径。张立波（2015）介于目前专项资金鲜有流向小微文化企业的现实，提出将专项资金由补贴制转向信用融资担保制，最大限度地提高政府融资补贴的普惠性等措施。庞惠文（2015）针对我国文化创意产业存在的融资难问题，从构建评估认证体系以及信用担保体系、建立第三方评估模型、深化银行、评估机构、担保公司之间的协同运作等层面提出我国文化创意产业的融资路径[①]。魏鹏举（2015）分析了北京市文化创意工作室的发展瓶颈，提出依托大学建设文化创意类创客空间，推动创意集聚，发挥集群效益的思路，并探讨了"互联网+"模式下的小微文化创意众筹融资机制。

还有一些学者借鉴国外文化创意产业融资经验，提出我国文化创意企业融资

---

① 庞惠文. 试论中国文化创意产业融资的路径[J]. 改革与战略，2015，31（7）：143-146.

策略。徐丹丹等（2011）研究了伦敦、纽约和东京三个富有特色的国际城市文化创意产业的金融支持政策及其启示，以期对我国城市文化创意产业的发展有所借鉴。李华成（2012）分析了欧美国家在发展文化产业采取的投融资鼓励制度，针对我国文化产业投融资制度存在的问题，提出完善我国文化产业投融资制度的相关对策建议。程立茹、周煊（2013）总结归纳了美国发展文化产业的融资特点，包括：通过法律保护文化产业健康发展；以市场为主、政府为辅的扶持策略；重视和鼓励基金捐赠和财团资助；重视创意人才的培养与支持；积极推行金融创新。刘巨文（2013）借鉴国外演艺产业投融资的经验，分析了我国演艺产业投融资的现状。王平等（2014）阐释了美国影视制作投融资主体（政府、金融机构、消费者、基金）在影视制作中所起的作用以及目前存在的融资渠道与模式，为我国影视业的发展提供了相关思路。王健（2015）针对传媒创意产业融资存在的问题，借鉴欧美国家传媒创意产业"内""外"投融资模式的经验，从加强知识产权保护、构建投融资法规、建立担保评估机制和多主体投融资机制四个方面构建了我国传媒创意产业投融资发展路径。

2.2.2 文化创意企业融资模式相关研究

文化创意企业尤其是中小微文化创意企业一直存在着融资难困境，因而学者们对于文化创意企业应该采取何种融资模式来有效降低融资约束进行了大量研究。Higson 等（2007）提出大力发展无形资产抵押贷款，降低版权、专利融资门槛等金融创新来降低文化企业的融资约束。Boscoianu 等（2015）针对罗马尼亚国家制造业中小微企业融资困境，提出了基于私人管理混合创新的新型融资工具以及政府支持下的公私合营融资（PPP）模式。Lavoie 和 Abdulnour（2015）指出无形资产是企业获取竞争优势的一个至关重要的部分，员工的创造力构成了企业的人力资本这一说法已经得到学术界的广泛共识。但是很少有研究来定义中小微创意企业。而且在对中小微创意企业进行定义时，应考虑创意企业融资中易被识别的外部特征，因此作者运用德尔菲法收集了中小微创意企业的特征，并对这些特征进行创意和非创意的分类，然后运用案例研究的方法研究了中小微创意企业融资过程中内部因素对外部特征的影响。皮智（2010）分析了文化创意企业贷款的四种模式："版权质押+专业评估"贷款、"政府专项资金+信用担保"贷款、"预售合同+完工担保"贷款、"应收账款+保险"贷款，针对贷款中存在的诸如质押风险预测难、贷款风险难以有效分散等问题，提出尽快出台支持文化创意产业发展的信贷政策、鼓励保险公司开发针对文化创意产品的保险产品等政策建议。谢闽

(2010)分析了当前文化传媒业投融资的几种基本模式及其风险特征,提出从改变影响投融资的风险类型、改变接受资金的企业的收益结构、引入利益相关者和明确风险测量等角度创新文化传媒业投融资模式。王海英(2011)认为,版权担保贷款是文化创意产业融资模式的一个创新,但是也存在诸如法律、银行金融等风险,并针对风险提出了相应的解决路径。刘友芝(2013)将各生命周期阶段的文化企业的多层次直接投融资需求与多层次资本市场对不同类型文化企业的各类投资模式有机结合,提出拓展我国各生命周期阶段文化企业的多层次直接融资模式。张静(2014)提出政府主导的信用担保体系、新三板挂牌、完善版权质押融资及评估体系、发行彩票式的社会集资、"桥隧模式"以及保险的信用增级等多元化融资模式。王锦慧、晏思雨(2014)指出电影版权证券化是美国等发达国家电影行业融资的主要渠道之一,具体包括:电影版权质押、众筹模式、版权预售模式、权益拆分模式、电影期货等模式,但该模式在我国还处于初期发展阶段,我国应根据实际发展状况选择合适的融资模式,促进电影产业健康发展。张辉锋、刘庆楠(2015)分析了我国影视剧产业版权证券化融资模式,并对其风险进行了分析。王颖(2014)以电影产业为例,提出了票房收益资产证券化的文化创意企业融资模式。向勇、杨玉娟(2013)构建了我国文化企业版权质押贷款的理想模式,涉及5个参与方(贷款企业、担保机构、商业银行、再担保机构和政府)以及14个机构,这些参与方与机构之间的有机配合以及必要的政策、法律、社会环境的保障可以有效解决我国文化创意企业版权质押融资难问题。龙怒(2011)分析了美国现有的文化产业投融资模式,包括政府支持模式(财政支出、税收优惠、文化基金)和市场资金投融资模式(风险投资、股权融资、债券融资、国家融资、社会捐赠),以云南省文化产业投融资存在的问题为出发点,从强化投融资意识、构建投融资体系两个层面提出云南省文化创意产业投融资创新模式。刘婵君(2012)在北京、上海、杭州、南京等地实地调研的基础上,运用系统论和跨国研究方法,探索国外文化产业投融资运作的基本规律,提出我国演艺业投融资的模式。张彬、晏丹(2012)对比分析了日本和我国文化产业的投融资模式,从拓展中小企业融资渠道、发展产业内投资基金或投资联盟、动员产业外资金和社会资金投入文化产业、完善投融资的法律保障体系四个层面提出完善我国文化产业投融资模式。李彬、于振冲(2013)在分析日本内外部文化产业融资模式的基础上,对其实行的市场战略进行了探讨,通过对日本文化产业发展经验总结,提出我国发展文化产业的建设思路。耿同劲(2013)从融资需求方要先降低自身风险层面,提出适配文化产业的供应链融资模式,并针对文化产业采用供应链融资模式存在的制约因素,从搭建银文合作平台、健全文化产品交易服务体系等方面提出融资路径。葛欣航（2012），戴建忠、冯雪（2014），王雪婷（2015）在借鉴美国、英国、韩国等文化产业的投融资模式的基础上，提出我国文化产业投融资的思路。杨光、谢家平（2016）针对文化影视类创意企业融资困境，提出未来票房收入质押的融资创新模式。高超（2016）分析了我国文化创意产业投融资存在的主要问题，提出政府引导、商业银行支持、资本市场推动、健全税收制度等融资模式。

此外，还有一些学者从企业融资能力对投资支出的影响，企业可持续增长率与投融资之间的关系，以及从融资模式视角研究了文化创意企业的融资效率。魏亚平、宋佳（2013）以文化创意上市公司为研究对象，采用实证研究方法分析了文化创意企业融资能力与投资支出的关系。潘玉香等（2016）认为融资约束是引起文化创意企业投资不足的重要原因。魏亚平、范文静（2013）基于企业自发秩序理论，选取2010~2011年中小企业板和创业板文化创意上市公司数据，研究了企业自身组织结构和资产特性等特征对融资结构的影响。张梦婉、刘桂英（2013）以2009~2011年我国文化企业前30强上市公司为研究对象，分析了可持续增长率与文化创意企业投融资决策之间的动态关系。Klapper等（2003）对企业融资模式和融资效率之间的关系进行了研究。还有学者分析了影视产业的融资问题，认为资金问题是摆在制片人面前的最大障碍，解决资金困境的方法是：制片人可以和其他企业合作生产或者将项目出售给第三方企业。合作生产中，制片人可以授予联合制片人该公司的股票、部分电影版权或者影片利润的百分比，一般情况下是这些模式的组合。制片人常常将电影做成胶片包装卖给制片厂，但制片厂拥有项目最终的版权。潘玉香等（2014）通过实证研究发现文化创意企业的融资模式对融资效率有影响，并提出我国文化创意产业创新融资模式及提高融资效率的相关建议。罗春燕等（2016）选取2012~2014年我国文化产业上市公司数据，运用DEA方法对各企业每年的融资效率进行横纵向实证研究，认为文化产业融资效率均值较高，但有逐年下降趋势，并对其原因进行了分析。

文化创意产业与知识产权有着极为密切的关系[1]。文化创意产业是以版权产业为核心的提供精神产品的生产和服务的产业[2]。因此，对版权价值进行评估是文化企业获得融资的重要手段（李康，2011；蔡尚伟、钟勤，2012）。Chiu等（2007）运用AHP方法评估专利，并对真实企业开发的新产品专利进行了估值。

---

[1] 胡小雅，路曜琛，任梦营，邓敏敏，姜俊延. 文化创意产业的知识产权保护研究 [J]. 中小企业管理与科技，2016，3：194-195.

[2] 石安琪. 试论检察机关服务文化创意产业发展的主要路径 [J]. 法制与社会，2012，33：120-122.

Imoto 等（2008）运用主成分分析法、对偶尺度、AHP 和模糊回归分析法研究了专家对已递交的研发项目题案的评估结果，并对专家们的评估进行了模拟。Eilat 等（2008）将平衡计分卡与数据包络分析法进行结合，构建了集成的 DEA-BSC 模型来评估研发项目生命周期的不同阶段。Jung 等（2010）基于研究目标与评估准则之间的相关性，运用网络层次分析法（ANP）研究了研发专利项目的评估问题。Axtle-Ortiz（2013）运用实证研究的方法得出地理区域、行业领域、组织规模是影响无形资产权重的重要因素。Incekara 等（2013）从战略管理角度研究了电影产业的经济评价问题，并以土耳其的电影产业为例，对其进行了经济分析与评估。Boj 等（2014）运用基于多准则的 ANP 方法识别、测量、管理平衡计分卡环境下的无形资产与组织绩效的关系。Tsai 等（2016）比较研究了不同类型的机器学习技术并对无形资产的最佳预测模型进行了识别。刘晓西、来小鹏（2010）从法律角度研究了文化创意产业的版权评估问题。苑泽明等（2012）以知识产权的市场价值作为质押价值标准，运用因子分析法构建专家打分表，从收益分成率角度研究了知识产权质押融资的价值评估。李明发、田地（2013）针对版权质押的特有风险，提出应从内部因素和外部因素两个方面综合评估版权价值。吴玉玲、高铭（2014）运用层次分析法，构建了电视剧版权交易评估指标体系，研究探讨电视剧版权交易中采购决策的科学性和有效性。肖冰（2015）在研究美、英两国所采用的版权产业评估体系基础上，提出构建我国的版权产业评价体系。王守龙等（2015）以版权资产及其评估方法分析为基础，提出版权价值的实现方式。蔡晓宇（2015）从机制建设方面研究了我国版权价值评估。王锦慧、晏思雨（2015）建立了适合在电影上映前对票房进行预测的评估体系，并运用实证分析法对评估模型的适用性进行了检验。司若、张强（2016）在阐明电影项目风险评估必要性的基础上，探索了电影项目风险评估的方法体系。

近年来，随着"互联网+"、互联网金融、大数据等一系列新名词的出现，一些学者研究了"互联网+"下的文化创意企业的融资模式。金元浦、欧阳神州（2014）在分析互联网金融模式的基础上，针对我国目前文化企业的融资困境，提出培育文化产业互联网金融融资平台，积极探索与文化产业发展相匹配的互联网融资模式[1]。王帅、张友祥（2016）在分析我国文化企业现有融资模式的基础上，提出互联网下的文化企业融资模式，包括众筹、O2O、天使投资平台、文化要素市场线上交易、P2P 网贷平台、"融资租赁+互联网金融"的 A2P 融资模式等。文化创意产业与互联网金融结合的研究中，学者们研究文化创意产业众筹融资模式的较多。

---

[1] 金元浦，欧阳神州. 互联网金融模式下文化中小企业的融资 [J]. 学习与探索，2014，6：86-90.

众筹模式最早出现在美国，2008年美国前总统奥巴马进行竞选的时候，其大部分资金来自通过网络获得的一些捐款（Hemer，2011）。学术界对于回报类众筹的研究主要是对众筹融资模式的研究（Moritz & Block，2013；孟韬等，2014）、众筹融资风险的研究（陈秀梅、程晗，2014；苗文龙、严复雷，2014；张万军等，2015）以及众筹参与主体行为决策机制的研究。在众筹参与主体行为决策的研究中，羊群效应（投资者投资的动机很大程度上取决于项目目前的融资情况和他人的投资行为）、信息效应以及影响众筹项目成功的因素等问题是学者们研究的热点。Herzenstein等（2011）认为新投资人参与投资的动机与已投资金额呈正相关关系。投资人倾向于关注其他投资人之前的投资情况（Burtch等，2013）。当市场中信息比较对称时，投资者倾向于自己做出决策，但如果信息不对称，投资者的行为决策会受到其他投资者的影响（Yum等，2012）。一个项目能否对投资者产生吸引力，与参与项目投资的投资者数量、参与众筹项目获得的额外效用、投资者风险偏好、项目发起人的价格歧视程度存在正相关关系，与目标金额存在负相关关系；信任机制的建立和适当的目标金额是众筹成功的关键（叶芳、杜朝运，2015）。同时项目更新、共同关注效应、家人与朋友的支持、社会影响效应、投资的周期等也对投资者进行投资决策产生影响（Kuppuswamy & Bayus，2014）。

项目发起人的行为也对项目成功概率产生影响。发布项目的类型特征（项目富含创意、项目语言描述、项目名称以项目发起人的名字命名）（Marom等，2013；Marom等，2015）、项目前期的准备策划、社会网络、性别、项目发起人过去的成就以及项目更新（Mollick，2013，2014）、网络环境下的质量信号显示（张成虎、李霖魁，2015）等都对众筹项目能否融资成功产生影响，而且项目筹资金额与项目发起人支持网络中其他项目的内在社会资本积累呈正相关关系（Colombo等，2013；Younkin & Kashkooli，2013；Zvilichovsky等，2013；曾江洪、甘信禹，2014）。同时，张成虎和李霖魁（2015）认为众筹项目融资成功后，发起人对于投资者的实际回报时间滞后于预期承诺时间。众筹平台的网站功能对投资者的行为产生影响，两者之间存在正相关关系（Qiu，2013）。众筹平台的利润受其所提供的服务差异化程度影响（郭新茹等，2014）。

还有一些学者从众筹的其他角度通过构建理论模型研究了众筹的运行机制问题。Rubinton（2011）将众筹视为投资银行非中介化的演变，构建了离散时间下的动态博弈模型。Belleflamme等（2013）基于价格歧视理论，比较了基于预售的众筹和股权的众筹，分析了初始资金需求和市场规模对众筹模式选择的影响。郭新茹等（2014）运用双边市场理论，构建了竞争性的众筹平台Hotelling模型。（黄健青等，2015；Cumming等，2015）将回报众筹分为KIA和AOL两种模式，认为小的众筹项目更倾向于采用 KIA 策略，而大的众筹项目则倾向于采用 AOL 策略。姜照君、张容（2015）构建了众筹投融资决策的参照依赖模型，认为项目众筹的成功概率、回馈效用评价对社会的投融资方式决策有重要影响。

2.2.3 文化创意企业融资支持体系相关研究

文化创意产业的发展离不开政府、金融、信息技术等要素的支持，而各国国情不同，政府对文化创意产业融资的扶持政策不同，但无论是发达国家还是发展中国家，都有一个共识，那就是金融资本要素在文化创意企业发展、壮大及成熟过程中所起到的至关重要的作用。本节对国内外学者对于文化创意产业融资支持体系的研究成果进行梳理，有助于解决我国文化创意企业融资难题。学者们的主要研究成果如下：

Keane 等（2005）分析了中国和拉丁美洲在电影、电视和音乐产业方面投融资结构，发现两者都鼓励发展以出口为导向的能产生高附加值的创意产业。同样地，创作者、生产者和分销商正瞄准利润丰厚的国际市场，尤其是类似于文化和语言群体。虽然政府政策有助于国内经济增长和促进出口，但是投入到生产、分销和市场中的金融与创意间的协同作用决定了企业的成功或失败。Arping 等（2010）指出政府对信用担保的财政支持比其他类型的贷款更具效率（Thoreten 等，2010）。Kleer（2010）认为，企业获得政府补贴，可以给金融市场中的潜在投资者向该企业提供资金提供一个积极信号。Feder 和 Katz-Gerro（2012）分析了以色列 48 年来舞蹈、管弦乐队、戏剧和歌剧领域艺术组织公共基金的资助趋势，并采用时间序列分析，论证了公共基金资助趋势与教育、种族构成以及当地居民的收入水平变化之间的关联关系。研究表明，教育和当地居民的收入水平对公共基金的影响是表演艺术产业服务于社会大众，而种族规模对公共基金的影响是演艺企业服务于精英分子。Feder 和 Katz-Gerro（2015）构建了一个基于政府资助的艺术组织文化等级制度。得出剧院处于政府资助的最高层，中间层是管弦乐队，舞蹈公司获得的政府资助最少。政府资助的显著差异主要体现在组织中种族的不同以及国家环境。但是这种差距随着时间的推移正在缩小。Dörry 等（2016）认为创意产业将减少苏黎世经济对银行的依赖。苏黎世的创意产业为促进经济增长提供了一个独特的叙事文本。创意产业和提升报告激励和合法化了新的城市政策。金融与创意产业的共生发展有利于吸引特殊的人才。曾志兰（2010）从搭建服务平台、创新信贷产品、拓展多元化融资渠道、鼓励多元资金支持文化产业发展、建立健全有利于金融支持文化产业发展的配套机制等层面提出金融支持福建文化产业发展的思路①。章金萍、李兵（2012）对保险支持文化产业的供给状况以及文化产业发展对保险支持的需求状况进行了分析，发现我国文化产业保险支持呈现供需不均衡现象，从扩大产品供给与创新、建立规范化文化产业保险体系、培育专业化鉴定机构和团队、成立专门性文化产业保险公司或团队、拓展保险企业投资文化产业渠道五个层面提出了保险支持文化产业发展的对策建议。福建省工商行政管理局课题组（2012）针对支持文化创意产业发展资金有限与文化创意产业发展经费需求巨大的不匹配现象，提出充分发挥财政政策的调节作用，鼓励采取投资合作、资金引导等多元化资金支持方式，吸引各种资金进入文化创意领域②。陈思（2012）认为，应设立演艺产业发展专项资金支持原创剧目"走出去"等策略来构建演艺产业的综合服务平台，使我国演艺产业走上可持续发展的道路。张凤华、傅才武（2013）对财政金融政策与文化产业发展的配备性进行了分析，针对目前财政在政策支持文化企业投融资体制机制不健全等问题，提出财政政策支持文化产业发展的优化策略。俞燕（2014）提出借鉴中国台湾中小企业融资辅导体系（金融机构、中小企业信用保证基金、中小企业联合辅导基金会）来推动我国中小企业融资的措施。郭颖（2015）以出版传媒企业为研究对象，对2014年政府出台的一系列文化财经政策进行剖析，提出财经政策下出版企业与金融融合的思路。朱尔茜（2016）基于公共风险视角，分析了政府文化产业投资基金支持文化产业的三条主线，基于目前基金支持与三条主线存在不相适应的状况，从明确基金功能定位、加强顶层设计、规范治理结构和完善制度体系四个方面提出了改善建议。杨向阳、童馨乐（2015）认为，财政支持有助于提高文化企业获得外部融资的机会；魏鹏举（2016）指出应构建一个中介发达、风险可控、富于创新的多元多层次、符合中国特色的文化产业金融支持体系。

社会资本作为一种非市场力量，近年来获得了政府和企业的广泛关注。一些国家相继出台了政策鼓励政府与社会资本合作（PPP）支持企业的发展。边燕杰、丘海雄（2000）指出社会资本对企业经营能力和经济效益有直接的提升作用③。持有该观点的学者还有 Durlauf 和 Marcel（2004）及梁爽等（2014）。Batjargal 和 Liu（2004）和 Zhang 等（2008）认为，社会资本有助于降低不确定性，帮助投资者了解创业者的真实能力。社会资本有助于大企业在成长期获得资金支

---

① 曾志兰. 对金融支持福建文化产业发展的思考 [J]. 福建论坛·人文社会科学版，2010，12：173-176.

② 福建省工商行政管理局课题组. 福建省文化创意产业的财税政策研究 [J]. 中共福建省委党校学报，2012，8：75-80.

③ 边燕杰，丘海雄. 企业的社会资本及其功效 [J]. 中国社会科学，2000，2：87-99.

持（Florin 等，2003），也有助于中小企业在短期贷款中充当替代资产作为贷款抵押的作用（Du 等，2010）。Bettiol 和 Sedita（2011）分析了社会团体在文化创意产业发展中所起的作用，认为文化产业投融资体系中社会团体应扮演重要角色。Chuluunbaatar 等（2014）分析了文化创意产业发展中的聚集效应和社会资本，并以蒙古马戏团产业为例，研究了影响社会资本投入文化创意产业的主要因素。杨向阳等（2015）认为，企业家社会资本对文化企业融资具有显著影响，但企业家政治关系资本与企业家商业关系资本的影响存在明显差异①。García-Villaverde（2017）认为社会资本是旅游产业集群企业中鼓励创新的一个关键资源，但是也可能会受到市场动态变化中管理者思维的影响。

此外，还有一些学者借鉴国外发达国家金融支持文化创意产业或创意城市发展思路，提出我国金融支持文化创意产业发展体系、路径的研究（徐明亮，2011；李建林，2012；许丹丹等，2011；张新建等，2012）。何树红、刘玉清（2011）从规范文化产业市场、引导多元化资金金融文化市场、完善风险管理、优化融资信用环境、创新文化产业金融产品与服务体系四个方面提出了金融支持云南省文化产业发展的路径。龙怒（2012）借鉴北京、上海等地金融支持文化产业发展经验，构建融机构、企业、产业、市场、环境、政府、政策为一体的云南省金融支持文化产业的投融资体系。刘继广（2012）认为，金融支持文化产业发展要遵循"资源资产化、资产资本化、资本产权化、产权金融化"的路径，具体可以从创新文化金融产品、健全以版权为核心的金融产品公开流转市场、开发适合文化创意企业的信贷产品、服务模式以及新型险种、探索版权资产证券化、加快金融服务创新等方面进行建设。蒲晓晔、赵守国（2013）构建了文化市场金融支撑体系，并以陕西省文化市场为例，提出金融支撑文化市场发展的路径。侯英（2016）构建了文化产业发展的"股权融资+债权融资+担保"的金融支持体系并提出促进文化产业发展的金融支持体系创新路径。向勇、刘颖（2016）认为，政府的财政资金扶持是文化产业发展资金的重要来源，在向文化机构进行财政拨款时，可借鉴英国政府的模式，依据当年文化产业盈亏数目进行动态性财政拨款。

在金融发展与文化创意企业融资约束研究方面，Wurgler（2000）认为，金融发展使得各类金融资源的配置效率得到提高，降低了资金供给双方的交易成本，提高了企业投资效率，减轻了企业融资约束。Claessens（2003）认为，金融发展通过拓宽企业融资渠道促进了企业成长。Ndikumana（2005）指出金融发展、

---

① 杨向阳，童馨乐. 财政支持、企业家社会资本与文化企业融资——基于信号传递分析视角 [J]. 金融研究，2015，1：117-128.

内部资金流和企业投资之间有较为显著的关系，金融中介影响国内投资，主要是通过缓解融资约束，使企业增加投资。叶园园、陈孝明（2016）运用2009~2015年文化企业上市公司数据分析了金融发展与文化企业融资的关系，研究结果表明文化上市公司存在较大的融资约束，金融发展未能对文化上市公司融资约束起到缓解作用，也未能促进文化上市公司的投资，提出金融创新（创新文化金融产品、构建文化产业融资平台、优化文化产业金融环境）是解决融资难的有效途径。

2.3 文献综述

2.3.1 现有文献总结

本章主要从文化创意产业和文化创意产业融资两个层面，对国内外学者的研究成果进行了梳理，学者们的研究成果总结如下：

（1）文化创意产业相关研究

国内外学者对于文化创意产业的研究，主要集中在文化创意产业的概念界定、基础理论研究与实践发展研究、知识产权保护、政策支持体系等方面。

对于文化创意产业概念的界定，虽然各国对文化创意产业的称谓不同，但是我国已经基本上形成了对文化创意产业的权威界定。即文化创意产业是以文化为元素、体现个人创意，以知识产权为产出的，以消费为交易特征，为社会创造财富，提供广泛就业的产业。

在文化创意产业基础理论研究中，国外学者将熊彼特的创新理论、罗默的新增长理论、创意经济理论作为文化创意产业的三大理论思想，我国学者在基础理论方面的研究较少。

国内外学者在文化创意产业实践发展层面的研究较多。国外学者一致认为：文化创意产业的空间集聚现象一方面可以提升城市的外在吸引力，另一方面有利于吸引创意人才，优化城市内部格局，进而提高金融等相关行业对文化创意产业的支持率。集聚区初始选址一般会选择大城市废弃的厂房和仓库，随着该区域创意价值的实现，会变为文化高端区，房价会上涨，继而出现创意聚集地的扩散和迁移。我国学者的研究主要集中在文化创意产业集群形成条件与发展演化机理、集聚效应与竞争力、效率评价等方面。在文化创意产业与其他产业的融合发展方面，国内外学者在文化创意产业和旅游产业融合发展方面的研究较多，也有将文化创意产业与体育业、广播电视、农业、制造业和新技术融合的研究。此外，由于文化创意产业的发展在我国起步较晚，我国学者在文化创意产业发展存在的问题、发展路径、发展模式、协同创新方面也进行了大量的研究。

国外发达国家针对知识产权已经形成了系统的保护政策以及法律制度，由于我国针对文化创意产业方面的知识产权保护体系还不完善，因而我国学者在文化创意产业知识产权保护存在的问题、知识产权保护的路径及战略分析以及构建知识产权公共服务体系等方面进行了大量的研究。学者们的研究成果有助于为我国构建文化创意产业知识产权保护体系、完善知识产权相关法律法规提供思路。

此外，由于各国经济体制机制不同，因而对于文化创意企业的政策支持体系不同。以英美为代表的发达国家实行自由竞争的企业制度，通过市场主导型、减少政府行政干预的发展模式来支持文化创意产业的发展，亚洲地区大多数国家遵从政府主导型的发展模式。

(2) 文化创意企业融资方面的研究

国内外学者对于文化创意企业融资方面的研究，主要集中在文化创意企业融资难及原因分析、文化创意企业融资模式和文化创意企业融资支持体系三个方面。

国内外学者分析了文化创意企业融资难的原因以及从多角度提出解决文化创意企业融资难的路径，如可以通过转向信用市场来缓解从资本市场融资难的困境；从加大政府扶持力度、建立专业投融资人才培养机制、创新文化创意产业投融资模式、健全风险评估与控制机制等方面改善文化创意企业融资难困境；产业聚集、风险投资、开展融资租赁业务能够有效缓解文化创意企业的融资难问题；将专项资金由补贴制转向信用融资担保制，提高政府融资补贴的普惠性等。

在融资模式的研究方面，学者们对于文化创意企业应该采取何种融资模式来有效降低融资约束进行了大量研究，也提出了一些融资创新模式。如大力发展无形资产抵押贷款，降低版权、专利融资门槛；政府主导的信用担保体系、新三板挂牌、完善版权质押融资及评估体系、发行彩票式的社会集资、"桥隧模式"以及保险的信用增级；电影版权质押、众筹模式、版权预售模式、权益拆分模式、电影期货、票房收益资产证券化；"版权质押+专业评估"贷款、"政府专项资金+信用担保"贷款、"预售合同+完工担保"贷款、"应收账款+保险"贷款等。

此外，还有一些学者运用实证研究的方法，从企业融资能力对投资支出的影响，企业可持续增长率与投融资之间的关系以及从融资模式视角研究了文化创意企业的融资效率。

2.3.2　现有文献不足分析

尽管学者们从理论和实践层面对文化创意企业、文化创意企业融资模式进行了大量研究，也取得了丰硕的成果，但也存在着一些不足，具体如下：

1）在现有文献中，学者们对企业融资能力的影响因素进行了大量的研究，有的学者采用实地调研的方法，研究了中小企业融资能力的影响因素；有的学者采用上市公司、创业板、新三板数据研究了上市公司融资能力的影响因素。然而现有研究成果的研究对象是企业，文化创意企业虽然也被包含在内，但是研究结论无法准确反映文化创意产业真正的融资约束，进而无法针对融资约束提出相应的建设思路。虽然一些学者也研究了文化创意企业的融资问题，但大多数学者的研究重点集中于文化创意企业融资效率及影响因素、可持续增长率与文化创意企业投融资决策之间的关系、资本结构影响因素等方面，因此，研究哪些因素会影响文化创意企业向银行等金融机构获得资金是本书要研究的内容。

2）近年来，随着"互联网+"、互联网金融的发展，一些学者研究了"互联网+"下的文化创意企业的融资问题，提出了互联网下的文化企业融资模式，包括众筹、O2O、天使投资平台、P2P网贷平台、"融资租赁+互联网金融"的A2P融资模式等。关于众筹的研究，学者们主要集中在众筹融资模式、众筹融资成功的影响因素、众筹融资风险的研究以及众筹参与主体行为决策机制等方面，而将众筹与文化创意产业结合的研究中，学者们只是从理论层面研究了众筹融资模式对文化创意企业的支持作用、众筹模式对文化创意企业的影响、众筹融资模式的优势与困境。鲜有学者从投资者行为角度来研究文化创意企业融资问题，这也是本书要研究的主要问题。

3）学者们提出的众多文化创意企业融资模式中，很多学者认为版权质押融资模式是有效解决企业融资困境的一种模式，而版权质押融资的关键是对版权价值的评估，因而在版权价值评估方面，许多学者也进行了相关研究。主要集中在知识产权的评价体系与评估方法、影响因素、质押风险等方面。但大多数学者只是提出了构建知识产权质押评估体系的必要性，知识产权价值评估中主要方法的应用条件和适用性以及对方法参数的选择，鲜有学者能通过具体的方法计算出知识产权的价值，而且在计算价值的过程中并未考虑风险因素。如何设计一个既能计算版权价值又能将质押中存在的风险考虑到的文化创意企业版权价值评估体系以及构建一个基于质押的版权价值评估模型是本书要研究的问题。

4）文化创意保险的发展为文化创意企业降低运营风险提供了保障，也降低了银行等金融机构向文化创意企业提供融资的风险。因而部分学者提出通过"保险的信用增级""应收账款+保险""版权担保贷款"等方式降低文化创意企业融资中存在的诸如质押风险预测难、贷款风险难以有效分散等问题，提高银行等金融机构的信贷支持率。但是学者们只是从理论层面提出了保险在文化创意企业融资中的作用，未能将文化创意企业与保险市场真正结合起来，构建基于文化创意企业、保险公司、商业银行三方主体下保单质押融资创新模式，以及对文化创意产业保单质押融资服务进行定价，这是本书要研究的问题。

3 文化创意产业融资现状分析

从全球范围来看,英国、美国、法国、日本等国都是文化创意产业发展的典范,结合各自国情,都找到了适合本国的文化创意产业发展之路,并有相应的融资模式来促进文化创意产业的增长和繁荣。本章对这四个国家和中国的文化创意产业发展状况和融资状况进行比较,分析我国文化创意产业融资存在的主要问题及原因。

3.1 文化创意产业的发展现状

3.1.1 国外文化创意产业的发展现状

(1) 英国文化创意产业概述

英国是最早提出"创意产业"概念的国家,1997 年英国政府在文化、媒体和体育部(DCMS)下设立了"创意产业工作组"(Creative Industries Task Force),将广告、建筑、工艺品、设计、艺术和文物交易等 13 个行业确认为创意产业。从 2012 年开始,英国政府在原创意产业投入上进一步加大对创意产业的资金支持力度。2013 年"英国创意经济报告"显示,创意经济占全国生产总值(GDP)总量的 1/10,远远超过了金融业、制造业和建筑业。英国的文化创意产业主要集中在表演艺术产业、电子游戏制作产业和设计时尚产业。

在表演艺术产业,英国文化的创意主要体现在其剧目的创新上,英国戏剧中很多经典剧目,如音乐剧《猫》《歌剧魅影》《妈妈咪呀》等给英国的表演艺术带来了强大的品牌效应。同时,剧目的创作还十分注重与其他国家文化元素的结合，如爱丁堡艺术节还专门推出"上海文化周"活动，包含音乐会、设计展、时装秀等多种形式，加强爱丁堡与上海两座城市之间的联系。

在电子游戏制作产业，英国政府非常重视游戏制作产业的发展。2015 年 4 月，英国政府投资 250 万英镑在诺丁汉市建了一个国家游戏中心。该游戏中心是英国第一个面向公众的，带有文化和学术性质的类似于科技馆或者艺术馆的公众空间。中心陈列了千余件展品和各种游戏互动设备，外带一个电影院、一个咖啡厅和一个教育展厅，中心的大多数设备都对游客开放。英国建立游戏中心的目的主要是改变公民对游戏的态度以及给予公民专业的教育指导，使得公民从爱玩游戏变为热爱开发游戏。

在设计时尚产业，英国也走在世界前列。英国时尚产业的成功，离不开时尚教育，如时装设计、工业设计、珠宝设计等。英国的时尚教育在世界上很有影响力，很多人通过英国的教育再到欧洲、美国、中国等市场寻求工作机会。伦敦时装周更是英国经济的中流砥柱。据统计，2015 年时装配饰销售额为 27 亿英镑，同比 2014 年增长 3.4%。60% 的消费者选择从线上购买饰品，同比 2013 年上升了 8%。

（2）美国文化创意产业概述

美国是一个注重知识产权保护的国家，从 1790 年颁布《美国版权法》后，多次对其进行修订与完善，促成了美国文化创意产业的蓬勃与生机。在美国，对文化创意产业更多的称谓为"版权产业"。近年来，美国的文化产业一直保持强劲增长，其中以影视业、广播电视业、报刊出版业、广告业、软件业、旅游业等行业发展最快。2012~2015 年，美国版权产业价值的平均增长率为 4.81%，比同期美国经济整体的平均增长率高。2016 年美国核心版权产业占美国 GDP 的 7%，达到 1.2 万亿美元，创造了超过 550 万个就业岗位，这里的知识产权覆盖了从电视、电影到图书在内的各种形态。众所周知，美国的电影产业是非常发达的，好莱坞的电影给观众留下了深刻的印象。美国政府非常重视高科技在文化创意产业中的运用，强制企业淘汰落后模拟技术，推广先进的数字技术，来提升文化创意产业技术水平。正是在政府的推动下，美国的电影业走上了大制作的道路，把全球观众从电视机前面拉进电影院。高科技还运用在其他文化创意企业的产品创新中，如迪士尼将高科技融入娱乐节目中，使观众亲身体验节目的娱乐性与惊险刺激效果，大大提高了企业的经营效益。此外，还将源于中国的典故《花木兰》进行了"迪士尼化"，制作成的动画片受到了全世界观众的喝彩。

美国图书出版业在全球出版业中占有举足轻重的地位，20 世纪 90 年代，美国是世界图书出版业的巨擘。发行商大约有 1000 多家，典型的代表有亚马逊

（Amazon）、贝克·泰勒（Baker Taylor）、英格拉姆（Ingram）、巴诺书店（Barnes & Noble）等。各主要发行商大多兼营实体渠道和数字渠道，实行纸电同步销售。出版社的图书采用多渠道发行和销售，有互联网渠道（网上书店）、大型连锁店、读者俱乐部、专业书店、中小型独立书店、图书馆和专业机构、大学超市、邮购直销等。在图书创作方面，作者享有表达和创作上的高度自由。图书代理商作为中介负责将出版社和作家耦合在一起，必要时直接参与策划、改稿等编辑工作，而出版社会对有创意的作者进行投资。

(3) 法国文化创意产业概述

法国拥有丰富的民族文化遗产及稳定的公共文化政策。政府重视保护本民族文化遗产及艺术资源，始终坚持"文化例外"和"文化多样性"的原则，采取"公共投入为主、国家扶持、多方合作"的政策在开放与保守之中寻求法国文化创意产业的特色发展之路。法国的文化创意产业主要集中在设计业、文化旅游业和电影业。

设计产业是法国重点发展的文化创意产业之一，涵盖领域包括产品设计、时装设计、企业形象设计、包装设计、设计研究等。法国政府非常重视时尚设计业的发展，成立了许多时尚产业细分公会，来建立技术工艺标准和颁布版权保护相关政策，其中法国高级时装公会影响力最大。法国时尚推崇工匠精神，政府出资设立了"时尚银行"的机构，主要资助和奖励手工业者在"法国制造"品质上的坚守和创新。在法国，任何品牌不能随意安排降价或促销时间，降价销售时间、打折时间以及奢侈品名称的授予权都由政府来管控。法国政府重视高新技术和高端服务在创意产业中的作用，通过补贴的方式支持鼓励高新技术的发展，注重科技成果的转化。

旅游业也是法国的支柱产业，每年为法国带来百亿欧元的贸易顺差。2014年法国接待游客达8370万人次。法国旅游业除了依靠历史遗迹，如卢浮宫博物馆等之外，还通过人类文化如个人艺术表演等吸引其他国家的游客。香水、时装、葡萄酒、美食等方面的延伸产品，也成为拉动旅游业增长的亮点。但是2015年11月和2016年7月的恐怖袭击事件给法国旅游业带来了严重的冲击。据统计，巴黎恐袭后，2016年前10个月，赴法国旅游的外国游客数量与2015年同期相比下降了8%。为了振兴旅游业，法国采取了如推出城市联票，设置流动警局等六项新举措重振旅游业，并呼吁政府和旅游部门同心协力扩大宣传。针对旅游安保问题，法国政府拨款1500多万欧元用于保障游客安全。此外法国政府还推出了智能手机APP，方便游客预订酒店、餐厅，购买景点门票。

法国政府将文化产业尤其是电影业列为重要工业部门。在国家政策的常年扶持下法国电影形成了独有的体系——从拍摄计划、制作、发行到最后进入影院放映，都有着相应的资助政策。2015 年法国共有 2020 家影院，5653 块银幕，所有影院全部完成 2K 或 4K 数字设备的改造。在海外市场，法国电影的销售也成绩斐然，如电影《小王子》海外发行达 40 多个国家，观影人次突破 1400 万，成为法国近 20 年来海外票房最出色的影片。目前法国电影发行商主要有 Pathé、UGC、EuropaCorp、Mars、Gaumont、Memento 和 Studiocanal 等公司。这些公司为法国电影在本国及海外的推广做出了巨大贡献，成为法国电影业得以健全发展的杠杆和主力。此外，法国动画片凭借其强大实力和创作水准也得到了全世界范围的认同，法国不仅有着最卓越的动画教育和培训机构（高布兰学校），更有着大量顶尖的动画艺术家和特效专家。2014~2015 年，法国动画片占总体电影出口数量的 4.4%，但法国动画片的海外观众数却占总体法国电影海外观众数的 12.4%。

（4）日本书化创意产业概述

日本政府也非常重视文化创意产业的发展，1995 年日本提出"文化立国"的战略方针，此后几年相继提出了一系列推动文化产业发展的方针。日本通产省内部专门设立了创意产业科，据其统计，2004 年日本书化创意产业的销售额占全部产业的 7%，超过了家电产业的占比 6%，仅次于汽车产业的占比 8%；并且 2010 年日本的文化产业市场规模排名达到世界第二，仅次于美国。日本政府非常重视创意人才的培养，国家专门制定了培养相关专业人才的培育计划，一些高校还专门开设了文化产业相关专业。目前，日本文化创意产业的部分领域在全球居于领先地位，最有代表性的是动漫和游戏产业。

对于动漫产业，日本素有"动漫王国"之称。据前瞻产业研究院发布的《2015~2020 年中国动漫产业发展前景与投资预测分析报告》显示，动漫已是日本第三大产业，年营业额达 230 万亿日元。日本拥有多家动漫制作公司，同时也会聚了一大批世界顶尖的漫画大师、动漫导演和动画绘制者，其中的代表有东映动画、吉卜力工作室、GAINAX、Sunrise 等。传媒手段的不断进步和完善，为日本动漫市场的开拓和延续提供了良好的条件。日本动漫产业根据不同的年龄层次开发不同受众群的动漫。产业化过程主要为：漫画原作在杂志刊载，刊载两个月之后，将内容整合成单行本出版；如果漫画受到热捧后，就逐步进入电视动画化、DVD 化（OVA）、电影化（剧场版）、游戏化、手机动漫化等多种媒体形式，商家会马上生产玩具等周边衍生产品，这些周边衍生产品几乎覆盖了生活的各个领域。目前，动漫新兴产业如主题餐饮、漫画咖啡馆、服装道具、动漫形象模型已成为当今日本最具成长活力的产业之一。近年来也有从小说、游戏反向推进到漫画、动画的成功作品问世。完善的产业链使动漫的生产得以程序化，迅速满足了市场受众需要，达到了理想的盈利目的。这也是《火影忍者》可以连载15个春秋的主要原因。

对于游戏产业，日本拥有全球电子游戏市场份额中90%以上的硬件和50%以上的软件。开发出了广为大众熟知、风靡全球的王牌游戏"超级马里奥"、《街头霸王》《生化危机》《魂斗罗》《合金装备》《游戏王》等。近年来，日本游戏行业的发展状况趋于恶化。2015年是日本游戏产业26年历史中盈利最低的一年。恶化的主要原因是日本人口不断减少与人口老龄化带来的游戏市场萎缩、周边经济体在游戏技术与创意水平上的崛起、日渐增高的开发成本与运营费用使其在市场竞争中处于劣势、硬件结构不兼容、消费者对游戏产品固有的消费习惯、游戏公司体制机制不适合创新等。日本游戏巨头看到了日本游戏产业逐渐衰落的趋势，也采取了一系列的措施来改变目前的市场环境，如索尼研发的最新主机PS4，鼓励独立游戏开发者加入。

3.1.2 我国文化创意产业的发展现状

我国引入文化产业的时间比较晚，1998年成立文化部文化产业司。虽然文化创意产业在我国发展较晚，但是我国政府非常重视文化创意产业的发展，2009年国务院发布的《文化产业振兴规划》，明确提出要将我国文化产业的发展上升为国家战略高度，2010年中共十七届五中全会指出要将我国的文化产业发展成为国民经济的支柱产业。2015年我国文化产业经济总量持续快速增长，增加值占GDP的比重为3.97%，比2014年提高0.16个百分点；截至2015年底，我国共有规模以上文化企业49356家，实现营业收入84163亿元，比2014年增长14.0%；共吸纳就业人员2041万人，比2014年增长6.0%；全国居民用于文化娱乐的人均消费支出为760.1元，比2014年有所增加。

虽然我国文化创意产业发展态势良好，但与世界上其他国家相比，还是比较落后。据统计，2015年文化产业总值占GDP总量的比重，美国是25%左右，日本是20%左右，欧洲为10%~15%，韩国高于15%，而中国仅为3.97%。特别是在中国经济持续高速增长、出口持续顺差的背景下，文化产业的进出口比例逆差幅度惊人。我国文化创意产业相较其他国家落后的现实，也意味着文化创意产业在中国拥有巨大的发展潜力。

（1）图书出版业

"互联网+"时代，传统的实体书店、图书零售业、出版业都在考虑自身的转型问题，进行创新。2016年首家当当网线下实体书店在梅溪书院开业，该书院所有图书售价与当当网同价，24小时经营，采用"书店+咖啡+文创"的多元化经营模式，致力于推动全民阅读、增强全民阅读的体验，书院内部配备了诸如儿童馆、手工教室、"讲堂区"、展馆等基础设施。当当网O2O实体书店依靠"互联网+"既弥补了传统书店时空的限制，又突出了线下社交和文化体验，为互联网时代读者的阅读和文化生活提供了一个便捷的渠道。还有一些实体书店或书籍零售业将书店开在购物中心、城市综合体内，采用"阅读+购物体验+明星签售"模式，走复合经营之路，成为商业招商中关注的"强IP"。

图书馆也在进行一系列的创新。如有些图书馆引进电子书阅读机移动阅读平台，采用"图书馆+互联网+服务+特色活动"模式，拓展图书社会功能。如消费者只要打开电脑或者使用智能手机，登录门户网站，安装"超星移动图书馆"客户端，就可享用全部数字资源；农村图书馆的工作人员借助农业期刊及网上农业科技资料及时解决农民在种植过程中出现的问题，对自己无法解决的问题，邀请专家帮忙解决，引导广大农村读者树立"读书求知，读书致富"的理念；蓬莱市图书馆采用"私人定制"——你点书、我买书服务，满足消费者的个性化需求，这种私人定制预约服务模式可以解决图书馆购书经费有限、图书有效利用率低等困境。还有一些图书馆正在完善网络借阅软硬件设施建设，实现与市、区图书的通借通还系统联网；还有一些图书馆通过开展"大手拉小手、悦读共成长"亲子读书活动，激发当地群众的阅读热情。

（2）表演艺术产业

近几年，我国表演艺术产业在保持我国特色文化的基础上，进行了一系列的创新，获得了较快的发展。2014年天津曹禺国际戏剧节引进欧洲戏剧，实现国内国外戏剧同步化。此外，传统戏曲在保证原汁原味的风格下，进行了一系列创新，各剧种发挥自身特色，突破固定舞台样式，尝试各种表现题材。如一些剧院采用"浸入式戏剧"模式，让观众与演员一同表演，实现传统戏剧的体验化。再如针对目前年轻人喜欢用星座做性格分析，我国戏剧创造性地用西方星座对中国京剧进行了包装，于2016年9月30日在上海大剧院中剧场进行了"星星点戏"展演，受到了一致好评。

地方戏曲也在进行一系列的创新，一方面通过实施走出去策略，探索戏剧演艺新路径；另一方面实施戏剧表演下乡活动，让更多的群众看到我国戏剧文化的博大精深，拉近与当代观众的距离。如地方戏评弹《林徽因》先后到北京大学和南京艺术学院演出，演员们发现，对于同一处噱头，一南一北两所高校的学生反应完全不同。通过调查不同地区群体对评弹剧中同一处噱头的反应，演员探索性地对放噱头套路进行了创新。可见地方戏在"走出去"的过程中与不同地区观众进行碰撞，有助于开阔视野，获得新的刺激和灵感。

（3）影视产业

近年来，影视行业并购潮增强，不仅大型影视公司兼并重组小型公司，延伸、完善整个产业链，还有很多非影视行业的公司跨界进入影视行业，欲分一杯羹。延续2014年的收购态势，2015年以BAT为代表的互联网公司继续大举进入影视行业，扩展自己的影响力。

据统计，截至2015年9月，我国银幕数量达37700块。2016年6~8月暑期档全国总票房为124.29亿元，与2015年同期基本持平。其中国产片总票房约47亿元，相比2015年同期下滑近四成。从口碑上看，暑期档上映的73部国产片及合拍片中，42部在5分以下，意味着57%以上国产片的好评率未达平均线。中国电影产业生产力与产品质量之间存在严重失衡状态。主要原因：一方面可能由于中国电影经过连续10年复合增长30%的高速发展之后，在工业体系、传播体系、有效资源及深度开发、创意与想象力多方面的短板已经显现；另一方面是国产电影过于娱乐化的包装、单一的内容形式，过度迎合了低龄化观众的感官刺激，并没有产生满足观众期待的创新精品。此外剧本创作者的创新、创意能力缺乏也是国产电影票房收入不好的原因。

2016年，电视综艺节目板块中，喜剧综艺异军突起，各家卫视纷纷将目光投向了这一领域，跨界、草根、明星类节目纷纷上马，一时出现了很多喜剧综艺节目。但观众对各喜剧综艺节目褒贬不一，主要原因在于喜剧人的"喜剧天分"，并非人人都可以演喜剧，且一周一次的喜剧编排很可能导致的后果是喜剧表演人重复自己的演出套路，而民间高手虽然偶有创意，但"一招鲜"形式居多；此外，方言是阻隔喜剧传播的天堑，虽然各大综艺节目针对"方言成天堑"进行了创新，但目前的喜剧效果甚微。喜剧综艺节目如何将不同文化背景、教育背景的受众笼络到同一审美平台，实现雅俗难共赏，是未来需要创新的路径。

（4）文化旅游业

我国非常重视文化旅游的发展，相继出台了一系列政策支持文化旅游的发展。各省依据本地区的优势开发了主题公园、红色旅游、影视旅游、民族文化旅游等文化创意产业。截至2015年底，国内建成和在建的主题公园约有33座，主要集中在长三角和珠三角的一线城市，大型旅游演艺市场采用"主题园区+华夏演艺"创新模式，将具有国家级水平的特色文化节目推向全国；红色旅游资源占文化旅游资源比重较大，主要集中在江西、湖南和湖北等地；影视基地以达上百家，主要分布在二三线甚至四线城市；在政策红利的推动下，我国旅游产业发展迅猛，2015年，我国国内旅游突破40亿人次，旅游收入超过4万亿元人民币，旅游产业对 GDP 综合贡献达到了 10.1%，超过了教育、银行、汽车产业。此外，针对国家提出的乡村旅游扶贫重点工作，2016 年，乡村旅游业继续得到大力发展。各地依托本地区位条件、资源特色和市场需求，建设符合当地特色文化景观的旅游名镇名村。如山西省实施"文化+旅游+经济模式"开展了一系列文化旅游活动，在开发旅游的同时，注重旅游与文化创意、遗产保护的深度融合。山西卫视的《人说山西好风光》节目，用旅游竞演的方式，向全世界书写山西的创意文化。大型情景体验剧《又见平遥》不但拉动了山西的旅游业，更带动了山西文化产业的发展。

3.2 文化创意产业的融资现状

3.2.1 国外文化创意产业融资模式

（1）英国文化创意产业的融资方式

英国主要采用"政府引导"的投融资模式来支持文化创意产业的发展。其中最有特色的是推出了国家彩票基金。1993 年英国通过了国家彩票法案，通过发行彩票募集资金支持环保、健康、教育和文化事业，其中国家彩票基金中有 20% 是专门用来支持文化创意产业发展的。国家彩票基金运营前 5 年，就有超过 1000 个艺术项目获得了资助，总额在 10 亿英镑以上。2013 年开业的英国最大的修道院图书馆就是由国家彩票基金出资修葺、改造的。

英国政府还采用陪同资助的模式支持文化创意产业的发展，即由政府承担 1/3 的拨款，引导社会资本和文化企业自身投资文化创意产业。当文化创意企业再次获得资助时，政府将进一步扩大出资比例。政府的陪同增强了文化创意企业的信誉，使得企业能够更加容易获得信贷资金，同时政府的陪同也增强了广告效应，使得企业能够获得更多广告商的赞助。英国政府还成立了艺术基金会，为具有创新想法或创意作品的企业和个人提供发展资金。

英国政府也积极引导银行等金融机构为文化创意企业提供融资服务，主要表现在为文化创意产业的投融资双方提供信息支撑服务。例如，英国政府出版了《创意产业资金地图》，提供了文化创意贷款的金融机构名录、政府政策资金、专项基金名录，为文化创意企业寻找融资渠道提供指导。英国政府还积极协调各行政机构,以方便金融机构对文化创意企业提供融资时进行信用评估。

(2) 美国文化创意产业的融资方式

美国虽然遵循自由市场竞争原则,即由"市场主导"进行文化创意产业的投融资,但美国政府仍然出台了很多政策鼓励文化创意产业的发展。首先,在税收优惠政策方面,美国政府会对促进文化事业发展的团体、个人、企业给予享受免税待遇。其次,美国政府鼓励大型财团参加文化创意产业投资,据统计,美国的许多财团都与文化产业有着密切的联系。最后,为了支持中小型文化创意产业的发展,美国政府设立政策性专门机构,如中小企业管理局(SBA)、社区合作银行等,为中小型文化创意企业提供贷款的担保。

美国的金融市场非常发达,金融理论研究成果丰富,因此美国文化创意产业的融资运用了其前沿的金融理论,借助于其完善的金融市场,效果十分显著。例如,美国的风险投资者就运用了资本市场中的投资组合理论,尤其是电影产业中,风险投资者往往会将不同风格的电影进行组合投资,并在相近的时间上映,以规避市场不确定性带来的风险。美国的文化产业基金也非常发达,如凯雷和高盛等投资公司都设立了文化产业基金,其中凯雷还投资了分众传媒19.71%的股权,并支持分众传媒在美国市场完成了14亿元的融资计划。债券融资和股权融资都是美国文化创意产业非常重要的融资工具,例如在迪士尼收购美国广播公司ABC的案例中,迪士尼93.7亿美元的资金是通过发行长期债券得来的,94.4亿美元的资金是通过股权融资得来的。美国政府通常也会采用地方债券的方式来支持公共文化事业的发展,如在旧金山图书馆的建设过程中,82.4%的资金都是依靠旧金山市政府发行城市债券募集的资金。资产证券化也是美国文化产业重要的融资手段,例如,美国的音乐产业中比较著名的案例是"鲍伊债券",摇滚巨星鲍伊将其287首作品的版税收入、唱片收入等发行债券融资5500万美元。此外,美国还十分重视引入国外资本为本国文化创意产业提供融资,如美国著名的哥伦比亚电影公司就引入日本的索尼公司作为其最大股东。美国银行业开发的版权质押融资也很成熟,例如,针对影视产业的"预售+版权"质押融资模式,影视制片方完成影视概要制作后,就可以通过预售的方式让发行方获得该片的发行权,该预售协议与版权共同质押给银行,影视制片方就可以获得融资以完成影视的制作。为了分散文化创意企业的融资风险,美国金融市场还开发出了各类金融创新产品,例如,在影视产业,美国私募基金运用结构化金融创新方法,将一个项目的融资打包成高收益、低收益和优先股等不同形式的金融产品,在不同风险承受能力的投资人之间分散风险;保险公司也为电影制片公司提供影视制作"完工担保"服务,有了保险公司的担保,银行就可以为电影制片公司提供影视制作的融资服务。

(3) 法国文化创意产业的融资方式

法国政府采用"政府参与"的投融资模式支持文化创意产业的发展。法国政府的参与式资助模式，是法国文化经济的一个特色。

首先，法国政府将文化产业列为重要发展的部门，并给予一定的政府资助。为了进一步支持文化产业的发展，政府设立了文化工业信贷制度，鼓励银行等金融机构给予文化企业融资服务，还成立了针对著作者的版权基金，针对电视、电影拍摄的导演基金，电影视听艺术基金以及针对图书出版的国家图书基金等。该基金的构成主体是政府出资下的大型金融机构参与机制，可以为发展不同阶段的文化企业提供融资担保服务。政府的注资不仅有效降低了银行信贷风险，而且有利于金融机构了解文化企业的经营状况，减少银行与企业之间的信息不对称。

其次，法国文化部对有创意的剧作家或者文化团体机构设立了专项预算补贴津贴。每年定期发放，用于鼓励这些作家、团体机构不断进行艺术创新。为了保护本地文化产业的发展，政府对外商投资本地文化产业进行了一定的限制，如对电影、电视节目实行配额制。但是法国政府高度重视本国文化产业在世界的主体地位，为了支持本国文化产业实现跨国传播，以电影为例，法国政府的资金资助会参与到电影的制作、发行以及放映中。如法国国家电影中心（CNC）通过对影片制作给予一定的资助，激励电影人才及其新的电影计划。2015 年 CNC 的总体资金规模为 6.63 亿欧元。

最后，法国政府实施了各种优惠政策用以支持文化产业的发展，如设立了特惠税收制度。此外，除国家政府参与资助外，还鼓励地方政府及欧盟国家、私人以及企业对于本国文化产业的资助。

(4) 日本文化创意产业的融资方式

日本采用"政府主导"的投融资模式来支持文化创意产业的发展。通过完善融资制度，提供融资便利，成立企业艺术文化后援协议会、构建中小文化企业融资体系等多种措施支持文化创意的发展。以动漫产业为例，日本政府设立了"文化艺术振兴费补助金"，向动漫制作人提供不超过制作经费 1/3 的剧本创作补贴；设立了"动漫基金""东京多媒体基金"等支持动漫产业发展的专项基金。日本政府还与民间资本共同发起了"文化艺术振兴基金"，为各类文化创意活动提供资金。日本政府还为文化创意企业提供税收优惠政策，例如，自 2004 年起，日本为文化艺术从业者免除了 10% 的所得税。

除了政府的支持外，日本文化创意企业还通过各种方式开展融资，其中最主要的融资模式是制作委员会融资。以日本动漫产业为例,传统的动漫产业融资是由电视台主导的,由电视台向制作公司提供资金,用于动漫作品的创作,最终作品的版权归电视台所有,而电视台的资金主要来自广告赞助商的投入。然而随着动漫产业各种衍生品的出现,动漫创作公司不愿意将版权转让给电视台,于是形成了"媒介组合"的融资模式,即由电视台、创作公司、衍生品销售公司和广告公司以各种方式出资组成制作委员会,由制作委员会向创作公司提供创作所需要的资金,最终动漫产品播放费、衍生品销售费和版权收入费由各成员分红。同时,日本发展了比较完善的知识产权融资体系。1995年日本知识产权研究所指出"知识产权是一种可用于融资的有潜力的新型资产",此后日本相继出台了多部法律支持知识产权质押融资。2000年日本政府将文化产业著作权作为流动资产写入《流动资产法》中;2004年日本政府修改了《信托业法》,将知识产权作为信托对象,基于以上两部法律,使得文化创意企业可以以其文化创意产品的知识产权为担保抵押品同商业银行合作展开基于知识产权的融资。最后,日本还成立了中小企业基盘整备机构,为文化创意企业或者个人提供担保,确保企业或者个人可以顺利地从金融机构融资或发行公司债。

国外文化创意产业融资模式总体情况如表3-1所示。

表3-1 国外文化创意产业融资模式

国别	特点	政府举措	市场举措
英国	政府引导	国家彩票基金、政府陪同资助、艺术基金会、信息支撑服务、协调信用评估	大财团投资、社区合作银行、风险投资组合、文化产业基金、企业债券融资和股权融资、资产证券化、国外财团投资、"预售+版权"融资
美国	市场主导	税收优惠政策、中小企业管理局(SBA)、地方债券	
法国	政府参与	政府拨款资助、文化工业信贷制度、电影和文化产业融资基金、文化专项预算、配额保护、政府特惠税收、法国国家电影中心	
日本	政府主导	企业艺术文化后援协议会、文化艺术振兴基金、动漫等专项基金、《流动资产法》《信托业法》	制作委员会融资、知识产权质押融资

3.2.2 我国文化创意产业融资模式

我国政府非常注重文化创意产业融资的发展。首先通过设立政府扶持资金来支持文化创意产业的发展，从 2008 年开始设立。2016 年，为了适应文化产业供给侧改革，我国专项资金实行"市场化配置+重大项目"双驱动模式，主要支持市场前景好的创意出版、新媒体、文化旅游等方面。例如，河北出版传媒集团公司以基金参股、奖励及贴息等方式获得扶持资金合计 6900 万元。同时，政府通过与银行合作，借助银行资金为文化创意企业提供融资服务。例如，深圳市文体旅游局与招商银行合作，文体旅游局负责推荐文化创意企业名单，由银行为它们提供"文创贷"服务。在政府的引导下，我国目前建立了很多文化产权交易所，这些交易所在文化创意企业的融资过程中也发挥了重要作用。例如，上海文化产权交易所与相关机构合作，共同建立文化创意企业征信体系；上海文化产权交易所还与上海银行合作，共同建设了全国首个文化金融风险控制清算体系。

银行信贷仍然是我国文化创意企业最常用的融资方式。根据央行的统计数据，截至 2015 年 12 月末，我国文化、体育和娱乐业人民币中长期贷款余额为 2458 亿元，同比增长了 25.7%。虽然文化创意企业的信贷融资呈增长趋势，但是信贷供给与信贷需求之间的缺口仍然很大。由于文化创意企业固定资产少，所以很难通过传统的渠道从银行获得信贷融资。为了缓解文化创意企业的融资难问题，政府、行业协会、商业银行等推出了一系列的金融创新举措，为文化金融服务。2013 年底，南京银行、北京银行、交通银行、中国银行成为首批四家文化银行。例如，北京银行推出了"创意贷"，专门为从事影视制作、创意设计、广告会展等的中小微文化创意企业提供融资。南京银行推出了"艺创贷"，为从事艺术创作的中小微企业提供融资服务，接着又推出了"演艺贷"，为从事文艺表演的中小微企业提供融资服务。

除了银行信贷，我国文化创意企业还通过股权投资、发行债券、众筹等各种模式进行融资。表 3-2 是 2015 年 1~11 月我国文化创意产业各种融资模式的总体情况。

表3-2　2015年1~11月我国文化创意产业各种融资模式

融资模式	融资项目数量	总融资规模（亿元）	备注
股权投资	562件	867.21	数量和规模占比最高的是"互联网+"文化创意类企业
发行债券	126只	921.5	数量同比增加43.2%，规模同比增加36.7%
文化产业基金	28家	236.67	总融资规模是指披露了信息的23家文化产业基金
信托计划	11只	24.4	旅游企业发行5只，影视制作企业发行2只
股权类众筹	126件	4.71	京东众筹占比最高，数量占比24.6%，融资规模占比56.26%
奖励类众筹	1517件	2	众筹网占比最高，数量占比31.7%，融资规模占比7.5%
并购	151件	1308.35	涉及资金最高的是网络游戏行业
A股上市	29家	—	文化信息传输服务业、广播电影电视业、创意设计服务业数量占比65.5%，融资规模占比75.6%
新三板挂牌	244家	—	同比增长258.8%

资料来源：新元文智文化产业投融资数据。

从总融资规模来看，并购能使文化创意企业获得大量资金，其次是股权投资。虽然A股市场上市的文化创意企业不多，但很多文化创意企业可以在新三板挂牌，与2014年同期相比，2015年1~11月在新三板挂牌的文化创意企业同比增长了2.5倍。这说明我国的资本市场开始逐渐成熟，越来越多的文化创意企业可以通过资本市场获得所需的资金。

除上市和并购外，能满足文化创意企业大量融资需求的就是股权投资和发行债券了。从债券融资来说，与2014年相比，2015年文化创意产业发行债券数量同比增加了43.2%，规模同比增加了36.7%，数量的同比增加量高于规模的同比增加量，这说明债券融资开始由规模大的文化创意企业向规模相对小的文化创意企业推行，但是数量与发达国家相比还是较少。与发行债券相比，虽然股权投资的总融资规模较小，但融资项目的数量更多，因此文化创意企业很大程度上还是十分依赖天使投资、VC、PE等风险投资模式，并且大多数风险投资者十分偏爱"互联网+"类型的文化创意企业。

文化产业基金在文化创意企业融资过程中也发挥了非常重要的作用，融资规模很大，而信托计划涉及的资金并不多，且大多集中在旅游行业，其他行业很少。

作为互联网金融的代表，众筹越来越成为文化创意企业的一种重要融资手段，虽然融资规模不大，但却能覆盖较多的企业。其中，股权类众筹的总融资规模要高于奖励类众筹的总融资规模，但涉及的企业较小。股权类众筹可以看作股权投资在大众投资人中的运用，只是融资规模比专业的风险投资要小。目前，我国文化创意企业股权类众筹比较成功的是京东众筹，占所有融资数量的比重为24.6%，占所有融资规模的比重为56.26%。与股权类众筹相比，虽然奖励性众筹融资规模小，但实施的企业却很多，因此奖励性众筹解决中小微企业的短期小额融资具有明显的优势。在下文中，我们会对奖励性众筹融资模式进行深入分析。目前，我国文化创意企业奖励类众筹最成功的是众筹网，占所有融资数量的比重为31.7%，占所有融资规模的比重为7.5%；融资规模比小于融资数量比，这也充分说明了众筹网是以小额项目为主，对于解决小微文化创意企业的融资起到了非常重要的作用。下文我们会以众筹网上的数据为基础，对文化创意众筹中支持者的投资行为进行实证研究。

3.3 国内外文化创意企业融资的差距及原因分析

近年来，虽然我国文化创意产业获得了长足的发展，但是与发达国家相比，我国文化创意产业的发展还比较落后，文化创意企业特别是中小微企业普遍存在融资难问题，主要表现在以下几个方面。

3.3.1 文化创意企业融资渠道单一

（1）中外比较的差距分析

目前，我国文化创意企业的融资渠道较为单一。对于大型文化创意企业来说，主要依赖政府支持和银行信贷融资，股权、债券等融资形式数量较少，能够覆盖的文化创意企业有限，而在美国，文化创意企业既有本国财团的支持，又可以得到来自国外资本的投资，股权融资能服务于很多文化创意企业；美国文化创意企业的债券融资也很多，比如上文提到的"鲍伊债券"等。

对于中小微文化创意企业来说，现有融资主要依靠内源融资以及民间借贷，融资渠道更为单一。虽然国家出台了许多相关的政策支持文化创意产业的发展，但在实际运行中，存在着文化创意产业融资供需不匹配的情况。大型文化创意企业往往是政策的受益者，而银行等金融机构也偏爱大型的文化创意企业，中小型文化创意企业的受益范围有限，而在发达国家，政府文化产业政策十分重视中小微企业。例如，上文提到的美国的中小企业管理局（SBA）和社区银行合作为中小文化创意企业提供融资；日本成立了中小企业基盘整备机构，向动漫制作人提供补贴；英国的《创意产业资金地图》和艺术基金会都是为中小创意企业和个人服务的；法国文化部设有专项预算，如"资助剧作家"以及作者版权基金，都是用来资助个人创作的。

（2）原因分析

我国文化创意企业融资渠道单一的原因主要有三个方面：一是我国金融市场自身不完善，金融机构没有开发出文化金融创新产品；二是我国文化产业市场开放程度有限，无法引入国外资金；三是我国文化金融服务体系还不完善，无法实现文化与金融的有效对接。

我国金融市场自身不完善。虽然我国金融体制改革取得了突破性进展，形成了信贷、证券、保险等多层次金融市场，但与发达国家相比，我国金融市场还不完善。主要体现在两个方面：一是金融市场创新不足；二是金融市场监管问题突出。金融市场创新不足使得我国金融机构无法提供满足文化创意企业融资需求的专业性文化金融产品，即使提供了也因为风险太大从而难以顺利开展。金融市场监管问题突出，使得投资者对于新兴的融资渠道望而却步，如近年来我国金融市场经常出现P2P平台跑路情况，让投资者对进入众筹等互联网金融领域产生了担忧。

我国文化产业市场开放程度有限。中国是社会主义国家，而西方发达国家大多是资本主义国家，文化价值观有很大的不同。目前我国正处于经济和社会体制改革的关键时期，各种社会矛盾突出，要防止外来文化的冲击，尤其是西方反社会主义思潮对人们思想观念和价值取向的改变。因此，我国在实行文化对外开放时，要尽力维护本国文化产业安全，这就决定了我国的文化开放程度是有限的。这样我国文化创意企业不能像美国一样，可以随意引入国外资本投资，只能依靠国内社会资本和政府支持来发展。

我国文化金融服务体系不完善。金融与文化产业的融合是近几年的热点，虽然在政府支持下，各地都搭建了针对文化创意中小微企业与金融资本对接的融资平台，但由于融资平台的运营缺乏成熟经验，运行效果并不是很理想。

3.3.2 文化创意企业融资质押缺乏创新

(1) 中外比较的差距分析

对于银行信贷融资来说,为了控制信用风险,银行往往要求文化创意企业提供质押物或担保。发达国家根据文化创意企业的资产特性,纷纷开发出了创新型的质押融资模式,并运作得非常成熟,如美国影视产业的"预售+版权"质押的融资模式、日本的制作委员会融资模式和知识产权质押融资模式。近几年来,虽然我国银行也针对文化创意企业开发了一些新的金融产品,如版权质押融资、应收账款质押融资、未来收益权质押融资。但是据调查显示,文化创意企业将其版权、著作权等无形资产向银行质押融资时,大部分银行需要贷款人以厂房等固定资产作为抵押,同时承担无限连带责任,或者是需要有担保人或者担保机构给予担保。所以知识产权质押融资只适合于部分资金实力比较雄厚、财务状况良好、信用等级较高的文化创意企业;应收账款质押融资是文化创意企业以向下游企业应收的账款为抵押物向银行等金融机构融资的模式,而下游企业的资产规模、信用等级、盈利状况等指标是银行是否受理该质押的关键;未来收益权质押融资是以未来影视项目或者演艺活动的票房收入为依据向银行进行的质押融资。未来的票房受多种因素影响,具有很大的不确定性,因而该模式也是适合于知名度比较高、信用等级比较好的文化创意企业。

(2) 原因分析

在各金融机构风险控制约束下,针对文化创意企业的金融产品创新步伐较慢,传统的固定资产抵押担保贷款仍占主导地位,金融服务水平无法满足文化创意产业的融资需要。知识产权质押融资发展缓慢的原因主要有以下三点:

第一,我国关于知识产权登记保护机制、知识产权质押融资法制不太健全。我国知识产权保护中普遍存在维权成本高、侵权成本低的现象,而美国1790年就颁布了《美国版权法》,以促进"版权产业"的发展、日本多部知识产权质押融资法律促进了动漫产业的发展。知识产权保护体系的不完善也造成了我国知识产权质押融资体系的发展缓慢。我国知识产权质押融资立法较晚,2007年的《中华人民共和国物权法》才明确了可以质押的知识产权种类,而发达国家相关的法律早已健全。

第二,我国知识产权评估体系不完善。我国缺乏公正、权威的文化创意企业知识产权价值评估的评价体系。由于知识产权本身的专业性,以及文化创意产业市场的不确定性,使得知识产权价值评估很难,目前也缺少相应的衡量指标,一般的评估机构很难对知识产权做出准确的估值。同时，由于知识产权的流动性强，其价值的变动情况无法在文化创意企业财务报表上得到明确的体现。这些都制约了知识产权质押融资体系的发展。

第三，我国缺乏完善的知识产权交易市场。知识产权质押融资的前提条件是必须建立完善的知识产权交易流转市场。一旦文化创意企业出现信贷违约，银行等金融机构需要将质押的知识产权进行拍卖交易。由于知识产权评估体系不完善，知识产权交易市场也不能很好地建立起来。此外，知识产权登记制度不完善、信息不能实现及时共享，也是知识产权交易市场运转不畅的主要原因。

3.3.3 文化创意企业融资风险大

（1）中外比较的差距分析

我国文化创意企业融资风险大主要体现在部分创意企业前期投入大、未来收益不确定、创意产品生命周期短、更新换代快、创意产品易被复制等。以电影市场为例，存在着并非高投入就有高收益的现实，相反有些制作成本低的电影，有可能票房很高。例如，2016年投资5亿元的电影《封神传奇》，票房收入仅2.84亿元；而一些低成本的电影如《泰囧》《失恋33天》《夏洛特烦恼》等却获得了很高的票房收入，影视行业收益的不确定性，有可能会让投融资双方陷入高风险的境地。此外，创意产品的研发周期较长，而生命周期较短且知识产权保护体系的不健全，使得创意产品易被复制，往往创意产品的正品还没有问世，它的盗版品已经出现在市场上，创意产品价值得不到应有的价格，贬值空间大。针对前期投入与后期收益不匹配的问题，发达国家往往运用完善的融资风险管理体系进行规避，如美国的风险投资者将不同风格的电影进行组合投资，私募基金开发出不同"风险—收益"组合的金融产品在不同风险承受能力的投资者之间发售，以降低市场的不确定性；而在我国金融机构缺乏相应的风险管理经验。

文化创意企业在文化活动运营过程中也存在着很多不确定性，这些不确定性有些来自自然因素、有些来自人为因素，如演艺企业演出过程中存在演出人员和观众的人身伤害、演出取消或推迟等风险，艺术品展览过程中存在艺术品损坏、丢失等风险，广告、影视制作过程中也存在演员人身伤害等风险。美国的保险公司提供了各类文化保险服务，文化创意企业投保文化保险后，就可以获得银行的贷款，而在我国运用文化保险来分散融资风险的做法还很少。我国文化创意企业信贷违约率与发达国家相比还比较高。

（2）原因分析

目前，我国文化创意企业融资风险较大，主要有三个方面的原因：

第一，文化创意企业实力较弱，抗风险能力差。这是由于我国的文化创意产业发展较晚，发达国家从20世纪四五十年代就开始重视文化产业的发展，20世纪90年代开始就将文化创意产业上升到国家战略高度。而我国从20世纪90年代开始才重视文化创意产业发展，直到中国经济进入新常态后，才将文化创意产业提升到国家战略高度。这就注定了我国文化创意产业大多是中小企业，规模小，抗风险能力差。

第二，文化创意市场不确定性程度较高。从市场需求来看，文化创意产品不同于生活必需品，以其功能而被消费者购买，它重在观念价值和精神需求，并非消费者。改革开放以来，虽然我国人民物质生活水平有了很大提高，但人均收入与发达国家相比还有一定的差距，文化需求动力不足。随着西方文化冲击及其与我国传统文化的交互作用，我国文化市场需求层次较为复杂，不确定程度明显。同时，由于我国知识产权保护体系不完善，容易出现版权核心技术被模仿，同质化产品充斥市场的现象。即便版权未被模仿，文化创意产品的价值也会受自身技术、管理、财务，以及国家文化创意产业政策、金融政策等多种外部因素的影响，这种不确定性给文化创意企业融资带来了高风险，使得银行等金融机构出现惜贷现象。

第三，我国文化保险体系还不完善。尽管国家出台了相关政策鼓励保险公司创新文化创意类保险产品，但保险公司为了降低自身的风险，文化创意产品可以投保的范围非常有限。发达国家在应对文化创意企业风险中有很多成熟经验，如保险的介入，而我国文化保险却发展较晚，缺乏文化创意产业领域的保险精算人才。例如，2001年世界三大男高音在北京紫禁城为北京申奥举办演唱会，当时外商主办方要求对演唱会进行投保，但国内还没有类似的险种。直到2011年，原国家文化部和原中国保监会才联合发出《关于保险业支持文化产业发展有关工作的通知》，列明了支持文化产业试点的11个险种。同时，保险公司与商业银行的合作程度也较低，即使文化创意企业购买了文化保险，仍然不能将保单质押给银行获得融资。

本章小结

本章运用对比研究法和总结归纳法分析了英国、美国、法国、日本以及我国文化创意产业的发展状况与融资模式,通过对比国内外文化创意产业融资的发展现状,找出我国目前文化创意产业融资模式存在融资渠道单一、融资质押缺乏创新、融资风险大的问题,并对问题产生的原因进行了分析。本章从宏观层面提出了我国文化创意企业融资困境,为接下来如何创新文化创意企业融资模式提供了现实基础。

4 文化创意企业融资能力影响因素分析

上一章从国内外对比的角度分析了我国文化创意企业融资存在的问题,本章主要运用实证研究的方法,通过分析影响我国中小文化创意企业融资能力的关键因素,探讨融资环境、市场环境、企业特质、政策因素与文化创意企业融资能力之间的逻辑关系,为提出适合我国中小文化创意企业发展的融资模式奠定了基础。

4.1 文化创意企业融资能力影响因素理论分析及假设提出

4.1.1 融资能力

文化创意企业大多都属于中小企业,以其提供产品的"创新、创意"性区别于传统其他企业,创新、创意的特性使得文化创意企业的收益存在着不确定性和风险。尤其是在创意产品研发的初期,投入大,收益少,特别需要外源资金的支持,而企业能否在最恰当的时间以较低的交易成本获得外援资金,与企业的融资能力有很大的关系。中小企业的融资能力不仅受微观层面诸如企业盈利能力、资信、经营风险、管理水平和规模等因素的影响,还会受到中观层面诸如资金成本、银企关系等因素的影响,以及宏观层面诸如信贷政策、国家产业政策等因素的影响(周月书、杨军,2009)。

融资能力是指企业结合社会资金供需状况、自身盈利能力和发展战略,在适当的时机选择适合的资金筹集方式的一种能力。王洪生(2014)认为融资渠道、贷款效率、融资需求、融资潜力四个变量较好地解释了企业的融资能力，而吴芃（2012）将资产负债率作为衡量一个企业获得债权融资的能力。本书基于以上学者的研究成果，结合收集样本的文化创意企业的实际，将资产负债率作为企业融资能力的代理变量。

4.1.2 融资环境

文化创意企业的投融资体系具有高风险、高集中、高时效和高回报性等特征，因而其融资环境相对于其他产业来说具有一定的不确定性。在目前的经济体制下，文化创意企业融资主要来源于银行等金融机构，而银行一般都以抵押担保式的贷款形式为主，严苛的贷款条件，制约了文化创意企业的发展。影响文化创意企业融资环境的因素具体表现为以下几点：

（1）企业担保体系

企业向银行等金融机构融资时，银行需要企业为贷款提供相应的担保，目前的担保形式主要为房产抵押担保、质押担保和担保公司担保。企业所处的行业不同，贷款的可得性不同。如制造业、交通运输业等第二产业因其拥有较多的有形资产作为抵押担保物，因而比第一产业和第三产业拥有较高的信贷可得性（Cole，1998，2013）。实践证明，有形资产更易提供担保，减少债务的代理成本。资产担保价值与企业的债务融资存在正相关关系（崔学刚、杨艳艳，2008）。担保在一定程度上可以增加银行对企业的信任程度，避免银行等金融机构的债权受到损失。银行基于担保物的保证可以相应放宽贷款条件，降低贷款费用。文化创意企业因固定资产少、可抵押性弱等特征，使得企业从银行等金融机构获得融资的机会比较小。在文化创意企业知识产权和信用担保体系逐渐完善的前提下，本书将文化创意企业可抵押资产与总资产的比率作为企业担保体系健全的代理变量。因此，本书提出如下假设：

H1：文化创意企业的担保体系越健全，融资能力越强。

（2）银企关系

银企关系对中小企业的信贷可得性非常重要，影响中小企业是否选择申请贷款（Chakravarty & Yilmazer，2009）。关系型借贷理论认为，建立良好的银企关系有助于加深银行对企业的了解，减少信息不对称，增加企业从银行获得贷款的机会，以及企业可以获得较低的贷款利率和提供较少的抵押担保（Boot，2000；Berger & Udell，1998；Chakravarty & Hu，2006）。文化创意企业大多属于中小企业，与大企业相比，信息披露较少且财务制度不健全，使得文化创意企业与银行之间存在较大的信息不对称问题。因而建立良好的银企关系是文化创意企业获得融资的必要条件，是改善文化创意企业融资困境的一种方式。考虑到银行与企业之间的关系属于定性层面的范畴，为了将银企关系进行量化，学者们从银企关系持续时间、信贷额度、企业向银行的同一家分支行申请贷款成功的概率等指标作为银企关系的代理变量（张晓玫，2013）。本书将企业成立年限作为银企关系的代理变量。因此，本书提出如下假设：

H2：银企关系越好，文化创意企业的融资能力越强。

4.1.3 市场环境

市场环境主要通过市场竞争力来衡量，市场竞争力是反映一个企业在市场环境中发展状态的指标之一。市场竞争力强的企业一般会拥有良好的信用基础和较好的还款能力，容易获得银行等金融机构的贷款。企业的市场竞争力可以用市场占有率、主营业务利润率等指标来衡量（陈斌，2004；吴芃等，2012）。由于文化创意企业生产的是融文化、创意、时尚等为一体的产品，有着时尚潮流、个体嗜好、社会环境、文化差异等多种不确定因素，消费者的需求具有很大的随机性（魏亚平、宋佳，2013）。这种随机性使得文化创意产品面世后存在很多的市场不确定性以及较大的市场风险。介于文化创意企业以其提供的"创意产品"的独特性作为与其他企业竞争的资源，因而本书用主营业务利润率指标来衡量文化创意企业的市场竞争力。因此，本书提出如下假设：

H3：企业市场竞争力越强，越容易获得融资。

4.1.4 企业特质

企业基本特征包含企业规模、财务状况、企业主资质、企业盈利能力、短期偿债能力等。一些学者已经从企业规模、财务状况、企业家特征等层面研究了企业特征对中小企业从正规金融机构获得融资的影响（Heino，2006；李鑫、王宝明，2010）。本节基于文化创意企业自身的特征，从企业规模、企业成长能力、企业创新能力等角度来研究文化创意企业特征对其融资能力的影响。

（1）企业规模

企业规模的大小取决于企业拥有资产的多少。规模大的企业降低金融机构发生损失的概率大，其盈利能力、多元化运营能力、抗风险能力较强。因而大规模企业较之于小规模企业更容易获得金融机构的信贷资金（Udell等，1998；谭之博、赵岳，2012）。企业规模在一定程度上与破产概率呈负相关关系（Raian & Zingalas，1994），与企业的负债比率存在正向关系（肖作平，2004）。对于文化创意企业来说，企业的资产大多都以创意等无形资产形式体现，如作品的版权、演员的资质等，这些资产形式很难进行量化衡量，一定程度上阻碍了文化创意企业向银行等金融机构获得融资以及向国家获得相关政策扶持的机会。本书用企业总资产作为企业规模影响因素的代理变量。因此，本书提出如下假设：

H4：文化创意企业规模越大，融资能力越强。

（2）企业成长能力

企业的成长能力可以理解为企业未来的发展前景。王洪生（2014）认为融资能力与中小型科技企业的成长性存在明显作用关系，但影响程度不同。目前衡量企业成长能力的指标主要有净销售额增长、期间销售额的平均变化、期间雇员数量的变化率、企业资产的净增长、销售收入增长率、净利润增长率、资产增长率、内在投资价值、总资产报酬率、销售利润率、成长速度、盈利能力、营运能力、企业规模、成长潜力、生存状态（Acs等，1990；Davidsson等，2002；中小企业发展问题课题组，2003；慕静等，2005；王洪生，2014）。陈超、饶育蕾（2003）认为企业的成长性指标与其总负债率之间存在着相关性。对于文化创意企业而言，如果企业的成长能力较强，说明其研发的创意产品的市场占有率较高，且创意产品获得的知识产权数量较多，创意特征明显。本书综合学者的研究成果，结合文化创意产业特征，用净利润增长率来衡量文化创意企业的成长能力。因此，本书提出如下假设：

H5：文化创意企业的成长能力越强，融资能力越强。

（3）企业创新能力

银行等金融机构的风险厌恶性特征导致中小企业很难获得融资，而同时银行等金融机构之间也存在着竞争关系，因而有创新能力和发展潜力的中小企业是银行开拓新客户争相争夺的资源。胡彦斌（2013）认为，具备较强技术创新能力的企业因其偿债能力较强，违约可能性较低以及预期破产成本较少，债权人会倾向于给其贷款。目前，对于中小企业创新能力度量的指标主要有R&D经费投入、专利数量、生产力水平、技术活动经费投入、新产品销售收入等（Meriküll等，2013；Maiti & Singh，2011）。其中研发投入、专利数量和新产品产值是三个衡量企业创新能力最为常用的指标。文化创意企业生产的产品大多以版权、著作权等无形资产形式体现。因而知识产权的实际产出能力或知识产权的实际转化率更能准确地描述企业的创新能力。由于在Wind数据库中找不到企业专利数以及新产品市场占有率、研发投入占营业收入的比率等指标，因而，本书将无形资产数作为衡量文化创意企业创新能力的代理变量。因此，本书提出如下假设：

H6：企业拥有的无形资产越多，融资能力越强。

（4）企业营运能力

营运能力是指企业的经营运行能力，即企业运用资产获取利润的能力。目前衡量企业营运能力指标主要有：存货周转率、应收账款周转率、营业周期、流动资产周转率和总资产周转率等。刘宗林等（2008）、胡志勇（2007）、束义明（2011）提出了传媒类上市企业的营运评价指标体系。本书借鉴学者的研究，结合文化创意企业的实际，用流动资产周转率作为衡量文化创意企业营运能力的代理变量。因此，本书提出如下假设：

H7：文化创意企业的营运能力越强，越容易获得融资。

（5）企业盈利能力

企业营利性因素影响着中小企业融资需求（崔学刚，2008）。企业的营利性好，说明企业拥有的净利润较多，可以给银行等金融机构传递一个正向的质量信号，企业一定程度上拥有良好的偿债能力。企业的盈利能力对企业资本结构有显著影响（洪锡熙、沈艺峰，2003），呈现显著负相关性，但对长期负债比率的影响不显著（陆正飞、辛宇，1998），而 Booth（2001）运用发展中国家的数据，分析了企业负债水平与盈利能力的关系，认为两者之间存在一种负相关关系。文化创意产业是以创意为核心增长要素的产业。以著作权、版权等为主要资产的知识产权是企业获取经营收益的核心资源。因此，本书选择总资产收益率和净资产收益率来作为企业盈利能力的代理变量。因此，本书提出如下假设：

H8：企业盈利能力越强，越容易获得融资，且对负债融资的依赖程度会降低。

（6）短期偿债能力

短期偿债能力是指企业以流动资产偿还流动负债的能力，反映企业是否能在规定的时间偿付到期债务的能力。如果企业有充足的流动资金，那么可以给银行等金融机构一个正向的信号，能够以较低的利率或者较快的速度获得融资。目前衡量企业短期偿债能力的指标主要用企业现金流周转情况、流动比率、速动比率等，而速动比率能直接反映企业短期偿债能力的强弱，比流动比率更加直观可信（吴芃等，2012），且速动比率与资产负债率显著负相关（Eriotis 等，2007；陈维云、张宗益，2002）。文化创意企业的日常运营也需要大量的流动资金，如果企业资金运营效率高，那么银行等金融机构对其的贷款意向明显，因而，本书借鉴学者的思路，将速动比率作为衡量文化创意企业短期偿债能力的代理变量。因此，本书提出如下假设：

H9：短期偿债能力越强的文化创意企业，对负债融资的依赖越低。

4.1.5 政策因素

文化创意企业属于风险较高的行业，主要体现在固定资产少，研发投入多，产品推向市场的不确定性程度高等。陶晖（2013）认为造成中小文化企业融资难的原因除了企业自身发展不成熟、金融机构观念保守外，政府的政策支持不足也是一个重要的原因，而且我国存在地域发展不平衡现象。不同地域由于当地经济发展水平、金融环境、政府扶持力度及支持方式等的差异，文化创意企业获得银行等金融机构的贷款意向不同（罗荷花、李明贤，2016）。一般来说，经济发达的一二线城市相较于经济发展落后的三四线城市，企业的融资能力要强。因此，政策因素层面，本书主要从企业所处地域的金融政策、小微企业政策、文化产业政策和法律完善程度四个方面进行分析。

(1) 企业所处地域的金融政策

金融环境对中小企业成长有很大的影响。研究发现，民间资本充裕程度、各种政策性资金的支持力度、金融结构的服务完善程度对中小企业的规模有显著的正效应（王洪生，2014）。但是中小企业受到的金融抑制也与其所处的宏观金融环境相关（谭之博、赵岳，2012）。地区金融环境差异也会带来企业融资成本的差异。通过对本书的样本进行统计，发现我国中小文化创意企业在各个省份的发展不平衡，由此享有的各种政策性金融资金的支持力度也不同。因此，本书用金融相关率作为衡量企业所处地域金融环境的代理变量。其中金融相关率＝（该地区贷款总额+该地区存款总额）/该地区GDP。因此，本书提出如下假设：

H10：企业所处地域的金融相关率越高，文化创意企业融资能力越强。

(2) 文化产业政策

文化是一个民族的精神支柱，文化的发展对于一个国家来说至关重要。文化的发展可以促进经济的发展，同样文化产业的发展离不开国家相关文化政策的支持。政府实施的文化产业政策可以促进各项文化项目的实施，吸引更多的企业家加强对文化产业的发展的关注，增加文化产业被投资的概率。本书采用地方公共财政在文化传媒方面的支出情况作为衡量文化产业政策的代理变量。因此，本书提出如下假设：

H11：地方公共财政在文化产业方面支出越多，文化创意企业对负债融资的依赖越低。

4.2 文化创意企业融资能力影响因素实证研究

4.2.1 样本的选择和数据收集

本书选取在新三板上市的 206 家文化创意企业作为研究对象，采用这些企业 2014~2015 年的财务数据进行实证研究，因为 2013 年文化创意类企业在新三板的企业数量比较少，因此只用 2014 年和 2015 年的数据进行分析。本书所用的原始数据来自巨潮资讯网提供的企业年度报告。

4.2.2 变量的定义和测量

（1）因变量

文化创意企业中的大部分企业属于中小微企业，股权融资的门槛较高，因此本书只研究债权融资的影响因素，选择文化创意企业的资产负债率（DAR）作为被解释变量。该指标反映了文化创意企业获得债权融资的能力。

（2）自变量

借鉴相关学者的研究以及结合文化创意企业融资的实际，本书认为企业担保体系、银企关系、市场竞争力、企业规模、企业成长能力、企业创新能力、企业营运能力、企业盈利能力、短期偿债能力、企业所处地域的金融政策、文化产业政策等因素可能会影响文化创意企业的融资可获得性。因此，本书选取这些指标来分析文化创意企业的融资能力，各变量的定义、解释与赋值如表 4-1 所示。

表 4-1 解释变量

变量代码	代理变量	变量含义	计算公式
FIR	金融相关率	企业所处地域的金融政策	金融相关率＝（该地区贷款总额＋该地区存款总额）/该地区 GDP

续表

变量代码	代理变量	变量含义	计算公式
lnPFE	地方公共财政在文化传媒方面的支出	文化产业政策	
OP	成立年限	银企关系	财务报告年-首次注册年
lnTA	总资产	企业规模	ln（总资产）
PA	可抵押资产	企业担保体系	固定资产+存货
ROE	净资产收益率	企业盈利能力	净资产收益率=净利润/平均股东权益
ROA	总资产收益率	企业盈利能力	总资产收益率=净利润/平均总资产
OPE	主营业务利润率	市场竞争力	主营业务利润/主营业务收入
AR	速动比率	短期偿债能力	（流动资产-存货）/流动负债
CAT	流动资产周转率	企业营运能力	
NPR	净利润增长率	企业成长能力	
lnIA	无形资产数	企业创新能力	ln（无形资产数）

4.2.3 实证分析

本书运用 SPSS22.0 软件，通过多元线性回归模型和因子分析法进行实证分析。经检验，各变量之间的自相关系数较低，不满足因子分析的要求。故本书运用多元线性回归模型进行分析。

（1）描述性统计结果及分析

在进行多元回归模型之前，有必要对各个代理变量进行描述性统计分析，分析结果如表 4-2 所示。

表 4-2 描述性统计分析

被解释变量	均值	中值	标准差	最小值	最大值
DAR（%）	38.37	29.46	31.18	0.86	266.46

续表

解释变量	均值	中值	标准差	最小值	最大值
FIR（%）	4.79	3.87	2.13	1.76	8.13
PFE（亿元）	133.37	139.41	47.87	16.02	196.06
OP（年）	7.48	6.54	3.87	1.27	19.75
TA（万元）	13733.47	5673.57	21744.04	127.98	138797.40
PA（万元）	3908.01	483.06	11439.66	0	108484.21
ROE（%）	14.31	11.52	66.31	-374.30	373.96
ROA（%）	8.61	9.22	34.97	-214.18	136.06
OPE（%）	-2.80	8.06	55.37	-394.75	79.00
AR（%）	5.48	2.58	9.31	0.02	97.11
CAT（%）	1.75	1.14	1.79	0.0133	11.05
NPR（%）	153.60	46.73	814.57	-4472.35	6644.57
IA（万元）	426.08	11.01	1272.38	0	8732.65
有效的 N	390	390	390	390	390

由表 4-2 可知：

1）中小文化创意企业资产负债率（DAR）均值为 38.37%，标准差为 31.18%，最小值和最大值分别为 0.86% 和 266.46%，说明文化创意企业融资能力总体偏低，企业的融资能力在各行业公司之间的差异化很大。

2）政策因素中金融相关率、地方公共财政在文化传媒方面的支出（PFE）最小值和最大值之间存在 4.6 倍、12.2 倍以上的差距，说明各地方政府对文化创意产业的重视程度及公共财政投入不同，存在着较大差异。

3）融资环境中可抵押资产价值（PA）最小值为 0，最大值为 108484.21 万元，相差很大。这符合中小微文化创意企业轻资产特性，即中小微文化创意企业可用于向银行抵押的固定资产少，造成了融资约束。同时也说明各行业企业之间拥有的固定资产差异较大。如动漫、游戏、演艺等行业固定资产较少，而影视、旅游等行业固定资产较多。

4）市场环境中，主营业务利润率（OPE）最小值为 -394.75%，最大值为 79%，差距较大，说明一些文化创意企业的主营业务产品市场竞争力较弱，获利能力较低，有些行业甚至为亏损状态。这可能是由于企业经营的主营业务产品存在诸如定价不科学、产品附加值不高、产品营销策略使用不当等问题。

5）企业特质中，总资产（TA）的最小值为127.98万元，最大值为138797.40万元，差距较大，可以看出文化创意企业整体资产规模较小，且不同行业的文化创意企业资产规模不同；无形资产（IA）最小值为0，最大值为8732.65万元，说明一些文化创意企业创意特征不明显，还没有研发出真正属于企业的核心价值产品。ROE、ROA、NPR最小值均为负值，分别为-374.30%、-214.18%、-4472.35%，最大值分别为373.96%、136.06%、6644.57%，尤其是NPR指标最大值与最小值之间差距较大，主要原因是不同行业的文化创意企业成长能力不同，而且从ROE、ROA指标可以看出部分文化创意企业目前为止并没有实现盈利；此外，速动比率（AR）指标最小值为0.02%，最大值为97.11%，平均值为5.48%，说明文化创意企业总体短期偿债能力较弱，流动资产较少，一旦发生资金周转不畅，不能及时清偿债务，有可能面临倒闭的风险。

(2) 相关性结果及分析

各个变量之间的相关性分析结果，如表3-3所示。

由表3-3可知：文化创意企业融资能力与可担保资产价值、流动资产周转率呈显著正相关关系，与总资产收益率、主营业务利润率、速动比率呈显著负相关关系；各变量间相互作用的效果需要进一步通过回归模型进行检验。

(3) 多元回归结果及分析

由表4-2和表4-3可知，不同行业的文化创意企业，融资能力差异较大。为了较为明晰地分析文化创意企业融资能力的影响因素，本书分行业构建文化创意产业的融资能力模型，模型1为全样本模型，模型2~模型6分别为影视行业、动漫行业、游戏行业、演艺行业和旅游行业模型。此外，考虑到文化创意产业轻资产特性，本书以无形资产为划分依据，构建了不包括无形资产的全样本模型7，无形资产为0的模型8以及无形资产不等于0的模型9。如表4-4、表4-5所示。

由表4-4可以看出：

1）在融资环境中，资产担保价值在全样本模型1与融资能力呈显著正相关关系，即企业可担保资产越大，越容易获得融资，H1得到验证。企业成立年限在任何模型中都不显著，与学者李正卫（2014）的研究结论不一致，H2未通过检验，主要原因可能是判断银企关系除受企业成立年限影响外，还受其他因素如

表 4-3 Pearson 相关性分析

	DAR	FIR	ln(PFE)	OP	ln(TA)	ln(PA)	ROE	ROA	OPE	AR	CAT	NPR	ln(IA)
DAR	1	-0.005	-0.022	0.025	0.035	0.187***	-0.083	-0.278***	-0.125**	-0.414***	0.288***	-0.046	0.021
FIR		1	0.456***	0.029	0.039	-0.181***	-0.042	-0.049	-0.003	0.076	-0.094*	0.010	-0.054
ln(PFE)			1	0.028	0.127**	-0.066	0.010	-0.005	0.019	-0.063	-0.072	0.021	-0.055
OP				1	0.280***	0.288***	0.038	0.072	0.100**	-0.104**	0.041	0.091*	0.119**
ln(TA)					1	0.698***	0.066	0.172***	0.265***	-0.133***	-0.062	0.034	0.372***
ln(PA)						1	-0.013	0.005	0.095*	-0.221***	-0.053	-0.004	0.311***
ROE							1	0.602***	0.398***	-0.029	0.027	0.325***	-0.091*
ROA								1	0.622***	0.005	0.058	0.422***	-0.043
OPE									1	-0.043	0.126**	0.284***	0.004
AR										1	-0.202***	-0.047	-0.065
CAT											1	0.077	0.049
NPR												1	0.022
ln(IA)													1

注：*** 表示在 0.01 水平（双侧）上显著相关；** 表示在 0.05 水平（双侧）上显著相关；* 表示在 0.1 水平（双侧）上显著相关。

表 4-4 回归分析

变量	模型 1 (全样本包括无形资产)	模型 2 (影视)	模型 3 (动漫)	模型 4 (游戏)	模型 5 (演艺)	模型 6 (旅游)
Constant	69.337 (1.459)	37.905 (0.371)	338.721 (1.677)	49.561 (0.533)	175.567 (0.874)	-64.656 (-0.894)
FIR	1.339* (1.868)	2.371 (1.556)	0.980 (0.282)	0.618 (0.525)	3.100 (0.818)	-1.152 (-0.684)
ln (PFE)	-3.676 (-1.084)	-3.554 (-0.520)	-24.535* (-1.694)	1.817 (0.278)	-17.818 (-1.427)	0.773 (0.145)
OP	-0.344 (-0.961)	-0.705 (-1.119)	2.673 (1.287)	-0.579 (-0.895)	-0.376 (-0.142)	-0.130 (-0.218)
ln (TA)	-1.063 (-0.703)	0.125 (0.037)	0.204 (0.024)	-3.144 (-1.337)	18.322* (2.630)	7.250** (2.415)
ln (PA)	2.537*** (3.208)	3.791* (1.961)	1.455 (0.175)	0.722 (0.450)	-13.620** (-3.218)	-1.602 (-1.215)
ROE	0.053** (2.131)	-0.015 (-0.364)	0.250 (1.624)	0.085* (1.850)	0.491 (0.690)	-0.078 (-1.317)
ROA	-0.325*** (2.131)	-0.040 (-0.197)	-0.913*** (-4.577)	-0.216*** (-2.828)	-0.412 (-0.688)	0.218 (0.850)

续表

变量	模型1 (全样本包括无形资产)	模型2 (影视)	模型3 (动漫)	模型4 (游戏)	模型5 (演艺)	模型6 (旅游)
OPE	−0.002 (−0.064)	−0.332*** (−2.721)	−0.023 (−0.216)	−0.023 (−0.664)	−0.203 (−0.879)	−0.259* (−1.663)
AR	−1.121*** (−7.519)	−4.069*** (−7.008)	−0.823** (−2.040)	−1.093*** (−5.480)	−5.270** (−4.184)	−1.780*** (−5.021)
CAT	4.403*** (5.739)	0.542 (0.318)	9.588 (1.039)	5.379*** (3.007)	8.237 (0.455)	2.301** (2.135)
NPR	0.002 (0.946)	0.012*** (3.206)	−0.002 (−0.416)	0.000 (0.096)	−0.021 (−1.335)	−0.002 (−0.548)
ln(IA)	−0.277 (−1.264)	−0.036 (−0.070)	−1.489 (−1.588)	0.033 (0.104)	−2.087* (−2.745)	−0.031 (−0.067)
样本数	390	74	44	151	17	104

注：* 表示0.1的显著性水平，** 表示0.05的显著性水平，*** 表示0.01的显著性水平。

文化创意企业与银行地理位置的远近、与有业务往来的银行个数、与最密切银行的联系频率、与企业联系最密切的是大银行还是小银行（李丹等，2014）、文化创意企业是否是隶属于银行集团客户的企业（李润平，2014）等因素影响。

2）市场环境影响因素中，主营业务利润率在模型2与模型6中与融资能力呈显著负相关。与吴芃等（2012）的研究结论不一致，H3未通过检验。这可能是由文化创意企业的特性决定的，文化创意产品属于内容性产品，容易被模仿，产品的高定价具有不可持续性，主营业务利润率高并不会引起银行等金融机构的较多关注。同时，主营业务利润率高，文化创意企业的获利能力强，可以将部分利润作为公积金缓解文化创意企业的资金约束问题，这样对负债融资的依赖就会减少。

3）企业特质影响因素中，总资产指标在模型5和模型6中与融资能力呈显著正相关。说明对于演艺和旅游行业，企业规模越大，融资能力越强，H4部分得到验证。净利润增长率指标在模型2中与融资能力呈显著正相关，说明在影视行业中，企业成长能力越强，融资能力越强，H5得到部分验证。流动资产周转率指标在全样本模型1、模型4及模型6中与融资能力呈显著正相关，说明企业营运能力越强，融资能力越强，且这种现象在游戏行业和旅游行业表现得更明显，H7得到验证。盈利能力指标中，净资产收益率ROE在全样本模型1和模型4中与融资能力呈显著正相关。说明文化创意企业尤其是游戏行业运用自有资产获利的能力较强，这种企业比较容易获得银行的青睐，融资能力越强，而总资产收益率ROA在全样本模型1、模型3和模型4中与融资能力呈显著负相关，说明文化创意企业尤其是动漫行业和游戏行业运用自有资产和负债获利的能力较强，即企业再增加新的负债的意愿不强。同时这与学者吴芃（2012）的研究结论也相一致，H8得到验证。速动比率在模型1~模型6中都通过了检验，且均与融资能力呈负相关关系，说明文化创意企业流动资产较为充足，短期偿债能力较强，对负债融资的依赖较低，H9得到验证。无形资产数在模型5与融资能力呈显著负相关，H6未通过检验。结果显示无形资产越多，企业融资反而越少，主要原因是我国无形资产质押融资体系不太完善，我国银行等金融机构要求企业以有形资产作为抵押才能融资，而像知识产权这种无形资产，文化创意企业一般很难获得融资。

4）政策因素中，金融相关率在全样本模型1中与融资能力呈显著正相关，说明各地金融政策越完善，文化创意企业越容易获得融资，H10得到验证。地方公共财政在文化传媒方面的支出情况在模型3中与融资能力呈显著负相关，说明当地公共财政在动漫产业方面的支出越多，动漫产业对负债融资的依赖程度越低，H11部分得到验证。

文化创意企业以知识产权等无形资产为主的特性，使得其在考虑影响企业融资能力时与传统中小企业的融资能力影响因素不同,因此,有必要以无形资产有无为标准,来分析文化创意企业在没有无形资产、无形资产为 0 以及无形资产不为 0 时,各因素对融资能力的影响情况。具体结果如表 4-5 所示。

表 4-5 回归分析

变量	模型 7 (全样本不包括无形资产)	模型 8 (无形资产=0)	模型 9 (无形资产不等于 0)
Constant	71.590 (1.506)	-25.210 (-0.287)	92.483* (1.669)
FIR	1.360* (1.896)	-1.421 (-1.181)	2.130** (2.403)
ln(PFE)	-3.326 (-0.983)	8.098 (1.218)	-6.901* (-1.773)
OP	-0.348 (-0.970)	-0.411 (-0.767)	-0.330 (-0.731)
ln(TA)	-1.579 (-1.084)	-3.697 (-1.482)	-0.292 (-0.159)
ln(PA)	2.511*** (3.173)	1.900* (1.751)	2.616** (2.338)
ROE	0.055** (2.226)	0.040 (1.315)	0.086** (2.223)
ROA	-0.322*** (-5.605)	-0.133* (-1.885)	-0.582*** (-6.703)
OPE	7.684E-5 (0.002)	0.017 (0.408)	0.039 (0.883)
AR	-1.122*** (-7.522)	-1.610*** (-5.967)	-0.923*** (-5.345)
CAT	4.326*** (5.652)	2.958** (2.119)	4.735*** (5.331)
NPR	0.002 (0.855)	0.004 (1.274)	0.000 (0.147)
样本数	390	127	263

注:*表示 0.1 的显著性水平,**表示 0.05 的显著性水平,***表示 0.01 的显著性水平。

由表 4-5 可以看出：

1) 可担保资产价值、总资产收益率、速动比率、流动资产周转率无论是企业有无形资产还是没有无形资产，都通过了检验，其中可担保资产价值指标和流动资产周转率指标与企业融资能力呈显著正相关，说明无论是拥有无形资产的企业还是没有无形资产的文化创意企业，企业担保体系越健全、企业营运能力越强，企业融资能力越强，H1 和 H7 得到验证。

2) 金融相关率指标在模型 9 中通过检验，且与融资能力呈显著正相关，说明各地金融政策的支持力度对拥有无形资产的文化创意企业更有效。

3) 地方公共财政在文化产业方面的支出指标在模型 9 中通过检验，且与融资能力呈显著负相关，说明各地政府针对文化产业的财政支出大多都用于拥有无形资产的企业。

4) 净资产收益率（ROE）指标在模型 9 中通过检验，且与融资能力呈显著正相关，说明银行等金融机构在考虑是否给予企业融资时，除了考虑文化创意企业有形资产的盈利能力外，还会关注企业无形资产的盈利能力。

4.3 文化创意企业融资影响因素结论及启示

本书以 2014~2015 年在新三板上市的 206 家文化创意企业为样本，分析了影响文化创意企业融资能力的影响因素，实证结果表明：

1) 企业担保体系越健全、企业营运能力越强，企业融资能力越强，且这种现象在游戏行业和旅游行业表现更明显。

2) 对于演艺和旅游行业，企业规模越大，融资能力越强，而在影视行业，企业成长能力越强，融资能力越强。

3) 文化创意企业运用自有资产获利的能力较强，这类型企业比较容易获得银行的青睐，融资能力较强，这在游戏行业表现较为明显。此外，银行等金融机构在考虑是否给予企业融资时，除了考虑文化创意企业有形资产的盈利能力外，还会关注企业无形资产的盈利能力。文化创意企业运用自有资产和负债获利的能力较强，主要体现在动漫行业和游戏行业，说明企业对再增加新的负债的意愿不强。

4) 文化创意企业流动资产较为充足，短期偿债能力较强，对负债融资的依赖较低。

5）无形资产数越多，企业融资反而越少，主要原因是我国无形资产质押融资体系不太完善，我国银行等金融机构要求企业以有形资产作为抵押才能融资，而像知识产权这种无形资产，文化创意企业一般很难获得融资。

6）各地金融政策越完善，文化创意企业越容易获得融资；而各地金融政策的支持力度对拥有无形资产的文化创意企业更有效。地方公共财政在文化传媒方面的支出对其他行业企业融资能力的影响不显著，但对动漫产业产生了影响，即当地公共财政在动漫产业方面的支出越多，动漫产业对负债融资的依赖程度越低。各地政府针对文化产业的财政支出大多都用于拥有无形资产的企业。

基于以上分析和结论，本书提出以下政策建议：

1）通过提高文化创意企业的内源融资能力解决资金约束问题。文化创意企业要想减少对负债融资的依赖，可以通过提高自身的经营管理水平，尤其是通过提高速动比率，这对于所有类型的文化创意企业来说都是适应的。对于大多数文化创意企业，尤其是对于动漫和游戏行业来说，提高总资产收益率，可以显著减少其对负债融资的依赖；而对于影视和旅游行业来说，提高主营业务利润率，可以显著减少其对负债融资的依赖。这就需要企业通过有效的管理手段，提高企业收入，降低企业成本，更有效地利用总资产尤其是利用已有的负债资产创造利润。

2）通过提升文化创意企业自身实力获得金融机构的信贷融资。文化创意企业要想获得金融机构的信贷融资，必须壮大其自身的实力。对于所有类型的文化创意企业来说，提高自身的可担保资产的价值，增强企业的营运能力，都能获得金融机构的青睐。对于演艺和旅游行业来说，金融机构更关注的是其企业规模，因此企业应该通过兼并重组尽快发展壮大；而对于影视行业来说，金融机构更关注的是企业的成长能力，因此企业应该提高其净利润的增长率。

3）通过创意良好的政策环境可以解决文化创意企业的资金约束问题。首先是金融政策环境，对于文化创意企业整体来说，金融政策越完善，文化创意企业越容易获得负债融资，因此各地培育良好的金融政策环境，有助于金融机构向文化创意企业提供信贷融资。其次是文化政策环境，由于目前地方公共财政对于文化产业的支出很多都集中在动漫等新兴行业，地方财政的支持使得该行业也减少了对负债融资的依赖；在未来政府应该在其他行业也应该加大文化支出，缓解文化创意企业的融资难问题。

4）提升无形资产实力来缓解文化创意企业的资金约束问题。在文化创意企业中，商标、版权等无形资产是一项重要资产，能够反映其创新能力，然而很多文化创意企业目前还没有任何无形资产。相对于没有无形资产的文化创意企业来说，有无形资产的文化创意企业提高自身的管理水平后，无论是对负债融资的依赖减少程度，还是获得金融机构青睐的可能性都会增加；同时，金融政策和文化产业政策对其的作用效果也更加明显。

5）通过创新融资模式来缓解文化创意企业的资金约束问题。对于文化创意企业来说，其无形资产应该是很重要的（如版权、演员知名度等），然而研究结果却显示无形资产数越多，企业融资反而越少，这恰恰说明我国目前无形资产融资体系不太完善，可以通过创新融资模式，如版权质押融资模式，来缓解文化创意企业的资金约束问题。

本章小结

鉴于文化创意企业融资难的困境，有必要分析到底哪些因素会对文化创意企业融资能力产生影响。因此，本章从融资环境、市场环境、企业特质、政策因素四个方面考察了相关因素对文化创意企业融资能力的影响，提出假设，通过收集新三板上市的文化创意企业相关数据，对影响文化创意企业融资能力的关键因素进行实证检验。

研究发现文化创意企业的可担保资产价值、净资产收益率、流动资产周转率会对其融资能力产生正向影响；金融政策越好的地区，文化创意企业更容易获得负债融资；随着文化创意企业总资产报酬率和速动比率的增加，其获得内源融资和股权融资的能力越强，会减少对负债融资的依赖。研究还发现文化创意企业的无形资产实力，有助于增强各种因素对其融资能力的提升作用；但是无形资产并没有直接增加文化创意企业的负债融资，这恰恰说明我国的无形资产质押融资体系还不完善，我国迫切需要鼓励金融机构建立针对文化创意企业的版权质押等创新型融资模式。

5 基于众筹的文化创意企业融资渠道创新

目前我国文化创意企业融资主要依赖内源融资和银行信贷融资,存在融资渠道单一问题。众筹作为一种新兴的互联网金融模式,为文化创意企业融资提供了新的渠道。创意类产品容易引起社会大众的支持和共鸣,尤其是专业的创意产品爱好者往往是潜在的投资者,众筹能够在创意项目发起者与投资者之间建起桥梁。本章提出文化创意企业众筹融资的运作模式,并对文化创意众筹中支持者投资行为的动态性进行研究。

5.1 文化创意企业众筹的必要性分析

由于文化创意产品专业性较强、价值难以评估,市场需求不确定程度较高,再加上文化创意企业自身的轻资产结构特点,因此银行等金融机构不愿意给文化创意企业提供融资。文化创意产品创作周期较长,项目实施过程中需要花费大量的资金,如果不能及时获得资金,整个文化创意项目会面临亏损的风险。以演艺行业为例,演艺企业的业务流程可以划分为演艺项目的策划、设计、排练、场地租赁与布置、项目推广、正式演出、演出收益管理等各个阶段。在这些阶段中,演艺项目的策划和设计属于前期创作过程,更多花费的是人的智力劳动,所需的资金投入较少,该阶段的产出是带有知识产权性质的剧本、演艺方案等创意型产品。在演艺企业业务流程的第二阶段,即演艺项目的排练、场地租赁与布置、项目推广等属于中期的投入过程,需要大量的资金。在演艺企业业务流程的第三阶段,即正式演出之后才会产生收益。对于中小微演艺企业来说,由于它们很难像大企业一样通过赞助等方式筹集到资金,因此在业务流程的第二阶段通常会陷入资金不足的困境,而这个阶段中小微演艺企业所拥有的只有带有知识产权性质的剧本、演艺方案等创意型产品。由于现实中缺乏成熟的创意型产品的交易市场和社会信用体系，投资者对资金约束的中小微演艺企业提供融资会面临较大的风险，而在我国商业银行等金融机构对信贷风险控制要求非常严格，因此中小微演艺企业要想从银行等传统的金融渠道获取信贷融资非常困难。文化创意产业的其他行业也存在如演艺企业类似的融资难问题。在这些阶段，企业如果融不到所需的资金，那么创意项目就面临夭折。

文化创意企业要想获得投资者的支持，需要投资者对项目的创意有一定的认可，也就是说投资者必须是较为专业的创意项目的爱好者，而这些专业的项目爱好者往往存在于社会大众中。专业的创意项目爱好者往往是潜在的投资者，不仅是因为他们对该项目的前景有信心，而且作为兴趣爱好者，他们能从创意项目中获得门票、演员签名、作家的读者见面交流会、游戏软件的提前试用版等直接回报。现在面临的问题就是如何将这些专业的项目爱好者与文化创意企业对接起来，互联网技术的出现很好地解决了这个问题。互联网消除了作为融资者的文化创意企业和作为投资者的项目爱好者之间的信息不对称，为文化创意企业与投资者之间建立了有效的沟通平台，实现了二者的零距离接触。互联网金融的出现，为中小微企业融资提供了便利的渠道，特别是众筹模式为中小微文化企业融资带来了新的契机。创意类产品容易引起社会大众的支持和共鸣，这也是文化创意类项目适合众筹的原因所在。

众筹是指通过互联网为特定的项目募集资金，由数量众多的支持者向项目提供资金，并从中获取一定形式回报的一种融资模式。目前众筹模式主要有股权众筹、债券众筹、回报众筹、捐赠众筹，而文化创意类项目的众筹模式主要以回报众筹为主。截至2016年6月底，全国正常运营的众筹平台有370家，而文化类项目占所有众筹平台总项目的65%。所以较多的文化创意企业也越来越重视将众筹纳入企业的融资计划中。由中国知名音乐剧制作人李盾与美国百老汇资深创作班底合力打造的音乐剧《爱上邓丽君》先后三次在众筹网上融资，融资总额超过70万元。此外，周鸿祎的《周鸿祎自述：我的互联网方法论》出版类图书共获得筹资1612551元；徐志斌的《社交红利》在众筹网上用了短短两周的时间，筹得预售金额10万元，预售了3300本，之后1个月加印3次，每次销量5万本。这些创意产品众筹的成功立即引发了学术界和实业界对文化创意与众筹相融合的这种新型商业模式的思考。

目前国内文化创意类众筹网站不胜枚举，本书选择市场占有率较好的几家众筹平台进行分析，具体如表5-1所示。

表 5-1　文化创意类众筹网站简介

众筹平台	上线时间	众筹模式	涵盖领域	特点
淘梦网	2012年2月	公益模式 回报模式	影视	最大的新媒体影视平台，专业提供众筹、营销发行、版权交易服务
众筹网	2013年2月	公益模式 回报模式	公益、科技、艺术、娱乐、出版、农业等	专业的综合性平台，提供募资、投资、孵化、运营等众筹服务
京东众筹	2014年7月	公益模式 回报模式 股权模式	科技、健康、家电、设计、娱乐、出版公益等	主攻智能硬件和流行文化
淘宝众筹	2013年12月	公益模式 回报模式	科技、农业、动漫、设计、公益、娱乐、影音、游戏、书籍、其他	一个综合性的奖励众筹平台，最大的优势在于淘宝的数据，通过大数据分析可以在淘宝众筹平台上定向地向用户推荐众筹的项目，相对转化率较高
追梦网	2011年9月	公益模式 回报模式	科技、影视、音乐、设计、出版、活动、旅行等	"连接个体与群体，匹配创意和资金"的绝佳方式
觉JUE.SO	2012年4月	公益模式 回报模式	音乐、艺术、电影、文学、表演、演讲、圈子	创意孵化平台，提供整合发布、宣传、销售、生产、品牌合作等一站式服务
中国梦网	2013年10月	公益模式 回报模式	文学、音乐、科技、影视、设计、游戏、公益	创新型众筹平台，提供项目设计建议、宣传支持、资金支持、平台支持和数据支持等服务
乐童音乐	2013年12月	公益模式 回报模式	音乐出版/视频/硬件/周边、唱片制作、现场演出和其他	专注于音乐行业的项目发起和支持平台
创客星球	2014年6月	公益模式 回报模式	智能硬件、设计师作品、社群活动、限时抢购	全国首个原创电视众筹节目
大家投	2012年12月	股权众筹	启动板、初创板、影视板、天使投资人	国内首家股权众筹平台
天使汇	2011年11月	公益模式 回报模式	电子商务、移动互联网、信息技术、游戏、旅游和教育	国内首家发布天使投资人众筹规则的平台

由表 5-1 可以看出,淘梦网是唯一一家只针对影视进行众筹融资的垂直型众筹平台。其他平台如众筹网、京东众筹、淘宝众筹、追梦网、觉 JUE.SO、中国梦网等为综合型众筹平台。淘梦网和觉 JUE.SO 平台的经营模式虽然不同,但二者的发展模式相同,属于全链条式发展模式,即通过整合、发布、宣传、销售、生产、品牌合作等渠道和资源,帮助创作人把想法和项目落地。此外,众筹网、京东众筹平台还涉及股权类众筹。本章只分析奖励类众筹,不对股权类众筹模式加以分析。

5.2 文化创意企业众筹融资运作模式

5.2.1 文化创意类项目众筹平台的功能定位

要解决投资者与文化创意企业的信息不对称问题,需要借助于众筹平台。众筹平台可以由政府部门或行业协会发起,也可以由具有营利性质的第三方企业发起,如行业咨询公司等。众筹平台必须首先开发出供资金供需双方信息交流的电子商务系统,包括信息查询系统、电子支付系统等,还需要提供诸如项目评审、创业培训、法律咨询等辅助管理信息系统。虽然大多数的众筹平台都要求融资风险由投资者自行承担,但作为信息的提供方,众筹平台必须向投资者确保平台所提供信息的真实性,因此众筹平台需要为项目方的信息真实性承诺提供公信力担保。

总体说来,文化创意类项目众筹平台由电子商务系统和辅助管理信息系统两部分组成。其中,电子商务系统包括项目发布子系统、项目投资子系统、项目路演子系统和项目查询子系统。项目发布子系统的功能主要是为文化创意企业发布项目信息及融资方案。项目投资子系统的功能主要是供投资者进行创意项目的投资,投资者在项目投资过程中需要众筹平台对双方的投融资协议进行公证,同时需要完成资金的转移支付,这些需要运用到公证子系统和支付子系统。项目路演子系统是指文化创意企业以各种形式向投资者介绍公司简介、项目情况和融资计划的系统,项目路演可以分线上路演和线下路演。线上路演通常是通过视频宣传片、创意项目片段展示、PPT 展示等形式进行。线下路演通常是定期在固定场所举办宣讲会。值得注意的是,无论是线上路演还是线下路演,都比较强调投资者与融资企业的互动交流。

辅助管理信息系统主要包括项目评审子系统、创业培训子系统、法律咨询子系统和后期评估子系统。项目评审子系统的功能主要是对文化创意企业提供的融资方案进行评审,若评审通过还可以给出风险评级供投资者参考。创业培训子系统的功能主要是对有创业意向的公司或团队进行培训,帮助它们制定融资方案。法律咨询子系统的主要功能是针对融资业务的合法性、融资协议和条款的拟定、发生纠纷之后的索赔等为文化创意企业和投资者提供咨询服务。后期评估子系统的功能主要是通过对众筹成功或失败的创意项目进行评价,科学地分析其成功或失败的主要因素,为后续文化创意企业和投资者提供借鉴。

文化创意类项目众筹平台的功能划分如图 5-1 所示。

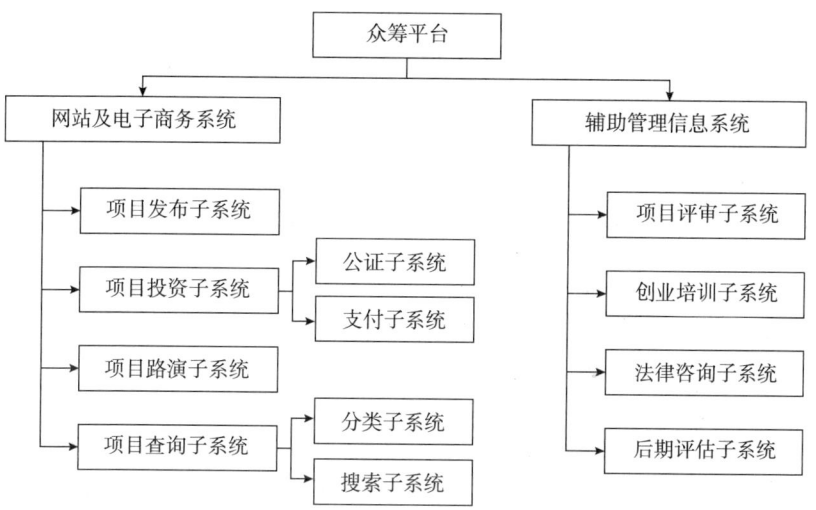

图 5-1　文化创意类项目众筹平台功能划分

5.2.2　文化创意类项目的众筹交易流程

文化创意类项目的众筹通常有四种模式,即股权众筹、债权众筹、回报众筹和公益众筹。股权众筹是指投资者对文化创意企业的某个项目或整个公司进行投资,并获得一定比例的股权,在创意项目结束之后或未来某个固定时期,获取公司盈利的分红。债权众筹是指投资者对文化创意企业的某个项目或整个公司进行投资,并获得一定比例的债权,在创意项目结束之后或未来某个固定时期,收回本金及相应的利息。回报众筹是指投资者通过预订的方式向文化创意企业提供资金，投资者可以以低于市场价或获取优先权的优惠成为创意项目的第一批消费者，同时文化创意企业也可以向投资者提供额外的非公开发行的礼品或某种与创作团队见面的机会。公益众筹是指投资者无偿对文化创意项目进行资助的一种模式。

以上四种众筹模式的交易运作流程比较接近，可以用图5-2来表示。首先文化创意企业在众筹网站注册成为会员，其次向众筹平台提交创意项目融资方案；众筹平台对创意项目进行评审，若评审不通过，则该项目不能在平台上筹资，若评审通过，则众筹平台与文化创意企业签订融资居间协议，并将该融资项目及融资方案放入众筹平台项目库；投资者通过在众筹平台上注册成为会员即可浏览众

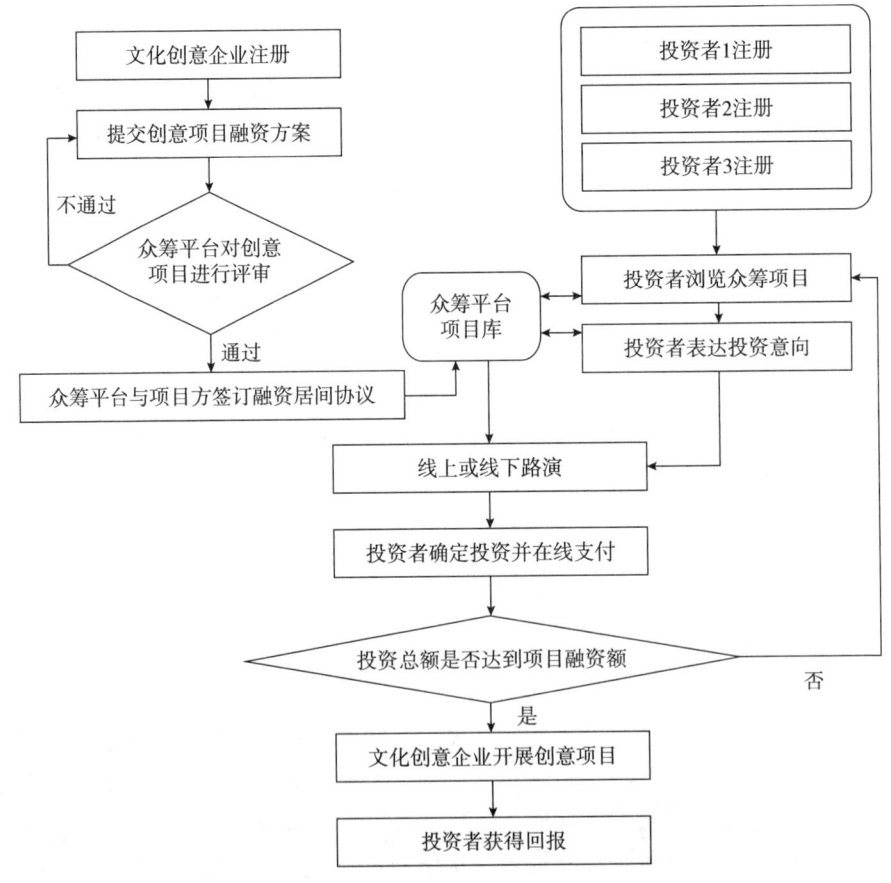

图5-2 文化创意类项目的众筹交易流程

筹平台项目库中的融资项目,当投资者对某创意项目感兴趣时,可以向众筹网站表达意愿,然后众筹网站为文化创意企业和投资者提供线上或线下路演的平台服务;当投资者确定投资后即可在众筹平台上实现在线支付,众筹平台汇总所有投资者的投资总额;当众筹截止日期到来后,若某项目的投资总额未达到项目融资额度,则众筹失败,众筹平台会返还投资者的资金;若某项目的投资总额达到项目融资额度,则众筹成功,文化创意企业按计划开展创意项目,投资者获得相应的回报。

5.3 文化创意众筹中支持者投资行为的动态性分析

文化创意企业要想获得投资者的支持,需要投资者对项目的创意有一定的认可,而银行等传统金融机构缺乏对文化创意类项目进行评估的人才。文化创意类项目爱好者往往是潜在的投资者,因为他们对项目的前景有信心,而且作为兴趣爱好者,他们能从创意项目中获得诸如门票、演员签名等直接回报。众筹平台的出现将创意项目爱好者与文化创意企业对接起来,消除了作为融资者的文化创意企业和作为投资者的创意项目爱好者之间的信息不对称,引起了社会大众的广泛支持和共鸣。

本节借鉴学者 Kuppuswamy 和 Bayus(2014)的思想,以众筹网平台上的音乐、舞台剧、影视剧和其他创意类项目为研究对象,将项目的投资人称为支持者,运用实证研究的方法分析支持者的投资行为随时间的动态变化,分析投资的周期、视频宣传、明星/名人参与等因素对支持者投资行为动态变化的影响,期望为项目发起方设计众筹项目、吸引支持者参与提供对策建议。

5.3.1 理论分析与研究假设

通过分析大多数众筹网站的设计,笔者发现在网站的显著位置,均有如下分类导航可供浏览者选择——"众筹中、已成功、即将开始、即将结束",因此对于较长持续期的项目,浏览者可以更方便地关注到处于众筹前期和后期的项目。文化创意类项目中,很多回报的数量是有限的,如演艺项目中演出门票或演艺明星的亲笔签名等,因此,支持者往往在项目众筹前期会积极参与,以获取更优质的回报，而在项目即将结束时，又会出现曲棍球棒效应（Hockey-stick Effect）。曲棍球棒效应，是指在市场营销中某一个固定的周期，前期销量很低，到期末销量会有一个突发性的增长，其需求曲线的形状类似于曲棍球棒，这主要是因为在期末由于考核期来临营销人员会更加努力。在众筹中，当项目即将结束时，发起人的宣传力度会加大，而前期处于观望状态的网民也可能会在最后时刻采取投资行动。综上所述，本书提出如下假设。

H1：在整个项目的众筹过程中，支持者的投资行为呈U形特征，即在项目的前期，支持者数量会随时间递减，而在项目的后期，支持者数量会随时间递增。

项目发起人在设计回报时，通常会根据筹资目标来合理安排，而作为文化创意类的众筹项目，其回报产品（如门票）的数量是有限的，因此当项目达到筹资目标时，该项目的优质回报往往也派发完，投资者的支持力度就会呈下降趋势。同时，项目筹资过程中存在目标梯度效应（Goal-gradient Effect），即当项目融资即将达到目标时，支持者更容易投资，这是因为此时支持者投资比其他时刻更有成就感，他们会认为是由于自身的原因导致了项目的成功（Kuppuswamy & Bayus, 2014），而一旦项目成功，目标梯度效应就会消失，此时该项目的支持率就会下降。综上所述，本书提出如下假设。

H2：对于已达到筹资目标的创意项目，支持者投资的可能性会降低。

许多研究表明，中小微企业融资难的一大原因是投资者与企业之间的信息不对称。投资者不了解企业的真实情况，而企业也存在隐藏自身真实信息的道德风险。于是在金融市场中普遍存在着羊群效应，即那些没有形成自己预期或没有获得一手信息的投资者，会根据其他投资者的行为来改变自己的行为。因此，在项目的各个阶段，无论是初期还是末期，当项目的筹资完成率越高时，越容易吸引支持者参与投资。因此，本书提出如下假设。

H3：在项目众筹的各个时段，目标完成率越高，越容易吸引支持者参与投资。

如前所述，羊群效应的存在主要是因为项目发起人与投资者之间的信息不对称性，积极的宣传可以减少这种信息的不对称性，从而降低羊群效应。首先，创意项目发起人通过将项目的相关介绍制作成视频，让支持者对该项目有一个初步的认识，会减少信息的不对称性。根据认知心理学理论，视频将声音、动感图像结合在一起，能够传递更形象直观的信息，从而引起观众的共鸣。因此，笔者认为在创意类项目的众筹过程中，有视频宣传时，支持者会更加自主地判断项目的属性，并做出投资与否的决策，不会再过多依赖于目标完成率这类指标，即羊群效应显著降低。同时,对于文化创意企业来说,明星或者名人的参与会引起支持者对该明星或者名人以往作品的印象,形成参照效应,从而降低支持者盲目跟风的羊群效应。因此本书提出如下假设:

H4a:在项目众筹过程中,有视频宣传时,目标完成率对支持者投资行为的正向影响会降低。

H4b:在项目众筹过程中,有明星参与时,目标完成率对支持者投资行为的正向影响会降低。

5.3.2 研究设计

(1) 数据来源与样本选取

本书采用网页数据抓取方法,选取2013年9月至2015年9月在众筹网上已经成功筹资的创意类项目作为样本,分析筹资成功项目的支持者投资行为。为了分析支持者投资行为的动态特性,需要将项目投资期分为初始期、中间期和结束期,因此,本书选择的样本中项目持续期都在21天以上,将前7天作为项目初始期,后7天作为项目结束期,中间期作为参照。在众筹网上,大多数筹资成功的创意类项目(70%以上)不会超过目标金额太多,因此本书删除了筹资金额超过目标金额200%的项目,以使研究更具针对性。最后,我们将创意项目样本确定为441个,其中音乐类318个,舞台剧类19个,影视剧类80个,其他创意类24个。

(2) 模型设计与变量定义

本书运用面板数据分析支持者行为的动态特征,选取t时期项目i的支持者增加数$Support_{it}$作为被解释变量,解释变量分别为:$Post_{it}$表示t时期项目i是否达到筹资目标,0表示未达到,1表示已达到;$GoalPercent_{it}$表示t时期项目i的筹资目标完成率。构建截距面板数据模型如下:

$$Support_{it} = \alpha_t + \beta_1 Post_{it} + \beta_2 GoalPercent_{it} + u_{it} \quad (5-1)$$

其中,β_1和β_2为系数,u_{it}为随机误差项,α_t为截距项;各时期方程间截距项不同,用来反映不同时期支持者行为的动态变化。为了分析视频宣传、明星参与对支持者投资行为的影响,分别构建如下线性回归方程:

$$Support_{it} = \alpha_t + \beta_1 Post_{it} + \beta_2 GoalPercent_{it} + \beta_3 Video_i + \beta_4 Video_i \times GoalPercent_{it} + u_{it} \quad (5-2)$$

$$Support_{it} = \alpha_t + \beta_1 Post_{it} + \beta_2 GoalPercent_{it} + \beta_3 Star_i + \beta_4 Star_i \times GoalPercent_{it} + u_{it} \quad (5-3)$$

其中，$Video_i$ 表示项目 i 是否有视频宣传，0 表示没有，1 表示有，$Star_i$ 表示项目 i 是否有明星参与，0 表示没有，1 表示有。其他变量包括项目 i 的筹资目标 $Goal_i$，持续天数 $Duration_i$，以及最终目标实现率 $GoalFinish_i$。

5.3.3 实证结果及其分析

（1）描述性统计分析

表 5-2 是对面板数据模型所用样本的描述性统计分析。所选样本中筹资目标金额最小为 1000 元，最大为 40 万元，均值为 23094.58 元，这说明众筹平台上的融资主体主要是中小微文化企业或团体组织。如前所述，所选样本剔除了实现率超过 200% 的项目（38 项），200% 以下项目中目标实现率均值为 122%，也就是说对于创意类项目来说，目标实现率超出不会很多。所选样本中有 59% 的创意项目有宣传视频，有 40% 的创意项目有明星参与，大约都各占一半，这些样本主要用来分析支持者投资行为的动态变化。

表 5-2 描述性统计分析

变量	均值	中值	标准差	最小值	最大值
Goal（目标金额）（元）	23094.58	8000.00	51565.97	1000.00	400000.00
GoalFinish（实现率）	1.22	1.10	0.28	1.00	1.97
Duration（持续天数）	42.42	32.00	18.95	21.00	104.00
Video（是否有视频）	0.59	1.00	0.49	0	1.00
Star（是否有明星）	0.40	0	0.49	0	1.00
第 1 天支持者数/完成率	9.62/0.08	0/0	26.38/0.19	0/0	268.00/1.32
第 2 天支持者数/完成率	6.97/0.15	1.00/0.02	11.69/0.26	0/0	60.00/1.46
第 3 天支持者数/完成率	3.48/0.20	1.00/0.06	7.36/0.30	0/0	66.00/1.61
第 4 天支持者数/完成率	2.93/0.24	0/0.10	5.98/0.32	0/0	42.00/1.62
第 5 天支持者数/完成率	1.83/0.26	0/0.12	4.27/0.33	0/0	35.00/1.62
第 6 天支持者数/完成率	1.57/0.28	0/0.15	3.29/0.34	0/0	19.00/1.62
第 7 天支持者数/完成率	1.56/0.31	0/0.16	3.60/0.35	0/0	29.00/1.62
倒数第 7 天支持者数/完成率	2.08/0.84	0/0.94	9.69/0.48	0/0.01	97.00/1.89
倒数第 6 天支持者数/完成率	2.66/0.87	0/1.00	16.15/0.47	0/0.01	195.00/1.89
倒数第 5 天支持者数/完成率	1.91/0.91	0/1.01	6.78/0.46	0/0.01	56.00/1.89

续表

变量	均值	中值	标准差	最小值	最大值
倒数第4天支持者数/完成率	1.60/0.95	0/1.02	4.98/0.45	0/0.03	41.00/1.95
倒数第3天支持者数/完成率	2.65/1.03	0/1.04	8.89/0.42	0/0.03	87.00/1.97
倒数第2天支持者数/完成率	6.60/1.18	0/1.07	38.16/0.30	0/0.33	454.00/1.97
倒数第1天支持者数/完成率	2.16/1.23	0/1.10	9.35/0.29	0/1.00	92.00/1.97

图5-3和图5-4分别是支持者人数的增加值和目标完成率随时间的变化趋势，在图中我们用数字1~7分别表示项目开始的第1天至第7天，用数字8~14分别表示项目即将结束的倒数第7天至倒数第1天。

从图5-3中可以看出，支持者人数随时间大体上呈U形特征，即在项目的前期，支持者数量会随时间递减，而在项目的后期，支持者数量会随时间递增，这与H1相符。更精确来说，支持者的投资行为呈小U形趋势，即在最后一天会下降，这是因为项目筹资目标在倒数第2天大致已经完成（见图5-4），由于目标梯度效应的消失，支持者的人数会下降。此外，从图5-4还可以看出，与支持者人数增加的U形特征类似，支持金额的增加也大致呈现U形特征，即在项目前期，目标完成率的增长会递减，而在项目后期，目标完成率的增长会递增，而最后一天会递减。只是与支持者人数的变化趋势相比，支持金额变化的U形特征并不是很明显。最后，结合表5-2和图5-4可以发现，尽管项目平均持续时间是6周，但有70%的资金是在前1周和最后1周筹集到的，因此分析这两周支持者行为的动态变化是很有意义的。

（2）回归结果分析

下面根据样本中的面板数据，分别用固定效应模型和随机效应模型进行回归分析，通过霍斯曼检验本书发现，固定效应模型优于随机效应模型。主要分析结果如表5-3和表5-4所示，Constant表示回归的常数项，括号中的数据表示t统计量。

从表5-3可以看出，不管什么类型的创意项目，项目成功与否都会对支持者数量的增加产生显著的负效应，也就是说，当项目已经达到筹资目标时，支持者的数量会下降，这验证了H2。同样，在各种情况下，目标完成率都会对支持者数量的增加产生显著的正效应，也就是说，在项目筹资的任何阶段，目标完成率越高，支持者数量的增加越多，这验证了H3，说明支持者的投资行为存在羊群效应。此外，从表5-3的模型3可以看出，对于舞台剧而言，支持者投资行为的小U形特征不太明显，而大U形特征明显。

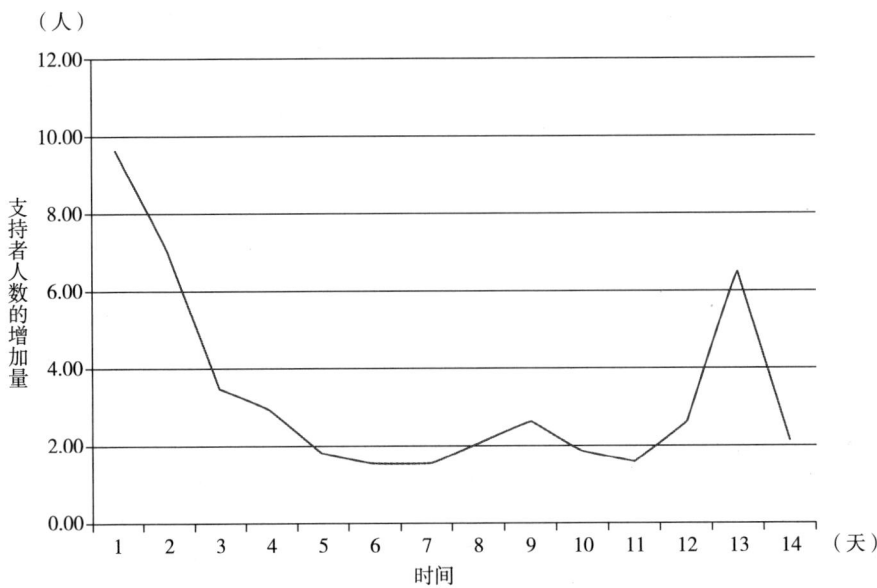

图 5-3 支持者人数随时间的变化情况

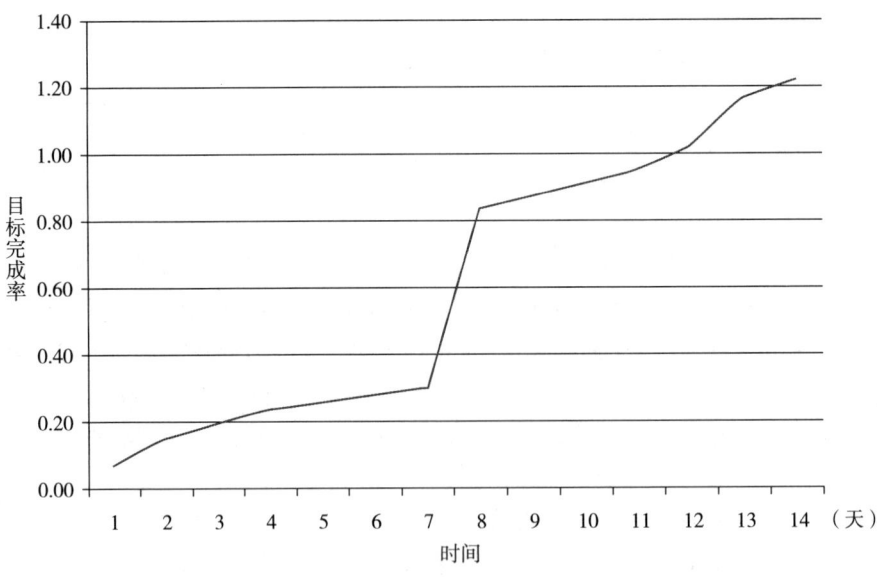

图 5-4 目标完成率随时间的变化情况

表 5-3　不同类型项目的支持者投资行为

变量	模型 1 （全样本）	模型 2 （音乐）	模型 3 （舞台剧）	模型 4 （影视剧）	模型 5 （其他创意类）
Constant （常数项）	0.26 (0.43)	-0.20 (-0.30)	-4.31*** (-2.97)	1.40 (1.09)	0.09 (0.05)
Post （之前成功与否）	-8.70*** (-7.75)	-7.22*** (-5.70)	-11.01*** (-4.51)	-9.85*** (-3.97)	-13.03*** (-4.81)
Goal Percent （目标完成率）	9.71*** (8.90)	8.18*** (6.46)	20.70*** (6.27)	10.34*** (4.47)	12.80*** (4.93)
固定效应 （时期）					
第 1 天	8.75	9.28	12.16	8.49	5.71
第 2 天	5.34	4.10	8.31	7.22	3.05
第 3 天	1.52	1.46	4.90	1.16	0.72
第 4 天	0.75	1.12	2.87	0.02	0.43
第 5 天	-0.46	-0.16	2.47	-1.13	-1.14
第 6 天	-0.95	-0.63	2.95	-1.58	-2.70
第 7 天	-1.17	-0.03	2.05	-2.58	-3.69
倒数第 7 天	-3.07	-2.69	-4.74	-3.78	-1.98
倒数第 6 天	-1.93	-2.51	-5.51	-0.91	-0.12

续表

变量	模型 1（全样本）	模型 2（音乐）	模型 3（舞台剧）	模型 4（影视剧）	模型 5（其他创意类）
倒数第 5 天	-2.75	-2.73	-6.59	-2.29	-2.65
倒数第 4 天	-3.00	-2.92	-7.00	-2.99	-0.83
倒数第 3 天	-2.39	-2.75	-6.12	-2.09	1.60
倒数第 2 天	1.35	0.60	-7.45	4.13	0.26
倒数第 1 天	-1.99	-2.15	1.71	-3.66	1.35
样本数	441	318	19	80	24

注：* 表示 0.1 的显著性水平，** 表示 0.05 的显著性水平，*** 表示 0.01 的显著性水平。

表 5-4 视频宣传和明星参与对支持者投资行为的影响

变量	模型 6 （控制变量）	模型 7 （视频宣传的调节效应）	模型 8 （明星参与的调节效应）
Constant （常数项）	1.48** (2.07)	-0.16 (-0.19)	0.89 (1.23)
Post （之前成功与否）	-8.54*** (-7.62)	-8.82*** (-7.87)	-8.52*** (-7.60)
Goal Percent （目标完成率）	9.79*** (8.99)	11.54*** (8.50)	10.11*** (8.12)
Video （视频宣传）	-0.74 (-1.18)	0.45 (0.48)	
Video×Goal Percent （视频宣传×目标完成率）		-2.57** (-2.22)	
Star （明星参与）	-2.18*** (-3.48)		-1.92** (-2.09)
Star×Goal Percent （明星参与×目标完成率）			-0.64 (-0.57)
固定效应 （时期）			
第 1 天	8.84	8.86	8.87
第 2 天	5.42	5.41	5.44
第 3 天	1.59	1.59	1.61
第 4 天	0.83	0.83	0.84
第 5 天	-0.40	-0.40	-0.39
第 6 天	-0.89	-0.90	-0.88
第 7 天	-1.11	-1.14	-1.10
倒数第 7 天	-3.09	-3.11	-3.09

续表

变量	模型6 (控制变量)	模型7 (视频宣传的调节效应)	模型8 (明星参与的调节效应)
倒数第6天	-1.97	-1.97	-1.97
倒数第5天	-2.80	-2.81	-2.81
倒数第4天	-3.07	-3.08	-3.08
倒数第3天	-2.46	-2.49	-2.48
倒数第2天	1.24	1.27	1.21
倒数第1天	-2.13	-2.05	-2.17
样本数	441	441	441

注：* 表示 0.1 的显著性水平，** 表示 0.05 的显著性水平，*** 表示 0.01 的显著性水平。

从表5-4的模型6结果可以看出，将视频宣传和明星参与作为控制变量加入模型后，视频宣传对支持者数量增加的影响并不显著，明星的加入会对支持者数量的增加产生显著的负效应。通过进一步分析发现，对于人气高的大众明星加入的创意项目，要么筹资时间短（一周以内），要么目标完成率高（800%以上），在本书的样本中已经被剔除掉了；而样本中剩下的明星或知名人士大多都集中在某一特定的领域内，除非是该领域的资深爱好者或从业人员，否则对这些明星或知名人士的认知程度并不高。这些明星的加入反而会对支持者的投资行为产生负面影响。这从另一方面也说明了众筹网上创意项目的支持者很多都是非专业人士和普通大众。

从表5-4的模型7结果可以看出，视频宣传和目标完成率的交叉项（Video×Goal Percent）的回归系数为-2.57，显著性水平达到5%，说明有视频宣传时，目标完成率对支持者投资行为的正向影响会降低，这验证了H4a，也就是说视频宣传能够降低支持者投资行为的羊群效应。从表5-4的模型8结果可以看出，明星参与对降低支持者投资行为的羊群效应并不明显，H4b并没有得到验证，这也与我们研究样本中剔除了筹资时间短和目标完成率高的项目有关。

5.3.4 结论与建议

本书通过收集众筹网上关于影视剧、舞台剧、音乐、其他创意类项目筹资的相关数据，分析了支持者投资行为的动态变化以及相关因素对其的影响，研究发现：第一，支持者人数的增加在项目筹资期内呈现小 U 形特征，即在项目的前期，支持者数量会随时间递减，而在项目的后期，支持者数量会随时间递增，并在最后一天会下降；第二，无论是什么类型的创意项目，在足够长的项目持续时间内，只要项目已经达到筹资目标时，支持者的数量就会下降；第三，无论是什么类型的创意项目，在项目筹资的任何阶段，目标完成率越高，支持者数量的增加会越多，即支持者投资行为存在明显的羊群效应；第四，对于筹资时间长，目标完成率不会超出太多的创意类项目，明星的加入反而会对支持者数量的增加产生负面影响；第五，当众筹项目有视频宣传时，目标完成率对支持者投资行为的正向影响会降低，也就是说视频宣传可以显著降低投资行为的羊群效应。

针对众筹模式对我国文化创意产业融资创新的实践，结合研究结论，本书提出如下建议：

1）众筹为有创意的中小微文化创意企业或团体组织提供了一种新的融资渠道，解决了一部分中小微文化创意企业从银行等传统金融机构获取信贷融资难的困境，为这些中小微企业的发展提供了广阔的空间，也鼓励了一些有创意作品的人积极开展创新创业活动，有利于促进文化产业的发展。从本书分析结论可以看出，众筹项目支持者的投资行为主要受羊群效应的影响，这从另一个侧面反映出众筹融资模式的信息不对称性，众筹平台应该加强对项目的信息纰漏和审查力度，国家也应该尽快出台相应的政策保护投资者的利益；此外，众筹项目发起人应该合理利用好视频这一传播路径，进而降低支持者投资行为的羊群效应。

2）由于创意项目支持者的投资行为主要发生在众筹前期和后期，正如本书的研究结论，有 70% 的资金是在前 1 周和最后 1 周筹集到的。因此，为了最大限度地吸引投资者的关注，项目发起人不宜将筹资天数设定得太长。事实上，已有学者研究显示，项目持续时间与项目成功存在负相关关系（Mollick，2014）。在实践中，项目发起人应该合理地设置项目筹资天数和筹资目标，并在项目筹资的前期和后期加强对项目的宣传力度，及时更新项目信息。

3）众筹平台的良好运行主要依赖于信息技术的应用。信息分析与处理能力的提升可以有效解决诸如众筹发起人的信用评价、众筹项目的风险评估等问题，进而有效构建社会信用体系；同时以云计算和云存储为代表的大数据分析技术，有助于多源异构信息的分析、数据挖掘和信息价值的提取，提升平台对项目相关信息的呈现能力，提高用户获取信息的效率，提升支持者的投资信心。

本章小结

众筹作为一种新兴的互联网金融模式，为中小微文化创意企业融资提供了新的渠道。众筹是指通过互联网为特定的项目募集资金，由数量众多的支持者向项目提供资金，并从中获取一定形式回报的一种融资模式。本章首先分析了文化创意企业众筹融资的必要性，其次从文化创意类项目众筹平台的功能定位以及交易流程两个方面对文化创意企业众筹交易的运作模式进行了分析。考虑到文化创意企业的众筹项目要想获得投资者的支持，需要投资者对项目的创意有一定的认可，因而有必要对以往众筹成功的文化项目众筹支持者的投资行为进行分析，以帮助文化创意企业或者有创意的个人更有效地获得项目资金。

本章选取2013年9月至2015年9月在众筹网上成功筹资的文化创意类项目作为样本，运用实证研究的方法分析了众筹成功项目的支持者投资行为随时间的动态变化。研究发现：支持者人数的增加在项目筹资期内呈现小U形特征，即在项目的前期，支持者数量会随时间递减，而在项目的后期，支持者数量会随时间递增，并在最后一天会下降；此外，项目在筹资过程中，支持者的投资行为存在明显的羊群效应，而视频宣传可以显著降低这一效应。

6 基于版权评估的文化创意企业融资质押方式创新

文化创意企业融资难的一个很重要的原因就是可抵押资产少。文化创意企业的资产组成中版权占很大一部分,如果可以通过版权质押进行融资就能有效缓解文化创意企业的融资难问题。在文化创意企业的版权质押融资过程中,版权价值评估是最难的环节。本章首先设计文化创意企业版权质押融资的运行机制,其次对版权价值评估体系进行研究,建立版权价值评估模型并对其进行实证检验。

6.1 文化创意企业版权质押融资的必要性与可行性分析

文化创意产业属于轻资产行业,土地、厂房等固定资产较少,很难通过传统的质押方式从银行获得融资。文化创意产业是以知识产权为核心的提供精神产品生产和服务的产业,其知识产权形式主要是企业的商标、文艺作品的版权等。据统计,2016年我国著作权登记总量首次超过200万件,同比增长22.33%。对于缺乏固定资产,而具有大量无形资产的文化创意企业来说,如果能够将版权质押给银行获得融资,将有助于解决其资金约束问题。在如此庞大的版权存量下,开展版权质押融资具有十分广阔的市场前景。

我国政府近年来比较重视版权质押融资的发展,《中华人民共和国物权法》和《中华人民共和国担保权法》中明确规定,知识产权是可以出质的,这也为版权质押融资的实施提供了法律依据。然而,版权质押与动产质押有很大的区别。在动产质押中,接受质押的一方可以实现对质押标的物的占有;而在版权质押中，由于版权的非物质性，使得作为版权客体的作品可以同时存在于不同的地点，必须借助版权登记公示制度来保证质押权方的利益。鉴于此，2010年国家版权局发布了《著作权质权登记办法》，自2011年1月1日起实施，对版权质押后的权利登记制度进行了完善。

对版权进行质押融资是解决文化创意企业资金约束的有效途径，而版权质押融资中最关键的是版权价值的评估。目前我国文化创意企业版权价值评估还存在着很多问题，如评估指标的选择不合理、在评估方法选择上不是很准确，而且在实际评估中容易出现滥评或漏评等状况，这些都严重阻碍了文化创意企业版权的真实估价。我国文化创意企业版权评估任重而道远，版权评估的各项指标都较为抽象，而且基于质押融资的文化创意企业版权价值评估一般属于企业的商业机密，想从同类市场中获得相关数据较难实现。因此对于基于质押融资的文化创意企业版权价值评估任务就显得更加艰巨。基于此，研究如何科学、合理地评估基于质押融资的文化创意企业版权价值就显得尤为重要和紧迫。

6.2 文化创意企业版权质押融资模式的运行机制设计

6.2.1 现有文化创意企业版权质押融资的模式分析

目前，我国各地均出现了一些针对文化创意企业的版权质押融资形式，比较有代表性的主要有三类，分别是北京的"政府贴息+版权质押融资"模式、上海的"担保机构+版权质押融资"模式和武汉的"产业集群+版权质押融资"模式。

（1）北京的"政府贴息+版权质押融资"模式

北京市各级政府都非常重视版权质押融资模式的发展，并提出了版权质押融资贴息的相关政策，其中北京市级的版权质押融资贴息比例为40%，海淀区、朝阳区等区级的版权质押融资贴息比例更是高达50%。自从2008年海淀区推出《知识产权质押贷款贴息管理办法》以来，截至2014年3月共有106个项目获得区政府的贴息资金支持，支持额度为2430.5万元。另外，针对数字文化企业，北京市还成立了专门的公共服务平台——软件和信息服务交易所，用于软件著作权的质押融资。软件和信息服务交易所已联合北京银行、中国建设银行、杭州银行等金融机构,共同推出了"集信通""软件贷""知产贷"等金融产品,为数字文化企业提供版权质押融资服务。

(2) 上海的"担保机构+版权质押融资"模式

上海市主要通过引导商业银行、担保公司、中介机构合作的模式来实现文化创意企业的版权质押融资。2009年8月,上海市出台了《关于促进知识产权质押融资工作的实施意见》,在该意见的指导下,成立了由上海市科委、商业银行、担保公司、社会中介组织共同组成的版权质押融资服务平台。借助该平台,文化创意企业可以进行版权质押融资。一旦发生企业违约情况,融资服务平台将利用相关社会资源,对质押版权进行转让或拍卖,以控制商业银行或担保公司的风险。在该融资模式中,政府主要充当协调商业银行和担保机构关系的角色。例如,上海市徐汇区制定了《知识产权质押融资工作试点方案》,该方案明确规定,知识产权质押融资的风险应由商业银行和担保机构共同承担,二者之间的风险损失承担比例分别为10%和90%。

(3) 武汉的"产业集群+版权质押融资"模式

武汉市政府提出文化创意产业集群的发展目标,引导金融机构与文化创意企业进行对接,以降低银企之间的信息不对称。产业集群相对于单个企业来说,信息流动更畅通、资源运用更合理,抵御风险的能力更强,因此更受商业银行等金融机构的青睐。2013年,武汉市版权局出台了《武汉市著作权质押贷款操作指引》,引导金融机构与文化创意企业之间的版权质押融资。2014年3月,武汉市版权局与中国人民银行联合举行了版权质押贷款签约仪式暨银企对接推进会,浦发银行武汉分行、汉口银行、武汉农村商业银行共向产业集群中的文化创意企业达成1.39亿元的版权质押融资协议。

6.2.2 文化创意企业版权质押融资流程的再设计

现有的版权质押融资服务模式中,政府、担保机构、评估机构之间通常是相互独立的,政府只是负责引导和协调,这样并不利于各参与方之间的信息沟通,也不利于融资风险的分散与控制。在此基础上提出由版权质押融资服务平台主导下的"政府贴息+独立评估+反担保"的版权质押融资模式。

版权质押融资的顺利运行,需要政府、评估机构、担保机构、商业银行之间的通力合作。首先,可以在政府部门及相关行业协会的主导下,成立版权质押融资服务平台,以实现版权质押融资各方之间的信息交流与共享。其次,通过评估机构的独立评估、担保机构的反担保和政府的贴息,实现版权质押融资风险的分散和控制，具体的流程如下：由文化创意企业向银行提出融资需求；文化创意企业同时将其版权提交给独立的评估机构进行评估，政府必须对评估机构的评估公正性进行监督；评估机构做出评估后，将评估结果向担保机构出示，担保机构根据评估结果向银行提供担保合同；银行根据担保结果向文化创意企业提供信贷融资，同时，政府向文化创意企业提供一定的贴息。版权质押融资的流程如图 6-1 所示。

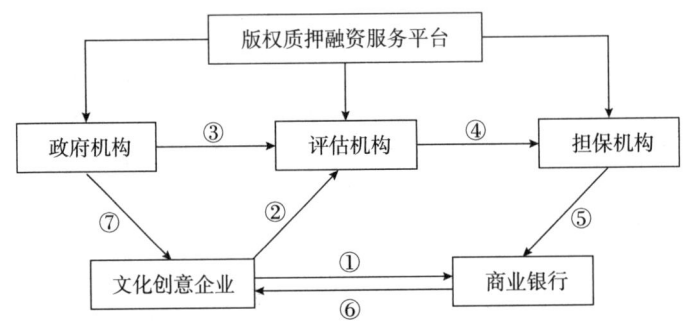

图 6-1 版权质押融资的流程

注：①提出融资需求；②提出评估需求；③政府监管；④评估结果出示；⑤提供担保合同；⑥提供信贷融资；⑦提供贴息。

6.3 基于质押的文化创意企业版权价值评估体系

6.3.1 传统知识产权评估方法及其适应性

现有的知识产权价值的评估主要有三种方法，分别是成本法、市场法和收益现值法。成本法是以该知识产权的成本为基础，市场法是以现存的与该知识产权类似权利的价值为基础，收益现值法是以该知识产权未来可能获得的收益为基础。因此，这三种方法分别关注的是知识产权的历史价值、现有价值和未来价值，如表 6-1 所示。

表 6-1 传统评估方法的特点和使用的前提条件

方法	成本法	市场法	收益现值法
特点	1. 以重置成本为计量标准 2. 评估价值与成本之间没有一定的比例关系 3. 计算方法简单易操作	1. 以市场中同类商品的现有价格作为评价标准 2. 价值的可靠度高 3. 使用受到很多限制	1. 以未来能够获得经济利益的现值作为价值评估标准 2. 对价值的反映较为客观和准确 3. 工作量大，专业性强
使用前提条件	1. 处于使用状态 2. 具有可利用的历史资料 3. 有意义有效率的相关投入	1. 存在相应的活跃的交易市场 2. 能够在相应的知识产权活跃交易市场中找到可供参照的交易 3. 所需的参照交易的数据能够较易取得	1. 能够较为准确地预测未来收益 2. 能够确定收益期限 3. 能够度量需要承担的风险

（1）成本法

成本法主要是以现实基础上重新创作与该项知识产权相同功能和用途的知识产权所需要的成本为计量标准，所以成本法又称为更新重置成本。知识产权利用更新重置成本法进行价值评估时，根据知识产权的来源不同应该将知识产权分为自创型知识产权和外购型知识产权。

虽然成本法有计算简单易操作等优点，但是文化创意企业知识产权的成本具有弱对应性和不完整性等特点，并且文化创意产业知识产权的价值并不与其成本呈现出一定的比例关系，有些价值很高的文化创意企业知识产权的成本或许很低，有些价值很低的文化创意企业知识产权的成本可能反而很高，这是由文化创意企业知识产权研究成果出现的随机性决定的。这些现象使得文化创意产业知识产权的成本很难准确计量，一定程度上对成本法在文化创意企业知识产权价值评估中的应用造成了阻碍。

（2）市场法

市场法是一种国际通用的评估方法，也是知识产权评估的首选方法。它是以市场中同类知识产权的现有价格作为评价标准，通过对知识产权交易市场进行调查，选取一些与被评估知识产权相同或相似的已成功交易的同类知识产权作为参照物，将被评估知识产权与选取的样本进行比较，找出它们之间的差异，并且对其进行适当的价格调整。

市场法运用于文化创意企业知识产权价值评估的前提条件是：具有活跃的文化创意企业知识产权交易市场、有与被评估文化创意企业知识产权相同或相似的交易作为参照、能够获取相关的信息。然而我国的知识产权交易还处于初级阶段，所以相应的文化创意企业知识产权交易市场并不是很活跃，并且对于文化创意企业来说知识产权交易一般都属于商业机密，通常都是在严格保密的情况下进行，这就对从活跃的交易市场中获取知识产权交易数据造成了非常大的困难。知识产权一般具有垄断性质，所以在市场上想找到与被评估知识产权相同或者相似的参照物也很难。

（3）收益现值法

收益现值法是指以被评估企业知识产权未来能够给企业带来的经济利益的现值作为该知识产权价值的评估方法。依据效用价值论观点，一项资产的价值主要取决于它的效用，即一项资产的价值取决于它能够为其所有者带来的收益。知识产权收益的实现是一个长期运作的过程，它通常表现为企业在一定期间内的收益流，然而收益具有时间价值。因此，为了相对准确地估算知识产权的现时价值，需要对未来一定时期内的收益进行折算使其成为所需要的现值，该现值就是知识产权最终的评估价值。

收益现值法在运用于文化创意企业知识产权价值评估时仍然具有一定的局限性，主要表现在：首先，收益现值法在文化创意企业知识产权价值评估的执行结果与文化创意企业的管理水平息息相关。如果文化创意企业的管理水平很低则很可能导致发展前景本来很好的知识产权项目中途报废，或者文化创意企业具有较高的管理水平，其拥有的知识产权可能会在未来给企业带来比预想更丰厚的利润。其次，收益现值法并未将环境变化给知识产权价值评估带来的影响考虑进去，一般收益现值法在最初设定好参数以后就会运用于整个评估过程中，这与事物发展的实际情况是相违背的。最后，因为文化创意企业知识产权具有垄断性和创造性等特征，使得预期收益额和收益期限、折现率等参数的确定比较困难。

6.3.2 基于质押的版权价值评估的基本思路

鉴于现有知识产权评估方法对于文化创意企业知识产权价值评估的局限性，本书提出一种新的基于质押的文化创意企业版权价值评估体系。这种评估体系的基本思路是综合运用成本法、市场法和收益现值法的优势，同时考虑到质押融资的风险因素，结合专家评估与真实的市场交易价格，对文化创意企业版权价值进行评估。

该评估体系首先需要从国际版权交易中心查询到与待评估文化创意作品类似的版权交易作品的最近价格；其次设计文化创意版权价值评估的指标体系，包括价值和风险两种指标，用层次分析法给出各级指标的权重；再次通过模糊综合评价法，找出该文化创意作品与交易版权作品价值的差额，形成价值因子，并对该文化创意作品用于质押可能引发的风险进行评估；最后运用评价模型，得到该文化创意作品版权的价值。

6.3.3 基于质押的版权价值指标体系

版权评估价值因子指标体系如表 6-2 所示。

表 6-2 版权评估价值因子指标体系

一级指标	二级指标
成本性	1. 与同类型交易版权相比，创作该作品资金投入程度 2. 与同类型交易版权相比，创作该作品人力投入程度 3. 与同类型交易版权相比，该作品申请知识产权保护的投入成本程度
排他性	1. 与同类型交易版权相比，该作品著作权人的知名度 2. 与同类型交易版权相比，该作品的新颖程度 3. 与同类型交易版权相比，该作品知识产权保护程度
收益性	1. 与同类型交易版权相比，围绕该作品从事文化活动投入程度 2. 与同类型交易版权相比，围绕该作品从事文化活动产出程度 3. 与同类型交易版权相比，该作品的市场反响程度

（1）成本性

创意作品的创作成本可以反映版权的价值。一般来说，成本越高，价值越高，成本越低，价值越低。通过比较该作品与交易版权作品的成本高低，来衡量二者在价值方面的差异。版权的成本主要包括三个方面：一是创作该作品的资金投入；二是创作该作品的人力投入；三是该作品申请知识产权保护的投入成本。对于文化创意作品来说，创作投入更多的是人力资本的投入，按创作作品人员数量和花费时间来计算。

(2) 排他性

文化创意作品是典型的内容产品，其价值主要体现在创意上，因此，作品的排他性是衡量其价值的关键指标。对于排他性好的版权，金融机构会有更好的抵押贷款意向。如果一项版权的排他性很高，企业用其质押融资，则若企业违约将会给企业带来很大的风险，因此企业违约的概率会很低，同时金融机构的信贷风险也会较低。

本书通过三项指标来衡量作品的排他性：首先是文化创意作品著作权人的知名度，通常来说，著作权人的知名度具有品牌效应，它会使创意作品在项目推广阶段减少宣传成本；其次是文化创意作品的新颖程度，是指以往作品未曾体现或体现较少的内容；最后是该创意作品的知识产权保护程度，如果该创意作品已经将某些权利如转载权转移给其他团体，那其价值就会大大降低。

(3) 收益性

文化创意作品的价值通过收益来体现，因此版权的价值是由市场决定的，具体来说是由观众对该创意作品的喜好程度决定的，体现在该创意作品的演出次数、每次演出的上座率等。所以，观众的满意度对于文化创意企业而言非常重要。在对创意作品版权进行评估时，应充分考虑被评估知识产权的收益情况和变现能力，要明确被评估版权的盈利能力。

版权未来的收益等于未来文化活动的收入减去支出，因此与同类型交易版权相比，围绕该作品从事文化活动投入的减少程度和收入的增加程度，是衡量该作品收益性的两个重要指标。此外，该作品过去已经取得的收益也可以用来衡量版权的价值，因为文化作品是体验类产品，商业化之后的市场反响才能体现其真实的价值。

6.3.4 基于质押的版权风险指标体系

版权评估风险因子指标体系如表 6-3 所示。

表 6-3 版权评估风险因子指标体系

一级指标	二级指标
技术风险	1. 该作品组织文化活动困难程度 2. 该作品容易被抄袭的程度 3. 该作品技术的难以转嫁程度

续表

一级指标	二级指标
市场风险	1. 文化市场需求不稳定程度 2. 金融市场的不完善程度 3. 版权交易市场的不完善程度
法律风险	1. 作品的侵权风险 2. 知识产权法的不完善程度 3. 担保法的不完善程度
政策风险	1. 文化产业政策变动的风险 2. 质押融资政策变动的风险 3. 知识产权政策变动的风险

（1）技术风险

本书主要用三个指标来衡量版权的技术风险，分别是该创意作品组织文化活动的困难程度、该创意作品容易被抄袭的程度、该创意作品技术的难以转嫁程度。该创意作品组织文化活动的困难程度主要是指非经济方面的困难，因为在价值因子中已经用该创意作品从事文化活动投入情况来衡量组织文化活动经济上的困难。该创意作品容易被抄袭的程度也是一种技术风险，这是因为若该创意作品容易被抄袭或模仿，则可能带来原有价值的降低；即使可以通过法律途径对抄袭行为进行诉讼，但这无疑会增加诉讼成本。技术的难以转嫁程度也会增加价值的波动性，这是因为文化创意作品可能是为融资企业的文化团队量身定做的，一旦融资企业违约，该创意作品的知识产权被拍卖给其他企业，可能导致该作品的价值打折扣。

（2）市场风险

本书主要用三个指标来衡量版权的市场风险，分别是文化市场需求不稳定程度、版权交易市场的不完善程度、金融市场的不完善程度。版权的收益由文化市场的需求来决定，传统收益法计算出来的只是期望收益，而收益的波动性会影响版权的价值评估，尤其是对于风险厌恶型的金融机构来说。另外，一旦融资企业违约，金融机构是不会将版权用来自己盈利的，肯定会通过版权交易市场将作品的版权拍卖，于是当前版权交易市场的不完善程度就成为影响版权质押的风险因素。就目前我国相关交易市场的情况来看，版权交易市场发展还不完善，版权的变现能力较差。最后，版权质押的风险还受当前金融市场的不完善程度影响。如果金融市场流动性较差，金融监管不完备，也会影响版权价值的波动性。

（3）法律风险

本书主要用三个指标来衡量版权的法律风险，分别是创意作品的侵权风险、知识产权法的不完善程度、担保法的不完善程度。对于创意作品来说，可能存在着侵权风险，这种侵权有可能是主动侵权，也有可能是被动侵权。无论是何种类型的侵权，都会对版权价值的波动性产生影响，因此在进行版权价值评估时需要事先考虑。另外，与西方发达国家相比我国才刚刚开始发展知识产权法律制度，还有很多不完善的地方，主要表现在我国的知识产权登记制度不完善、保护制度不完善等。我国的担保法也有待进一步完善，所以在进行文化创意产业知识产权价值评估时应该充分地考虑这些法律因素对评估的影响。

（4）政策风险

就我国的版权质押融资来说，带有一定的政策扶持性质。近几年一直是文化创意产业方面工作的重点，在资金、政策等方面得到了重点扶持。我国正在努力构建具有中国特色的文化创意产业体系，并且鼓励民营资本、外资进入文化市场减少政府对文化创意企业的直接干预，推动我国文化事业的快速、健康发展。这样的环境对于文化创意企业知识产权价值评估来说是一个很好的契机。但是，仍然要警惕未来可能发生的各种政策风险，包括文化产业政策变动的风险、质押融资政策变动的风险和知识产权政策变动的风险。

6.4 基于质押的文化创意企业版权价值评估模型

6.4.1 价值因子和风险因子的模型评估方法

在以上评价指标体系中，各影响因素在一定意义上都具有不确定性，即模糊性，因此可以采用模糊数学理论对知识产权的价值因子和风险因子进行综合评价。模糊综合评估的步骤如下：①假设 $u = \{u_1, u_2, \cdots, u_n\}$ 表示 n 个评价指标，$v = \{v_1, v_2, \cdots, v_n\}$ 表示对于每个指标的评价等级，每一个等级对应一个模糊子集；②对于每一个指标 u_i，建立单因素评判向量 $(r_{i1}, r_{i2}, \cdots, r_{im})$，于是得到所有指标的模糊关系矩阵 $R = (r_{ij})_{n \times m}$，矩阵 R 中第 i 行第 j 列元素 r_{ij}，表示该被评事物从指标 u_i 来看对 v_j 等级模糊子集的隶属度；③确定评价指标的权向量 $W = \{w_1, w_2, \cdots, w_n\}$；④利用合适的算子将 W 与各被评事物的 R 进行合成，得到被评事物的模糊综合评价结果向量 B，即：

$$W \cdot R = (w_1, w_2, \cdots, w_n) \cdot \begin{bmatrix} r_{11} & r_{12} & \cdots & r_{1m} \\ r_{21} & r_{22} & \cdots & r_{2m} \\ \vdots & \vdots & \ddots & \vdots \\ r_{n1} & r_{n2} & \cdots & r_{nm} \end{bmatrix} = (b_1, b_2, \cdots, b_m) = B$$

其中，b_j 是由 W 与 R 的第 j 列运算得到的，它表示被评事物从整体上看对 v_j 等级模糊子集的隶属程度。

基于以上模糊综合评价方法，我们可以对版权的价值因子和风险因子进行评估。每个指标的评价等级有五个，对于价值因子来说，评价等级由低到高分别表示与同类型交易版权相比，被评创意作品在该指标上低很多、低较多、大致相等、高较多、高很多；对于风险因子来说，评价等级由低到高分别表示被评创意作品在该项风险指标上很低、较低、一般、较高、很高。通过专家打分法，按投票人数比例确定模糊关系矩阵。

本书运用层次分析法分别向高校从事文化创意产业研究的教师（50份）、文化创意企业工作人员（30份）以及文化厅、文化研究所等相关工作人员（20份）发放100份问卷来确定各级指标的权重。问卷共回收100份，问卷有效率90%，所得结果如表5-5和表5-6中的第二列所示。然后，利用模糊综合评价中常用的取大取小算法作为算子得到模糊综合评价结果向量 B。

这里需要指出的是，评价区分二级指标和一级指标，首先运用二级指标，计算出针对每个一级指标的模糊综合评价结果向量，其次将该向量作为单因素评判向量，计算出针对被评作品的模糊综合评价结果向量。

6.4.2 版权价值 VaR 评估模型

假设该被评创意作品版权价值因子模糊综合评价结果向量为 $B_V = (b_{V1}, b_{V2}, b_{V3}, b_{V4}, b_{V5})$，风险因子模糊综合评价结果向量为 $B_R = (b_{R1}, b_{R2}, b_{R3}, b_{R4}, b_{R5})$，并且 B_V 和 B_R 都是归一化后的向量，选取的同类型创意作品版权的市场交

易价格为 P_0。价值因子的评价等级赋值定义为 (0.2, 0.6, 1.0, 1.4, 1.8)，于是经过价值因子调整之后，被评创意作品的市场交易价值评估变为 $P_1 = (-0.2b_{V1} + 0.6b_{V2} + b_{V3} + 1.4b_{V4} + 1.8b_{V5})P_0$。对于风险因子来说，风险程度高，则未来的收益就低，因此评价等级赋值可以定义为 (1.0, 0.8, 0.6, 0.4, 0.2)。而风险因子模糊综合评价结果可以作为各等级风险发生的概率，于是风险发生概率与相应收益的关系可以用函数 V 来映射，函数关系如表6-4所示：

表6-4 风险发生概率与收益的函数关系

风险等级	很低	较低	一般	较高	很高
概率 b_{Ri}	b_{R1}	b_{R2}	b_{R3}	b_{R4}	b_{R5}
收益 $V(b_{Ri})$	P_1	$0.8P_1$	$0.6P_1$	$0.4P_1$	$0.2P_1$

对于银行等金融机构来说，通常会用 VaR 风险度量方法来控制其下侧风险。假设银行采用 (α, β) 为参数的下侧风险控制方法，其中 α 表示其目标不良贷款水平，β 表示其风险上限，则银行要求其风险必须满足 $\Pr(V \leq (1-\alpha)X) \leq \beta$。其中，X 表示版权质押的最终价值。也就是说，银行的风险控制要求其未来收益损失比例超过 α 的概率不高于 β（注：此处不考虑无风险收益）。给定 α 和 β，就可以得到基于质押的被评创意作品版权的最终评估价值为：

$$X = \frac{V(b_{R(5-k_0)})}{1-\alpha}$$

其中 $k_0 = \max\{k \mid \sum_{j=1}^{k} b_{R(5-j)} \leq \beta\}$。

从文化创意企业的版权价值评估模型可以看出，被评作品版权的最终质押价值除了与版权自身的技术因素、当前面临的风险有关之外，还与银行等金融机构的风险厌恶程度有关。具体来说，银行的目标不良贷款水平越高，版权的质押价值越大，银行的风险上限越高，版权的质押价值越大。

6.5 基于质押的文化创意企业版权价值评估实证研究

本书选取电视剧《甄嬛传》一集的版权价值作为案例标本，来分析电视剧《夫妻那些事》的一集的版权价值。从中国版权交易中心数据可知，电视剧《甄嬛传》的版权交易价格接近 400 万元/集，即 $P_0=400$，通过专家打分法给出电视剧《夫妻那些事》价值因子和风险因子各个指标的隶属度，如表 6-5 和表 6-6 所示。

表 6-5 版权评估价值因子指标体系

一级指标	权重	二级指标	权重	隶属度				
成本性	0.21	与同类型交易版权相比，创作该作品的资金投入程度	0.43	0.27	0.39	0.23	0.11	0
		与同类型交易版权相比，创作该作品的人力投入程度	0.35	0.38	0.27	0.15	0.1	0.1
		与同类型交易版权相比，该作品申请知识产权保护的投入成本程度	0.22	0.21	0.22	0.35	0.12	0.1
排他性	0.35	与同类型交易版权相比，该作品著作权人的知名度	0.41	0.38	0.26	0.11	0.12	0.13
		与同类型交易版权相比，该作品的新颖程度	0.21	0.19	0.26	0.32	0.12	0.11
		与同类型交易版权相比，该作品的知识产权保护程度	0.38	0.15	0.18	0.44	0.13	0.1
收益性	0.44	与同类型交易版权相比，围绕该作品从事演艺活动投入程度	0.13	0.21	0.33	0.28	0.08	0.1
		与同类型交易版权相比，围绕该作品从事演艺活动产出程度	0.52	0.43	0.4	0.12	0.05	0
		与同类型交易版权相比，该作品的市场反响程度	0.35	0.35	0.48	0.14	0.03	0

表 6-6 版权评估风险因子指标体系

一级指标	权重	二级指标	权重	隶属度				
技术风险	0.31	该作品组织演艺活动的困难程度	0.27	0.62	0.32	0.05	0.01	0.00
		该作品容易被抄袭的程度	0.21	0.41	0.36	0.15	0.08	0.00
		该作品技术的难以转嫁程度	0.52	0.45	0.33	0.18	0.04	0.00
市场风险	0.32	演艺市场需求不稳定程度	0.35	0.60	0.23	0.17	0.00	0.00
		金融市场的不完善程度	0.12	0.16	0.21	0.30	0.23	0.10
		版权交易市场的不完善程度	0.53	0.11	0.20	0.35	0.24	0.10
法律风险	0.24	作品的侵权风险	0.46	0.45	0.34	0.18	0.03	0.00
		知识产权法的不完善程度	0.32	0.16	0.27	0.35	0.18	0.04
		担保法的不完善程度	0.22	0.24	0.21	0.29	0.15	0.11
政策风险	0.13	演艺产业政策变动的风险	0.35	0.48	0.32	0.16	0.04	0.00
		质押融资政策变动的风险	0.31	0.56	0.23	0.21	0.00	0.00
		知识产权政策变动的风险	0.34	0.38	0.32	0.20	0.10	0.00

6.5.1 价值因子和风险因子的模糊综合评判

（1）价值因子模糊综合评判

针对价值因子，在确定了隶属度后，本书得出了创意作品的成本性 R_1、排他性 R_2、收益性 R_3 共三个模糊矩阵。

$$R_1 = \begin{bmatrix} 0.27 & 0.39 & 0.23 & 0.11 & 0.00 \\ 0.38 & 0.27 & 0.15 & 0.10 & 0.10 \\ 0.21 & 0.22 & 0.35 & 0.12 & 0.10 \end{bmatrix}$$

$$R_2 = \begin{bmatrix} 0.38 & 0.26 & 0.11 & 0.12 & 0.13 \\ 0.19 & 0.26 & 0.32 & 0.12 & 0.11 \\ 0.15 & 0.18 & 0.44 & 0.13 & 0.10 \end{bmatrix}$$

$$R_3 = \begin{bmatrix} 0.21 & 0.33 & 0.28 & 0.08 & 0.10 \\ 0.43 & 0.40 & 0.12 & 0.05 & 0.00 \\ 0.35 & 0.48 & 0.14 & 0.03 & 0.00 \end{bmatrix}$$

由前面得出的该创意作品的一级指标的权重系数矩阵为：

$$W_1 = (0.43, 0.35, 0.22); W_2 = (0.41, 0.21, 0.38);$$

$$W_3 = (0.13, 0.52, 0.35)$$

利用合适的算子将 W_i 与各被评事物的 R_i 进行合成，得到被评事物的模糊综合评价结果向量 B_i，本书以创意作品的"成本性"的一级模糊综合评价结果向量 B_1 为例。

$$B_1 = W_1 \cdot R_1$$

$$= (0.43, 0.35, 0.22) \times$$

$$\begin{bmatrix} 0.27 & 0.39 & 0.23 & 0.11 & 0.00 \\ 0.38 & 0.27 & 0.15 & 0.10 & 0.10 \\ 0.21 & 0.22 & 0.35 & 0.12 & 0.10 \end{bmatrix}$$

$$= (0.35, 0.39, 0.23, 0.12, 0.10)$$

同理得出："排他性"的一级模糊综合评价结果向量 $B_2 = (0.38, 0.26, 0.38, 0.13, 0.13)$；"收益性"的一级模糊综合评价结果向量 $B_3 = (0.43, 0.40, 0.14, 0.08, 0.10)$。

对模糊综合评价结果向量 B_i 进行归一化处理后，得出：

$$B_1 = (0.294, 0.328, 0.193, 0.101, 0.084)$$

$$B_2 = (0.297, 0.203, 0.297, 0.102, 0.102)$$

$$B_3 = (0.374, 0.348, 0.122, 0.070, 0.087)$$

因此，得出该创意作品单因素评判向量：

$$R = \begin{bmatrix} 0.294 & 0.328 & 0.193 & 0.101 & 0.084 \\ 0.297 & 0.203 & 0.297 & 0.102 & 0.102 \\ 0.374 & 0.348 & 0.122 & 0.070 & 0.087 \end{bmatrix}$$

由创意作品单因素评判向量 R，可以对创意作品进行综合评价。

$$B = W \cdot R$$

$$= (0.21, 0.35, 0.44) \times \begin{bmatrix} 0.294 & 0.328 & 0.193 & 0.101 & 0.084 \\ 0.297 & 0.203 & 0.297 & 0.102 & 0.102 \\ 0.374 & 0.348 & 0.122 & 0.070 & 0.087 \end{bmatrix}$$

$$= (0.374, 0.348, 0.297, 0.102, 0.102)$$

对模糊综合评价结果向量 B 进行归一化处理后，得出该创意作品版权价值因子模糊综合评价结果向量为：

$$B_V = (0.306, 0.285, 0.243, 0.083, 0.083)$$

（2）风险因子模糊综合评判

在确定了隶属度后，本书得出了作品的技术风险 R_1、市场风险 R_2、法律风险 R_3、政策风险 R_4 共四个模糊矩阵。

$$R_1 = \begin{bmatrix} 0.62 & 0.32 & 0.05 & 0.01 & 0.00 \\ 0.41 & 0.36 & 0.15 & 0.08 & 0.00 \\ 0.45 & 0.33 & 0.18 & 0.04 & 0.00 \end{bmatrix}$$

$$R_2 = \begin{bmatrix} 0.60 & 0.23 & 0.17 & 0.00 & 0.00 \\ 0.16 & 0.21 & 0.30 & 0.23 & 0.10 \\ 0.11 & 0.20 & 0.35 & 0.24 & 0.10 \end{bmatrix}$$

$$R_3 = \begin{bmatrix} 0.45 & 0.34 & 0.18 & 0.03 & 0.00 \\ 0.16 & 0.27 & 0.35 & 0.18 & 0.04 \\ 0.24 & 0.21 & 0.29 & 0.15 & 0.11 \end{bmatrix}$$

$$R_4 = \begin{bmatrix} 0.48 & 0.32 & 0.16 & 0.04 & 0.00 \\ 0.56 & 0.23 & 0.21 & 0.00 & 0.00 \\ 0.38 & 0.32 & 0.20 & 0.10 & 0.00 \end{bmatrix}$$

由前面得出的该作品的一级指标的权重系数矩阵为：

$W_1 = (0.27, 0.21, 0.52)$; $W_2 = (0.35, 0.12, 0.53)$;

$W_3 = (0.46, 0.32, 0.22)$; $W_3 = (0.35, 0.31, 0.34)$

利用合适的算子将 W_i 与各被评事物的 R_i 进行合成，得到被评事物的模糊综合评价结果向量 B_i，本书以作品的"技术风险"的一级模糊综合评价结果向量 B_1 为例。

$$B_1 = W_1 \cdot R_1$$

$$= (0.27, 0.21, 0.52) \times \begin{bmatrix} 0.62 & 0.32 & 0.05 & 0.01 & 0.00 \\ 0.41 & 0.36 & 0.15 & 0.08 & 0.00 \\ 0.45 & 0.33 & 0.18 & 0.04 & 0.00 \end{bmatrix}$$

$$= (0.45, 0.33, 0.18, 0.08, 0.00)$$

同理得出："市场风险"的一级模糊综合评价结果向量 $B_2 = (0.35, 0.23, 0.35, 0.24, 0.10)$；"法律风险"的一级模糊综合评价结果向量 $B_3 = (0.45, 0.34, 0.32, 0.18, 0.11)$；"政策风险"的一级模糊综合评价结果向量 $B_4 = (0.35, 0.32, 0.21, 0.10, 0.00)$。

对模糊综合评价结果向量 B_i 进行归一化处理后，得出：

$$B_1 = (0.433, 0.317, 0.173, 0.077, 0.000)$$

$$B_2 = (0.276, 0.181, 0.276, 0.189, 0.079)$$

$$B_3 = (0.321, 0.243, 0.229, 0.129, 0.079)$$

$$B_4 = (0.357, 0.327, 0.214, 0.102, 0.000)$$

因此，得出该作品单因素评判向量：

$$R = \begin{bmatrix} 0.433 & 0.317 & 0.173 & 0.077 & 0.000 \\ 0.276 & 0.181 & 0.276 & 0.189 & 0.079 \\ 0.321 & 0.243 & 0.229 & 0.129 & 0.079 \\ 0.357 & 0.327 & 0.214 & 0.102 & 0.000 \end{bmatrix}$$

由作品单因素评判向量 R，可以对作品进行综合评价。

$$B_R = W \cdot R$$
$$= (0.31, 0.32, 0.24, 0.13) \times$$
$$\begin{bmatrix} 0.433 & 0.317 & 0.173 & 0.077 & 0.000 \\ 0.276 & 0.181 & 0.276 & 0.189 & 0.079 \\ 0.321 & 0.243 & 0.229 & 0.129 & 0.079 \\ 0.357 & 0.327 & 0.214 & 0.102 & 0.000 \end{bmatrix}$$
$$= (0.310, 0.310, 0.276, 0.189, 0.079)$$

对模糊综合评价结果向量 B 进行归一化处理后,得出创意作品版权风险因子模糊综合评价结果向量为:$B_R = (0.267, 0.267, 0.237, 0.163, 0.068)$。

6.5.2 版权质押价值 VaR 综合评估

将向量 B_V 各元素和 P_0 的值代入版权价值评估模型,得出电视剧《夫妻那些事》的市场交易评估价值为:$P_1 = (0.2 \times 0.306 + 0.6 \times 0.285 + 0.243 + 1.4 \times 0.083 + 1.8 \times 0.084) \times 400 = 296.96$,这与中国知识产权交易中心给出的电视剧《夫妻那些事》的真实版权交易价格 300 万元/集十分接近,从而验证了本评估方法的准确性。

虽然电视剧《夫妻那些事》在版权交易时预计能得到 296.96 万元的金额,但是银行在对其版权进行质押时,并不会给予同等金额的质押融资额。这是因为根据金融机构的监管规定以及银行自身的风险厌恶特性,质押时必定会有一定的质押率,而质押率的大小是和银行愿意接受的风险程度有关。

假设银行目标不良贷款率 α = 0.2,风险上限 β = 0.3。根据上文提出的质押评估模型,因为 $b_{R5} + b_{R4} = 0.231 < β$,又因为 $b_{R5} + b_{R4} + b_{R3} = 0.468 > β$,因此,$k_0 = 1$;$V(b_{R(5-k_0)}) = 0.4P_1 = 118.784$,因此基于质押的电视剧《夫妻那些事》版权的最终评估价值为 $X = \dfrac{V(b_{R(5-k_0)})}{1-α} = 148.48$ 万元。

综上所述,如果将电视剧《夫妻那些事》的版权进行质押,可以获得银行等金融机构的贷款为 148.48 万元,比实际作品的版权价值少,主要原因是银行等金融机构是风险厌恶型的,在对该作品进行质押时,必须考虑其所带来的一系列风险。

本章小结

文化创意企业的资产组成中知识产权占很大一部分,运用知识产权进行质押融资是解决中小文化创意企业融资难问题的有效途径。在文化创意企业知识产权质押融资过程中,知识产权价值评估是必不可少的环节,但目前我国对于文化创意企业知识产权价值评估的研究还处于起步阶段。本章首先针对北京、上海、武汉等地现行的文化创意企业版权质押融资模式,设计了由版权质押融资服务平台主导下的"政府贴息+独立评估+反担保"的版权质押融资模式。其次,分析了传统知识产权价值评估方法对文化创意企业版权价值评估的适用性和局限性,提出了基于质押的文化创意企业版权价值评估体系。在该评估体系中,综合运用了成本法、市场法和收益法三者的优点,并考虑到了被评估版权自身的价值因子和风险因子,构建了文化创意企业版权价值和风险指标体系,通过模糊综合评价法对价值因子和风险因子进行了评估。最后,针对银行等金融机构普遍运用的VaR风险控制方法,提出了基于质押的文化创意企业版权价值评估模型,并通过实际数据对模型的正确性进行了检验。

7 基于保险的文化创意企业融资风险管理创新

文化创意企业融资难的另一个重要原因是文化创意企业运营过程中存在着较多风险。文化保险的出现为文化创意企业降低运营风险提供了重要手段。通过向保险公司投保并将保单质押给银行,可以降低商业银行的融资风险,提高商业银行的信贷限额,有效缓解文化创意企业的融资难问题。本章对文化创意产业风险的承保范围进行分析,设计文化创意企业的保险融资模式,并对保险融资服务的定价问题进行探讨。

7.1 文化创意企业保险融资的必要性分析

尽管国家从各方面出台了鼓励文化创意产业融资的政策,但文化创意企业的高风险特性仍然成为制约银行等金融机构向中小微文化创意企业提供融资的主要原因。文化创意企业的风险高一方面是由其自身特性决定的,由于文化创意产业是轻资产的,退出壁垒低,文化创意企业自身违约概率较高,存在道德风险;另一方面文化创意企业运营也面临诸多风险,因为文化创意产品属于创新性和体验性产品,市场反应不确定程度高,文化活动举办过程中也会存在诸如自然因素和人为因素导致的各种损失。因此,银行等金融机构在向文化创意企业提供信贷融资时,往往会担心其自身和运营风险所导致的融资风险,虽然前文提出了版权质押的创新模式,但版权的价值往往是与文化创意企业自身的价值紧密联系的,只有同时控制住文化创意企业自身的运营风险,才能控制整个融资风险。

保险作为风险转移的一种有效手段,越来越受到金融机构和企业界的关注,文化创意产业也不例外。为了降低文化创意企业的运营风险,2011年,原国家文化部和原中国保监会联合发出《关于保险业支持文化产业发展有关工作的通知》，列明支持文化产业试点的 11 个险种，包括演艺活动财产保险、演艺活动公众责任保险、演艺活动取消保险、演艺人员意外和健康保险、展览会综合责任保险、艺术品综合保险、动漫游戏企业关键人员意外和健康保险、动漫游戏企业关键人员无法从业保险、文化企业信用保证保险、文化企业知识产权侵权保险、文化活动公共安全综合保险。文化产业保险的发展为文化创意企业降低运营风险提供了保障，文化创意企业在投保文化保险之后，将保单质押给银行可以降低银行向文化创意企业提供融资的风险，有助于银行对文化创意企业提高信贷限额及降低贷款利率。然而，文化创意企业投保也会增加保费支出，从而进一步加大了其自身的资金压力，这样文化创意企业必须提高其向银行的贷款额度，那么文化创意产业投保到底如何影响其融资决策和融资风险是值得研究的问题。本部分提出将商业保险融入到文化创意企业的融资过程中，开发出基于保单质押的文化创意企业融资创新模式，并给出了文化保险下银行为文化创意企业提供贷款的条件。

7.2 文化创意产业风险承保范围分析

7.2.1 文化创意产业风险可保性分析

保险公司承保的风险必须满足可保性原则，即风险必须符合大数法则，能够运用保险精算的原理将大量同质风险聚集在一起，并合理计算出分担金（魏华林、林宝清，2011）。一般来说，风险的可保性需要满足四个条件，而文化创意产业的风险正好能够满足这些条件：

（1）有大量同质的风险存在

虽然文化创意产业的细分类别有很多，如影视业、旅游业、演艺业、游戏动漫业、艺术品展览等，但是保险公司可以根据各种类别的文化创意企业设计保险品种，因为各类文化创意企业都有同质风险的存在。以演艺业为例，演艺活动中普遍存在着由于各种因素引起的财产损失风险、演出人员和观众的人身伤害风险、第三方责任风险、信用风险、演出取消或推迟风险、侵权风险等。随着人们文化生活水平的提高，各类演艺活动也逐渐增多。以北京为例，仅 2011 年各类营业性演出就达 21075 场，观众 1026 万人次，在北京各大体育场馆举办的演唱会达到 109 场。演艺活动的增多和风险的普遍存在保证了演艺业存在大量的同质风险。

（2）损失的发生必须是意外的

以演艺业为例，演艺活动中大多数风险的发生都是意外的。例如，由于自然灾害可能引起财产损失，由于政治原因或传染性疾病暴发等引起演出取消或推迟，由于管理疏忽等引起演出人员和观众的人身伤害等，这些损失的发生都是意外的。

（3）已经发生的损失必须是可以测定的

以演艺业为例，演艺活动由于是实体经济活动，其资源、设备费用，投入、产出价值都是可以测量的，一旦发生损失，其损失值也是容易测量的。例如，当演艺活动取消或推迟时，损失主要是已经发生的筹备演出费用、相关的违约费用；当出现演出人员或观众的人身伤亡时，损失主要是医疗费、误工费、丧葬费、死亡补偿费等。在文化产业保险中，艺术品损失应该说是最难测定的。然而，随着艺术品鉴定、估价体系的完善，艺术品保险损失的评估可以综合作品的拍卖价格、成交价格、鉴定师的鉴价评估等进行。

（4）被保险人的大多数不能在同时遭受损失

相对于其他行业来说，这个条件在演艺产业是更符合的。这是因为很多自然灾害会同时影响大多数的产业，如制造业和服务业，但对于文化产业活动来说，由于它是离散存在的，因此不会同时受到影响。例如，在北京某体育场一天之内不可能同时举办两场演唱会。

除了以上可保性条件满足之外，广义的风险可保性还包括符合国家的法律法规。如前所述，国家相关部门已经出台了《关于保险业支持文化产业发展有关工作的通知》，并且对文化产业保险的险种进行了相关规定，也就是说，文化产业的风险投保也是符合国家的法律法规的。

7.2.2 文化创意产业保险的分类

目前，国外保险机构对文化创意产业的承保险种已经非常全面，开发出了很多的综合性保险，如音乐会和剧目制作综合保险、电影制作综合保险、节日和展会演出综合保险、艺术品拍卖保险等，而我国保险机构对文化产业险种的开发还较晚。例如，2001 年世界三大男高音在北京午门广场为北京申奥举办演唱会，当时外商主办方要求对演唱会进行投保，但国内还没有类似的险种，最终中国人民保险公司承接了保险金达 1.1 亿元的保险，包括公众责任险、雇主责任险以及演出取消或延迟保险。自此以后，各大保险公司相继开发了一系列的文化活动保险。

文化创意企业融资过程的风险主要来自三个方面：一是文化活动过程中的风险；二是文化创意企业本身的风险；三是文化内容的风险。针对具体的风险可以投保具体的保险产品。

（1）文化活动过程中的风险与保险产品

文化活动过程中的风险主要是指文化创意企业在开展文化活动，如演艺活动、展览活动等过程中产生的风险。以演艺业为例，文化活动过程中的风险包括演艺活动取消、延迟风险；舞台搭建、设备安装的风险；演出人员人身伤害或财产损失风险；公众人身伤害或财产损失风险等。

首先是演艺活动取消、延迟风险。据统计，一场演艺活动中，演艺人员预定金、剧院租赁费、舞台设备预定金等前期投入要占演出投入的 60%～70%，也就是说，一旦演艺活动取消，这部分投入是无法收回的。与该风险相对应的保险主要是演艺活动取消保险，这种险种在国内很多保险公司已经开展。例如，2003 年，滚石乐队计划在北京举行数百场大型演出，应外方的要求，作为主办方之一的北京时代新纪元公司购买了一份最高赔偿额度达 415 万元的保险；由于受"非典"的影响，滚石乐队原定计划演出取消，很多前期投入巨大但未购买保险的演出公司血本无归，而按照北京时代新纪元公司与中国人民保险集团股份有限公司（以下简称中国人保）北京分公司签订的保险合同，中国人保最终赔付了北京时代新纪元公司已经发生的 250 万元筹备演出费用。

其次是舞台搭建、设备安装风险。主要是演艺活动演出之前，在搭建舞台、安装设备时发生的由于舞台塌陷、火灾爆炸、管理疏忽等引起的舞台、设备损毁以及相应的人身伤害。现实中类似的案例有很多，几乎所有的演艺活动按照其特殊的要求都需要重新规划设计舞台，因此其风险是普遍存在的。舞台、设备损毁大多属于财产损失，因此很多保险公司将其纳入演艺活动财产保险，相应的人身伤害也包含于此。

再次是演出人员人身伤害或财产损失风险。这里主要是指演出过程中由于舞台坍塌、拥挤踩踏、摔伤砸伤、设施故障、管理疏忽、火灾爆炸等引起的演出人员及相关的工作人员的人身伤害或财产损失。这种风险事故是很多的，例如，1993 年中国香港著名乐队 Beyond 主唱黄家驹在日本录制节目时，从高台坠落死亡事故中，日本保险公司赔偿了 10 亿日元。

最后是公众人身伤害或财产损失风险。这种风险主要是在演出过程中由于舞台坍塌、拥挤踩踏、摔伤砸伤、设施故障、管理疏忽、火灾爆炸等引起的，专指给公众带来的人身伤害或财产损失。由于公众的损失除了财产损失、医疗费、丧葬费、死亡补偿费之外，还可以涉及诉讼费用及其他必要合理的费用，这些都可以纳入承保范围之内。

(2) 文化创意企业本身的风险及保险产品

文化创意企业本身的风险是指受文化创意企业自身经营影响所产生的风险。由于文化创意企业融资后的贷款归还人是文化创意企业自身，即使文化活动开展顺利，若文化创意企业自身经营不善或遭遇变故，也会面临违约风险。文化创意企业运营过程中的风险主要来源是其核心财产的损失，文化创意企业的核心财产主要是关键人力资源和文化内容产品。

首先是关键人员的损失。对于演艺业来说，演员在演艺活动开始之前，由与该演艺活动相关事件引起的人身伤害或财产损失，虽然也可以划为演出活动类风险，但由此带来的误工费用也可以作为保险标的由保险公司给予承保。例如，2011年12月著名歌手胡彦斌在前往兰州参加跨年晚会途中遭遇车祸受伤，主办单位赔偿2.8万元医疗费和误工费，中国人保兰州分公司承担连带责任。与演出人员人身伤害或财产损失风险相对应的保险主要是演艺及文化传播人员意外和健康保险。对于动漫业来说，动漫游戏企业关键人员意外和健康保险和动漫游戏企业关键人员无法从业保险，都是用来承保文化创意企业人力资源损失风险的保险产品。

其次是文化内容产品的损失。由于自然灾害、火灾爆炸或偷盗等引起的文化内容产品的损失会影响文化创意企业的运营。例如，2012年10月，飓风"桑迪"袭击了纽约画廊，受灾的画廊和艺术品损失达5亿美元，由于美国很多州禁止保险商执行特殊飓风免赔政策，美国ASA艺术保险支付了4000万美元的理赔。这类风险可以与其他财产保险一同承保，也可以单独购买，如艺术品综合保险，以此来应对文化活动过程中和文化产品储存过程中的风险。

最后是信用风险。对于文化创意企业融资过程来说，还存在其他经营不善带来的信用风险，因此可以购买文化企业信用保证保险来应对信贷中的信用风险。

(3) 文化创意企业内容侵权风险及保险产品

文化创意企业内容侵权风险主要是其他相关团体或个人认为文化创意内容侵犯自身所有的知识产权，要求给予相应经济赔偿的风险。例如，2007年4月在浙江杭州黄龙体育中心举办的张学友"好友不见"中国巡回演唱会结束后不久，中国音乐著作权协会就以张学友演唱的8首歌曲侵权为由，将北京鸿翔风采国际文化公司、浙江世纪风采文化传播公司、浙江国华演艺公司3家主办方告上法庭，虽然这8首歌曲中有部分歌曲是张学友本人创作，但是这8首歌曲的著作权已经由作者授权给了中国音乐著作权协会，而3家主办方没有征得该协会同意就擅自使用上述作品，已经构成了侵权，因此法院判决3家主办方赔偿中国音乐著作权协会9.0191万元。针对此种风险，保险公司可以开发出文化创意企业内容知识产权侵权保险给予承保。

以上各种类型的保险除了演艺活动取消保险是专门针对某场特定的演出活动投保之外，其他类型的保险既可以针对某场特定的文化活动投保，也可以针对文化创意企业的所有文化活动投保，还可以针对某个文化承接场地所承接的所有文化活动投保。各种文化创意产业保险类型如表7-1所示。

表7-1 文化创意产业保险类型

序号	风险类型	事故起因	案例	保险类型
1	演艺活动取消、延迟风险	自然灾害、政治原因、传染性疾病暴发	2003年，滚石乐队原定于北京举行的数百场大型演出由于受"非典"影响取消	演艺活动取消保险
2	舞台搭建、设备安装的风险	舞台坍塌、火灾爆炸、管理疏忽	2009年7月16日，法国马赛维洛德隆球场发生舞台工程事故，起重机吊起舞台顶棚时失去平衡，舞台重达60吨的顶棚坍塌，造成舞台施工人员1人死亡、9人受伤，其中2人重伤；原定于7月19日在此举办的麦当娜个人演唱会取消	演艺活动财产保险
3	演出人员人身伤害或财产损失风险	舞台坍塌、拥挤踩踏、摔伤砸伤、设施故障、管理疏忽、火灾爆炸	1993年6月24日凌晨，在日本富士电视台录制《想做什么就做什么》节目的香港著名乐队Beyond主唱黄家驹由一个高台上坠地，头部接触地面重伤不治死亡 2003年5月30日晚，林子祥在香港红馆担任艺人汪明荃演唱会嘉宾，当他高唱《男儿当自强》时，失足从3米多高的舞台上跌落，直坠2米深的舞台底，当场受伤昏迷	演艺及文化传播人员意外和健康保险

续表

序号	风险类型	事故起因	案例	保险类型
4	公众人身伤害或财产损失风险	舞台坍塌、拥挤踩踏、摔伤砸伤、设施故障、管理疏忽、火灾爆炸	2010年7月25日,德国西部城市"杜斯堡"周末举行电子音乐节发生推挤踩踏事件,至少造成18人死亡、100人受伤 2011年8月13日晚,美国印安纳波利斯的一场音乐会现场,狂风突然来袭,支撑舞台的脚手架迅速倾斜、坍塌,事故造成5人死亡,45人受伤	演艺活动公众责任保险
5	艺术品损失风险	自然灾害、第三方责任等	2004年1月,北京翰海"2004迎春拍卖会"预展上,一位参观者不小心撞破展柜橱窗玻璃,导致标价120万元的清乾隆青花折枝花卉六棱瓶摔在地上毁损 2012年10月,飓风桑迪袭击了纽约画廊,受灾的画廊和艺术品损失达5亿美元	艺术品综合保险
6	文化内容侵权风险	文化内容侵权	2007年4月,中国音乐著作权协会以张学友中国巡回演唱会演唱的8首歌已经转让给该协会的歌曲侵权为由,要求3家主办方赔偿,最终法院判决3家主办方赔偿中国音乐著作权协会9.0191万元。其中,歌曲使用费8万元,律师费1万元,交通费191元	文化内容知识产权侵权保险

7.3 文化创意企业的保险融资模式

7.3.1 文化创意企业投保模式

对于文化创意企业来说,通过购买文化创意保险,文化活动带来的风险大大降低,银行向文化创意企业融资的风险也就降低了。在实际操作中,文化创意企业可以将保单质押给银行,然后从银行获得融资;如果文化活动出现损失,保险公司直接将理赔金额偿还给银行。这种融资创新模式需要文化创意企业进行投保,具体流程如图7-1所示:

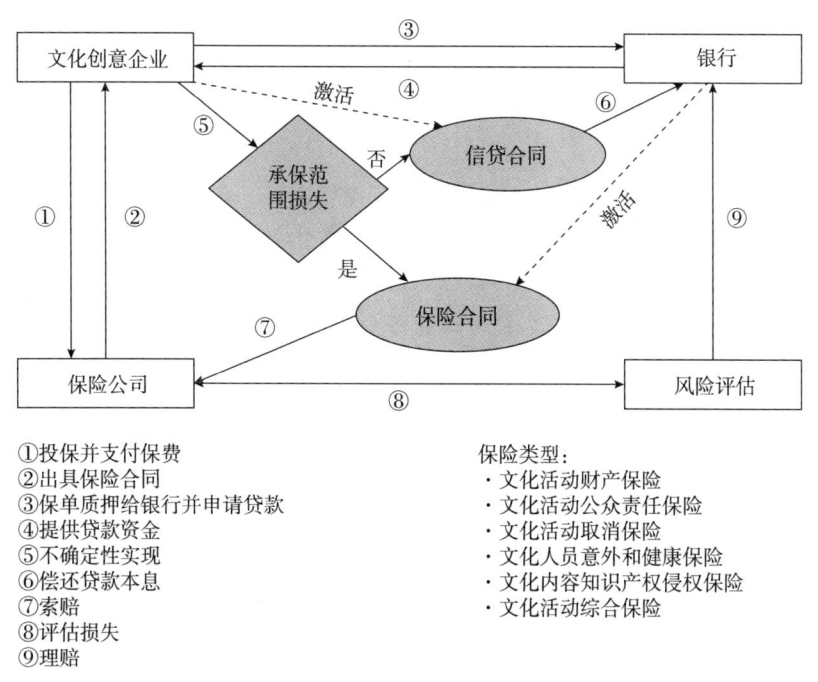

① 投保并支付保费
② 出具保险合同
③ 保单质押给银行并申请贷款
④ 提供贷款资金
⑤ 不确定性实现
⑥ 偿还贷款本息
⑦ 索赔
⑧ 评估损失
⑨ 理赔

保险类型:
· 文化活动财产保险
· 文化活动公众责任保险
· 文化活动取消保险
· 文化人员意外和健康保险
· 文化内容知识产权侵权保险
· 文化活动综合保险

图 7-1 文化创意企业投保模式

文化创意企业投保模式的流程是:文化创意企业与保险公司订立保险合同,文化创意企业向保险公司投保并根据保险公司的要求支付保费;保险公司根据文化创意企业投保的内容开具保单;文化创意企业将保单质押给银行从而向银行申请贷款;银行审核通过后根据文化创意企业的自有资金状况以及保单承保范围确定向文化创意企业提供的信贷额度,银行与文化创意企业签订信贷合同,银行向文化创意企业提供贷款资金;文化活动开展之后,各种不确定性因素出现,若这些因素并未造成文化创意企业承保范围内的损失时,文化创意企业与银行的信贷合同被激活,文化活动所得的收入被用来支付银行的贷款本息,而保险合同将不会被执行;相反,若不确定性因素造成文化创意企业相关的文化活动受到损失,并且这种损失属于承保范围内的损失时,文化创意企业与保险公司签订的保险合同被激活，由于此时文化创意企业已经将保险合同质押给银行，于是银行可以直接向保险公司索赔；保险公司对损失进行评估后，将理赔的资金直接支付给银行；若理赔金额不足以支付银行贷款本息，银行还会向文化创意企业追偿剩余贷款本息。

文化创意企业可以投保的保险类型除了以上介绍的之外，还可以投保文化活动综合保险，即保险公司将所有风险组合起来供文化创意企业投保。

7.3.2 商业银行投保模式

文化创意企业的保险除了文化创意企业投保之外，也可以由向文化创意企业提供贷款的商业银行投保，以保障商业银行向文化创意企业贷款的安全性。商业银行购买的保险称为信用保险，即权利人向保险人投保债务人的信用风险的一种保险。当文化创意企业违约无法向商业银行偿还贷款本息时，保险公司给予赔偿。具体流程如图 7-2 所示：

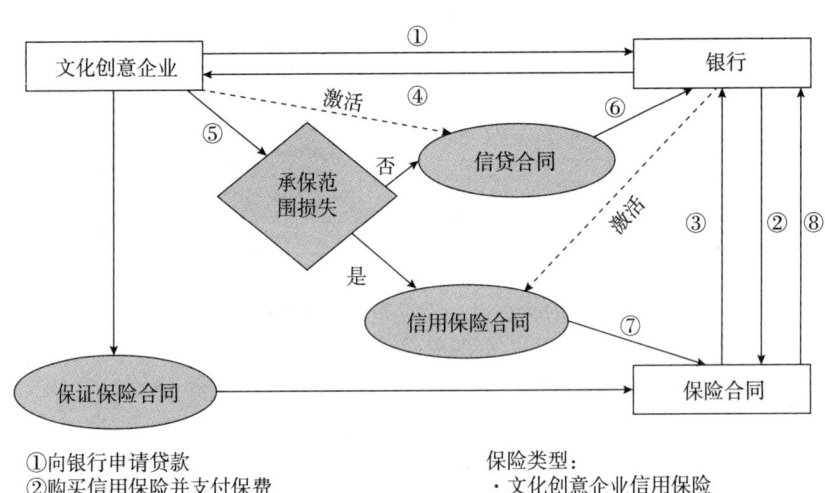

①向银行申请贷款
②购买信用保险并支付保费
③出具保险合同
④提供贷款资金
⑤不确定性实现
⑥偿还贷款本息
⑦索赔
⑧理赔

保险类型：
· 文化创意企业信用保险
· 文化创意企业保证保险

图 7-2　银行投保模式

银行投保模式的流程是：文化创意企业向银行提出贷款申请，并与银行签订信贷合同；银行根据信贷合同向保险公司投保以文化创意企业的信用风险为保险标的的保险，银行与保险公司订立信用保险合同，并根据保险公司的要求支付保费；银行向文化创意企业提供贷款资金；文化活动开展之后，各种不确定性因素出现，若这些因素并未造成文化创意企业向银行的违约，也就是说文化活动的收入足以支付银行的贷款本息，此时文化创意企业与银行的信贷合同被激活，文化创意企业偿还银行的贷款本息，而信用保险合同将不会被执行；相反，若不确定性因素造成文化活动的收入不足以支付银行的贷款本息时，此时发生信用风险，银行与保险公司签订的信用保险合同被激活，银行可以直接向保险公司索赔；保险公司将文化创意企业未偿还的贷款本息差额支付给银行。

信用风险也可以看成是各种风险的综合，包括财产损失风险、责任风险、自然风险等。当然，由于不可抗力造成的风险是应该被排除在外的。对于信用风险，除了银行投保之外，文化创意企业也可以投保，文化创意企业投保的信用风险称为保证保险，区别在于投保人和被保险人不是同一个主体。保证保险中投保人和被保险人就是贷款合同的借款方和贷款方，保险人是商业保险公司。也就是说，文化创意企业投保保证保险之后，当文化创意企业违约后，商业银行有权向保险公司索赔。

7.3.3 商业银行与保险公司合作模式

商业银行与保险公司同属于金融机构，由于它们与文化创意企业之间存在着信息不对称，因此商业银行与保险公司之间有必要通过合适的沟通合作共同降低融资和保险风险。商业银行与保险公司合作的形式有很多，最常见的就是独立的两个公司之间相互介绍客户，加强信息交流。例如，当文化创意企业向商业银行申请贷款时，商业银行可以推荐文化创意企业购买保险公司的保险产品，以增加文化创意企业的信用；当文化创意企业向保险公司投保时，保险公司可以推荐文化创意企业向商业银行贷款。商业银行与保险公司的另一种合作模式是双方共同开发出针对文化创意企业的融资创新产品，共同分担风险，从总体上对风险进行控制，对定价机制进行协调。商业银行与保险公司的最后一种合作模式是兼并，即商业银行收购保险公司后从事保险业务，或保险公司收购商业银行后从事信贷业务。兼并后的合作模式在国外金融行业中是十分常见的。

7.4 文化创意产业保险融资服务定价

假设某文化创意企业拥有流动资金 c_0，进行某项文化活动需要花费资金 c，收入为 R（R>c）。但是由于各种不确定性因素的影响，文化活动过程中可能面临的损失 ξ 是随机的，从以往的经验数据可以估计出该随机收入变量服从某种形式的概率分布，其分布函数假设为 $F(\cdot)$，对应的概率密度函数为 $f(\cdot)$，$F^{-1}(\cdot)$ 表示 $F(\cdot)$ 的逆函数。由于损失风险的存在，没有保险时，文化创意企业未来的现金流为 $(R-\xi)^+$，其中 $(\cdot)^+$ 表示 $\max(0, \cdot)$。

7.4.1 保险公司的保费决策

为了降低保险中的道德风险行为，激励文化创意企业提高风险防范意识，保险公司通常会设定一定的免赔额水平。也就是说，当文化创意企业损失低于该免赔额水平时，保险公司不赔偿；只有当损失高于该免赔额水平时，保险公司才会赔偿。免赔额水平相当于保险金额，是损失发生后保险公司至少应该赔偿的数量水平，很显然，保险金额越高，保费就越高。文化创意企业可以根据自身的情况来确定投保水平，选择保险金额的大小。同时，投保时还要选择最高保险额度。当保险市场是完全竞争时，保险公司就会用精算公平的原则来确定保费（谢志刚，2000），假设文化创意企业免赔额和最高赔付水平分别为 l 和 L，则当文化创意企业的损失 ξ 低于 l 时，保险公司不赔偿，当文化创意企业的损失 ξ 大于 l 时，保险公司赔偿 $\max(L, \xi-l)$。因此，投保后，保险公司的期望赔付为：

$$m(l, L) = L - \int_{l}^{l+L} F(x) \, dx \qquad (7-1)$$

按照精算公平的原则，保险公司对于文化保险收取的费用为 $m(l, L)$，然而考虑到保险公司的营利性质，保险费用应该为 $(1+r_i)m(l, L)$，其中 r_i 表示保险公司的利润率。可以看出，保险费用是随免赔额 l 的增加而递减，随最高赔付水平 L 的增加而递增的。

7.4.2 银行提供贷款的条件

当文化创意企业拥有的流动资金 $c_0 \geq c+(1+r_i)m(1,L)$ 时,文化创意企业不需要向银行借款即可从事该文化活动项目,且能够购买商业保险;当文化创意企业拥有的流动资金 $c \leq c_0 < c+(1+r_i)m(1,L)$ 时,文化创意企业可以从事该文化活动项目,但需要从银行借款来购买商业保险;而当文化创意企业拥有的初始资金 $c_0 < c$ 时,文化创意企业必须向银行借款 $c+(1+r_i)m(1,L)-c_0$ 才能从事该文化活动项目,并承诺相应的贷款利率 r。

(1) 文化创意企业不购买保险

当文化创意企业不购买保险时,需要向银行借款 $c-c_0$,到期还款为 $(c-c_0)(1+r)$。当文化创意企业未来的现金流 $(R-\xi)^+ \geq (c-c_0)(1+r)$ 时,能够偿还银行贷款本息,否则文化创意企业破产,银行只收回企业残值。因此,银行的未来现金流为:

$$Y = \begin{cases} (c-c_0)(1+r) & \xi \leq R-(c-c_0)(1+r) \\ R-\xi & R-(c-c_0)(1+r) < \xi < R \\ 0 & \xi \geq R \end{cases} \quad (7-2)$$

对于银行来说,一般需要根据国家的金融政策以及金融市场的竞争程度来确定对文化创意企业的融资方案。如果国家规定利率是固定的,那么银行就需要通过贷款限额来控制风险,给定银行利率 r,银行不良贷款率超过 α 的概率可以表示为:

$$\begin{aligned} &\Pr\{R-\xi \leq (1-\alpha)(c-c_0)(1+r)\} \\ &= 1-F[R-(1-\alpha)(c-c_0)(1+r)] \end{aligned} \quad (7-3)$$

若国家规定银行的风险上限不能超过 β,则文化创意企业的收益与贷款量之间的关系必须满足 $R \geq (1-\alpha)(c-c_0)(1+r)+F^{-1}(1-\beta)$ 时,银行才会向文化创意企业提供贷款。可以看出,在无保险下,文化创意企业要想获得银行贷款开展文化活动,需要满足以下三个条件之一:一是给定银行贷款条件及文化创意企业资金缺口,文化创意企业的未来收益高于一定的临界值;二是给定银行贷款条件及文化创意企业未来收益,文化创意企业资金缺口小于一定的临界值;三是给定文化创意企业的资金缺口和未来收益,银行的风险上限高于一定的临界值或贷款利率低于一定的临界值。

(2) 文化创意企业购买保险

根据上文的分析,当 $R<(1-\alpha)(c-c_0)(1+r)+F^{-1}(1-\beta)$ 时,若文化创意企业不购买保险,则银行不会向其提供贷款;而如果文化创意企业购买保险,则需要向银行借款 $c+(1+r_i)m(l,L)-c_0$,到期还款 $[c+(1+r_i)m(l,L)-c_0](1+r)$。文化创意企业未来的现金流为:

$$\pi = \begin{cases} R-\xi & \xi<l \\ R-l & l<\xi<l+L \\ R-\xi+L & \xi\geqslant l+L \end{cases} \quad (7-4)$$

因此,给定银行利率 r,要让银行不良贷款率超过 α 的概率不超过 β,必须满足 $R-l \geqslant (1-\alpha)[c+(1+r_i)m(l,L)-c_0](1+r)$,同时还需要满足:

$$\Pr\{R-\xi+L \leqslant (1-\alpha)[c+(1+r_i)m(l,L)-c_0](1+r)\}$$
$$= 1-F\{R+L-(1-\alpha)[c+(1+r_i)m(l,L)-c_0](1+r)\} \leqslant \beta \quad (7-5)$$

结合以上两个条件,可以总结得出,银行向文化创意企业提供贷款必须满足:

$$R \geqslant (1-\alpha)[c+(1+r_i)m(l,L)-c_0](1+r)+ \quad (7-6)$$
$$\max[F^{-1}(1-\beta)-L, l]$$

可以看出,在文化创意企业购买保险情况下,要想达到银行贷款的标准,文化创意企业未来收益与资金缺口仍然需要满足一定的条件,即资金缺口不能过大,未来收益不能过小。同时,当保险的免赔额与最高赔付水平之和高于一定的临界值,即 $l+L \geqslant F^{-1}(1-\beta)$ 时,银行的风险上限就不起作用了,也就是说只要购买合适的保险产品,银行一定可以将其不良贷款率控制在一定的范围内。

假设文化创意企业从事某文化活动的预期收益 R=100 万元,从事该文化活动中发生的损失 ξ 服从 0~100 万元的均匀分布。银行的目标不良贷款率 α=5%,国家规定的风险上限 β=1%,银行提供给文化创意企业的利率 r=10%。保险公司的保留利润率为 $r_i=10\%$。通过计算,可以发现当文化创意企业的资金缺口小于 0.9569 万元时,$R \geqslant (1-\alpha)(c-c_0)(1+r)+F^{-1}(1-\beta)$ 成立,文化创意企业不需要运用保单质押就可以从银行获得贷款;而当文化创意企业的资金缺口大于 0.9569 万元时,文化创意企业需要通过保单质押才能获得银行贷款。下面分别考虑文化创意企业的资金缺口为 10 万元和 20 万元时,保单质押融资的可行区域随保险的免赔额 l 和最高赔付水平 L 的变化情况,如图 7-3 和图 7-4 所示。

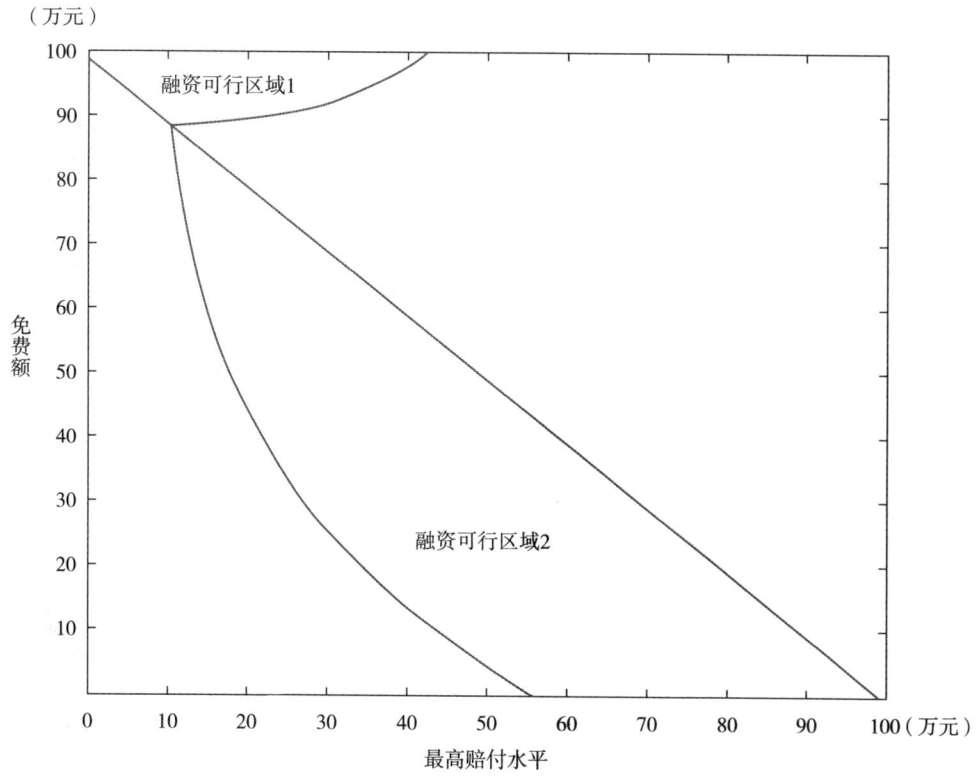

图 7-3 文化创意企业资金缺口为 10 万元时,保单质押可行区域

注:图中的曲线表示式(7-6)取等号时的情况,当 $l+L \geq F^{-1}(1-\beta)$ 时,由于式(7-6)右边随 L 递增,故要保证式(7-6)成立,需取曲线的左边区域;当 $l+L<F^{-1}(1-\beta)$ 时,由于式(7-6)右边在 $l+L>$ 13.1 时会随 L 递减,故要保证式(7-6)成立,需取曲线的右边区域。

从图 7-3 和图 7-4 可以看出,保单质押融资存在两个可行区域,当保险的免赔额与最高赔付水平之和高于一定的临界值时(即图中直线的右上方),给定保险的免赔额,只要最高赔付水平低于一定的值,或给定保险的最高赔付水平,只要免赔额高于一定的值,银行就可以提供保单质押融资,该区域我们称为融资可行区域 1;当保险的免赔额与最高赔付水平之和低于一定的临界值时(即图中直线的左下方),给定保险的免赔额,只要最高赔付水平高于一定的值,或给定保险的最高赔付水平,只要免赔额高于一定的值,银行就可以提供保单质押融资,该区域我们称为融资可行区域 2。在融资可行区域 1,银行一定可以将其不良贷款率控制在一定的范围内;在融资可行区域 2,银行会面临一定的风险,即其不

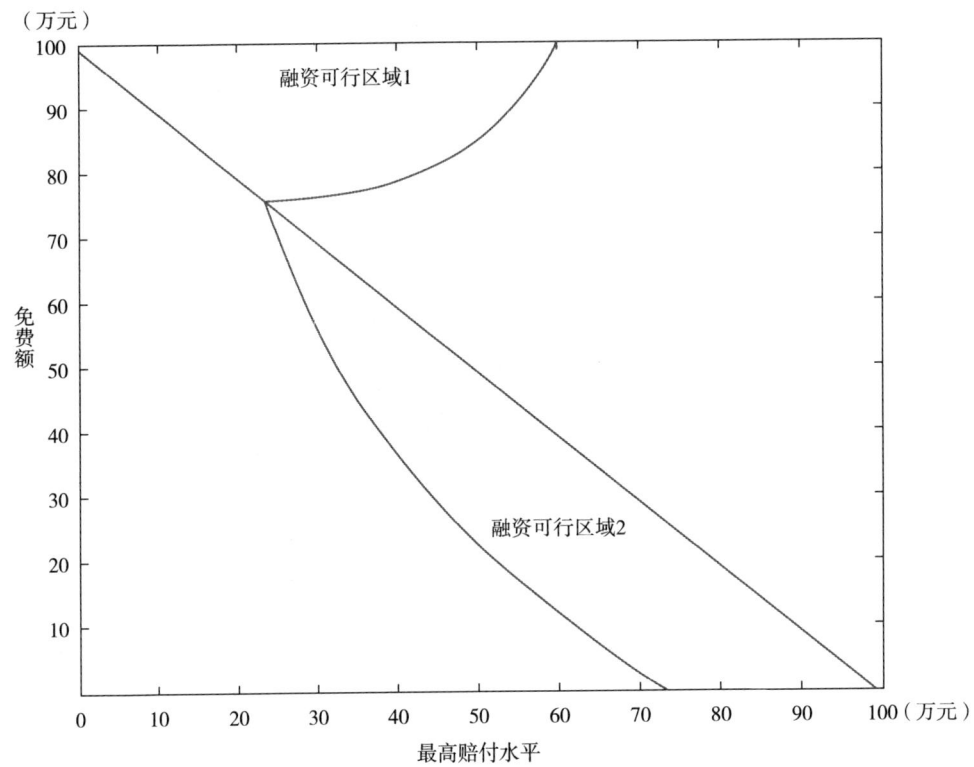

图 7-4　文化创意企业资金缺口为 20 万元时，保单质押可行区域

良贷款率可能超出其目标值 5%，但该风险发生的概率不会超过 1%。由于融资可行区域 1，保险的免赔额较高，此时保险费用会比较低，保险公司只承担文化创意企业高损失后的部分风险；而在融资可行区域 2，保险的免赔额较低，此时保险费用会比较高，文化创意企业也需要从银行获得更多的贷款。

从图 7-3 和图 7-4 的比较可以看出，随着文化创意企业资金缺口的增大，保险需要提供更高的最高赔付水平，才能保证银行向文化创意企业提供贷款。同时，还可以看出，随着文化创意企业资金缺口的增大，融资可行区域 1 变大，而融资可行区域 2 变小；这就意味着随着文化创意企业资金缺口的增大，银行希望将保险的免赔额设高，这样保险费用会降低，保险公司只承担文化创意企业面临高损失时的风险。

本章小结

由于中小文化创意企业抗风险能力差，商业银行在提供融资时会设置信贷限额，从而影响了中小文化创意企业的融资能力。本章针对文化创意企业融资中的风险问题，提出通过购买保险的方式，将保单质押给银行，从而转移银行的信贷风险。首先对文化创意产业风险的可保性进行了分析，研究发现文化创意产业中有大量同质的风险存在、损失的发生是意外的、已经发生的损失容易测定、被保险人的大多数不能在同时遭受损失，因此满足风险可保性的四个条件。其次将文化创意产业风险分成三类，即文化活动过程中的风险、文化创意企业本身的风险、文化内容的风险，针对各类风险对保险产品进行了匹配。接着设计了各种保险产品对应的中小文化创意企业保单质押融资模式：一是适合文化活动财产保险、文化活动公众责任保险、文化活动取消保险、文化人员意外和健康保险、文化内容知识产权侵权保险、文化活动综合保险的文化创意企业投保模式；二是适合文化创意企业信用保险、文化创意企业保证保险的商业银行投保模式；三是商业银行与保险公司合作模式。最后针对带免赔额和最高赔付水平的商业保险，研究了文化创意产业保单质押融资的服务定价，给出了保险公司的保费决策及相应情况下银行提供贷款的条件；研究发现随着文化创意企业资金缺口的增大，保险需要提供更高的最高赔付水平，才能保证银行向文化创意企业提供贷款，并且银行希望提高保险的免赔额以降低保险费用。

8 促进我国文化创意企业融资创新的政策建议

虽然本书从融资渠道创新、融资质押方式创新、融资风险管理创新等方面提出了文化创意企业融资创新模式,但要使这些融资创新模式得到顺利实施,真正做到缓解文化创意企业的融资约束、提升融资能力和降低融资成本,还需要一系列政策保障措施,本章将分别从政府层面、金融机构层面、文化创意企业自身层面阐述实施文化创意企业融资创新模式的政策建议。

8.1 政府层面

由于文化创意产业属于新兴产业,目前发展还不太成熟,单纯依靠市场力量难以缓解文化创意企业尤其是中小企业的融资难问题,政府必须出台一系列政策进行扶持,具体包括对发展文化创意产业的扶持政策,鼓励金融机构提供文化金融服务的扶持政策,以及完善知识产权体系。

8.1.1 加大文化创意产业扶持力度

文化创意企业的融资难主要体现在中小微企业身上,因此应该专门出台关于扶持中小微文化创意企业的政策。文化创意产业的核心是文化创意,而文化创意可以与其他产业进行融合,这样可以借助其他产业的融资能力解决文化创意企业的融资难问题。因此,我们提出的文化创意产业扶持力度主要从以下两方面展开。

(1) 制定专门针对中小微文化创意企业的政策

文化创意产业是由数量众多的文化创意企业组成的,而在我国文化创意企业大多是中小微企业。国家虽然已经出台了很多政策,鼓励文化创意产业的发展,但是大多都是针对国有文化企事业单位的,专门针对中小微文化创意企业扶持的政策仍然不多。从发达国家的经验来看,文化创意企业的发展主要依靠中小微企业,以美国为例,80%的文化创意都是由中小微企业提出的。因此,我国政府应该尽快出台扶持中小文化创意企业发展的政策,激活民间资本的力量,营造有利于中小文化创意企业发展的公平竞争的文化市场环境。针对中小文化创意企业的融资难现状,政府对于文化创意产业的资金扶持,可以从以下两个方面展开:一方面要加大文化创意产业专项资金的投入,通过财政资金引导民间资本投入;另一方面要对文化创意产业实施相关的税收优惠政策,减轻中小文化创意企业的资金压力。同时,政府还应该加快文化创意产业公共服务平台建设,既包括技术层面也包括融资层面,技术层面主要是指文化领域关键共性技术的研发和扩散,融资层面是指文化创意产业投融资平台的开发。

(2) 促进文化创意产业与实体经济融合发展

政府应当鼓励文化创意产业与实体经济融合发展。2014年3月国务院已经出台了《参与推进文化创意和设计服务与相关产业融合发展的若干意见》,明确了文化创意和设计服务要与装备制造业、建筑业、信息业、农业等产业融合发展的任务。从发达国家的发展经验来看,文化创意产业与实体经济的融合度高达50%~60%,而在我国文化创意产业与实体经济的融合度只有20%。由于实体经济更能从传统金融渠道获得融资,文化创意产业与实体经济的融合能够充分利用实体经济的信用传导机制。例如,文化创意企业与实体经济融合发展后,作为实体经济的上游产业,可以采用供应链金融等融资创新模式缓解文化创意企业的资金约束问题。促进文化创意产业与实体经济的融合发展,就必须打破传统文化创意产业各部门、各地区分割管理的现状,加大文化体制改革力度,促进跨部门、跨地区的合作,为文化创意企业的发展提供良好的环境,推动文化创意产品的开发。

8.1.2 建立良好的文化金融环境

由于政府财政资金有限,要缓解文化创意企业的融资难问题,必须依赖社会资本和金融机构。政府部门应该从构建完善的文化创意产业投融资体系入手,鼓励社会资本和金融机构向文化创意产业开放,营造良好的文化金融环境。完善的文化金融环境可以从以下几方面展开。

(1) 鼓励文化创意类投资基金发展

政府应该鼓励文化创意类投资基金发展，通过财政资金的示范效应和杠杆作用，引导社会资本投入文化创意产业。在设立文化创意投资基金时，应该建立专项基金体系，根据目前我国文化创意产业产品供给和需求特点，以及文化产业供给侧改革目标，重点培育适应市场需求的具有坚定社会主义核心价值观的文化创意类产品。对于具有民族特色的中国传统文化而言，应该加大专项基金扶持力度，通过缓解传统文化企业的融资难问题，鼓励企业创新，引导市场培育新的消费习惯。

(2) 建立健全文化创意产业的征信体系

健全的文化创意产业征信体系可以提升向金融机构传递文化创意企业质量信号，缓解融资中的信息不对称现象。政府可以引导文化创意产业相关行业协会，建立创意产品质量和创意服务质量认证体系，建立文化创意企业分类评级体系，定期发布不合格创意产品和不合格创意企业名单。建立文化创意企业信用信息数据库，实现文化创意企业信用信息在不同地区、不同部门之间的共享，鼓励税收、工商等部门与金融机构、评估机构建立文化创意企业信用信息共享机制，运用大数据等技术构建文化创意企业的信用预测体系。

(3) 加强文化创意企业信用担保体系建设

虽然我国的信用担保体系建设已经有十多年的历史，即从1999年开始原国家经济贸易委员会就提出建立中小企业信用担保体系试点，但是目前我国的信用担保体系仍然存在着一些问题。首先，信用担保机构规模小，抵御风险能力差。针对此问题，政府可以设立担保基金，通过财政资金的风险补偿机制和再担保机制降低担保机构的风险。其次，由于文化创意企业价值评估困难，现有的信用担保机构不敢轻易涉足相关领域。针对此问题，政府应该鼓励行业协会发展专业性的文化创意类担保机构。

(4) 鼓励建立多层次融资渠道

随着我国金融市场的逐步发展，政府应该鼓励建立针对文化创意产业的多层次融资渠道。除了传统的银行渠道外，政府应该鼓励文化创意企业通过创业板、新三板等资本市场融资，扩大文化创意企业的债券融资规模，借鉴国外经验，发行"音乐债券"等创新型金融产品。随着互联网金融的发展，应该鼓励文化创意企业通过股权众筹、奖励众筹、网贷等渠道获得融资，加强对互联网金融平台的监管。同时，政府还应该鼓励文化创意企业通过应收账款质押、订单质押等供应链金融模式获得融资。

8.1.3 完善文化创意产业知识产权体系

文化创意企业的核心竞争力是创意，知识产权是其最重要的资产。要实现知识产权质押融资创新，就必须拥有完善的知识产权体系，包括知识产权保护体系、知识产权交易体系、知识产权质押体系等。

(1) 政府应该建立完善的知识产权保护体系

知识产权保护不仅关系到文化创意企业的融资，也关系到文化创意企业的生存。政府应加强知识产权立法工作，在《中华人民共和国物权法》《中华人民共和国著作权法》《中华人民共和国商标法》《中华人民共和国专利法》的基础上，尽可能将文化创意企业的所有创意活动涵盖其中。建立多层次司法保护体系，同时运用行政制度和仲裁制度保护文化创意企业的知识产权。政府还应该发挥行业协会的专业作用，与行业协会一起，协调文化创意企业之间的知识产权纠纷。

(2) 政府应该建立完善的知识产权交易体系

制约我国商业银行等金融机构提供知识产权质押融资业务的一个重要原因，就是我国缺乏完善的知识产权交易市场。一旦知识产权质押企业违约，银行等金融机构将面临质押物难以处置变现的风险。因此，健全我国知识产权交易市场的流转体系，对于银行等金融机构开展知识产权质押融资业务有很大的激励作用。一方面，应该完善知识产权登记制度，建立起全国统一的知识产权动态信息数据库，以方便知识产权交易、知识产权质押、知识产权评估、知识产权维权等各方查询知识产权的归属状态、经营状态、市场价格等相关信息。另一方面，应该整合各地的知识产权信息交易平台，建立沟通机制，降低不同地区之间的知识产权交易成本。

(3) 政府应该建立完善的知识产权质押体系

虽然目前已有一些法律法规对我国的质押融资制度进行规范，但这些法律法规大多只适用于不动产质押及货物等有形动产的质押，对于版权、商标、专利等知识产权质押的法律法规并不完善。我国应该在现有《中华人民共和国物权法》《中华人民共和国担保法》和《中华人民共和国著作权法》的基础上，对知识产权的财产属性、知识产权的许可制度、知识产权转让的条件、知识产权质押的范围等进行修订和完善。同时，政府文化部门、财政部门、银保监会应联合制定《知识产权质押融资管理办法》，明确知识产权质押融资的操作流程以及商业银行、担保机构、评估机构、文化创意企业等各主体职责，为文化创意企业开展知识产权质押融资服务提供指导。

8.2 金融机构层面

金融机构作为文化创意企业融资的提供方，既要加强文化金融业务创新，开发针对文化创意企业的融资产品，又要加强文化金融的风险管理，降低信贷风险。同时，各类金融机构之间应该加强合作，利用各自的专业优势向文化创意企业提供全方位的融资服务。

8.2.1 加强文化金融创新

文化金融创新可以从两个方面展开，一方面是传统金融渠道的业务创新，如商业银行提供文化金融服务；另一方面是金融渠道自身的创新，如互联网金融公司通过众筹提供文化金融服务。

(1) 加强传统金融渠道的业务创新

传统金融渠道一般是指以商业银行为代表的信贷融资渠道。在"金融脱媒"和国家鼓励文化产业发展的大背景下，商业银行应该不断加强文化金融创新，开发针对文化创意企业的信贷产品，为自身寻找新的业务增长点。由于文化创意产业有其自身的特点，商业银行可以成立专门的文化创意产业信贷部门，培养专业人才，打造文化创意产业信贷品牌。例如，北京银行推出了"创意贷"品牌，成为国内最早专门针对文化创意产业开展业务的商业银行。与制造企业的固定资产不同，文化创意企业的主要资产是知识产权，因此商业银行应该大力发展知识产权质押贷款。

(2) 金融渠道自身的创新

随着金融市场的创新以及互联网的发展，以互联网金融为代表的新兴融资渠道发挥着越来越重要的作用。无论是商业银行拓展互联网金融渠道，还是电子商务公司跨界金融行业，都为文化创意企业的融资带来了机遇。众筹平台作为互联网金融的主要模式，应该发挥其"互联网+"和普惠金融的优势，开展文化创意企业的众筹融资活动。目前我国众筹平台大多属于综合类，其功能主要是审查项目、联结项目发起人与投资人的契约关系、借助第三方托管机构保护投资人资金等。由于各平台同质化现象比较严重，经营创意不足。众筹平台应该向垂直化转型，针对文化创意产业，构建集融资、创作、推广、销售为一体的专业化文化创意类众筹平台。除了提供融资功能外，众筹平台还应该提供一系列的专业服务和资源渠道，帮助创作者将创意变成项目落地实施。

8.2.2 加强文化金融风险管理

从金融机构的角度加强文化金融风险管理也可以从两个方面展开：一是建立专门的文化金融风险管理机构，如文化产业担保公司，利用文化产业担保公司分散传统融资渠道的风险；二是加强金融机构自身的风险管理，尤其是新兴金融机构如众筹平台的风险管理。

（1）建立文化创意产业担保体系

由于文化创意企业资产的特殊性、创作和经营的不确定性，使得担保公司很少涉足文化创意产业，我国目前缺乏专业性的文化创意产业担保公司。要实现诸如知识产权质押等专门针对文化创意企业的融资担保体系，就需要成立专业的知识产权资产担保机构。针对担保机构在进行知识产权质押融资业务时存在的风险，可以通过成立再担保公司、发展集群式担保、构建多元化分担机制等方式，降低担保机构的业务风险。

（2）加强金融机构自身的风险管理

代表互联网金融创新的众筹平台，在文化创意产业融资中起着重要的作用。然而，由于互联网金融风险过大，即使是有意向的投资人也会有所顾虑。众筹融资的风险主要来自两个方面：一方面是平台携投资人资金跑路的情况；另一方面是文化创意企业在获得众筹资金后，因企业能力受限，无法按照与投资人和众筹平台事先约定的时间完成创意产品，也会出现违约情况。对于众筹平台的风险，可以使用资金第三方托管的形式解决；而对于文化创意企业的风险，则需要众筹平台从调查项目发起人的资信能力、加强基金管理、信息披露和隐私保护等方面增加社会公众对平台的信任感和忠诚度。

8.2.3 加强金融机构之间的合作

虽然目前金融机构混业经营较多，但是各类金融机构仍然有其特长之处，专业化的金融机构之间合作才能更好地服务于实体经济，缓解文化创意企业的融资难问题。例如，商业银行与保险公司之间的合作，商业银行与互联网金融公司之间的合作。

（1）加强商业银行与保险公司的合作

应该加强商业银行与保险公司的合作，发挥商业银行的资金优势和保险公司的风险管理优势，为文化创意企业提供融资服务。为了降低文化企业的运营风险，2011年原国家文化部和原中国保监会联合发布了《关于保险业支持文化产业发展有关工作的通知》，列明支持文化产业实施演艺活动财产保险、演艺活动取消保险、展览会综合责任保险等。由于文化创意企业融资的风险大多来自其经营风险，通过与保险公司合作，银行等传统金融机构可以降低其融资风险。作为保险公司来说，应该针对银行信贷开展金融创新，积极开拓文化创意产业保险产品，包括针对经营风险的财产保险产品和针对融资风险的信用保险产品，发挥其分散融资信用风险的功能。

（2）加强商业银行与互联网金融公司之间的合作

虽然互联网金融的发展给商业银行带来了一定的冲击，但同时也提供了机遇，商业银行与互联网金融公司之间不一定非得是竞争关系，也可以合作。例如，2017年3月，阿里巴巴、蚂蚁金服与中国建设银行签署了三方战略合作协议，开启了商业银行与互联网金融公司的合作之门。互联网金融公司与商业银行之间的合作，既能发挥商业银行的资金优势，又能利用互联网金融公司客户资源和大数据分析的优势，为更多的文化创意企业提供全方位、低成本的融资服务。文化创意企业通过互联网金融平台切入，互联网金融公司通过大数据分析结合商业银行的信用记录进行信用风险评价，商业银行利用资金优势发放贷款，互联网金融公司利用信息优势进行贷款后风险的控制。

8.3 文化创意企业层面

对于文化创意企业来说，要想缓解资金约束问题，不仅要加强自身建设，开展文化创意产品的内容创新，提高企业信用等级，增加从银行等传统金融机构获得融资的可能性；同时，还可以拓宽融资渠道，利用众筹平台等模式获得融资。

8.3.1 加强文化产品内容创新

创新是企业的灵魂，对于文化创意企业来说也是如此。文化创意企业要提高自身的竞争力，向市场销售满足顾客需求的文化创意产品，就必须要加强文化产品内容创新。文化产品的创新可以让文化创意企业以更高的价格向市场销售产品，从而获得较高的利润率。文化创意企业的利润率提高，一方面可以使企业减少对负债融资的依赖性，通过内源融资的模式获得企业发展所需要的资金；另一方面企业的高利润率可以吸引外部投资者，增加其外部融资，尤其是股权融资能力。随着我国知识产权评估、交易、流转、质押等体系的不断完善，文化创意企业加强文化产品内容创新，还可以通过版权、著作权、专利等方式获得更多的无形资产，从而通过知识产权质押方式从银行获得融资。即使不能直接通过知识产权质押的方式从银行获得贷款，外部投资者在考察文化创意企业时，也会关注其创新能力，因此，文化创意企业产品内容创新能力的增强也有助于企业从外部渠道获得融资。

8.3.2　提高企业信用等级

文化创意企业要想从银行等金融机构获得信贷融资，需要不断提升其自身的信用等级。由于银行等金融机构在提供信贷融资时，大多会关注企业的财务指标，因此文化创意企业通过实施企业内部控制、加强财务风险管理可以增加其从银行等金融机构获得信贷融资的能力。从前文的研究结论可以看出，文化创意企业可以增加其可担保资产的价值，通过提高流动资产周转率以凸显其营运能力，通过提高净资产收益率以凸显其盈利能力，对于大多数文化创意企业来说，这些手段都可以提高银行等金融机构对其的信用评级。对于演艺和旅游行业来说，可以扩大企业规模；对于影视行业来说，可以提高净利润的增长率以凸显其成长能力，也能提高银行等金融机构的信用评级。

除了财务指标之外，企业的信用评级还体现在公司经营的各个方面，比如公司与供应商、客户、投资人、债权人、政府等利益相关者之间的各种关系。因此，文化创意企业要提高企业的诚信经营意识，积极承担相应的企业社会责任，按时支付供应商的货款，不拖欠员工的工资，准时偿还银行贷款，提高企业信息披露质量等。随着大数据等技术的应用推广，文化创意产业的信用评价体系也会越来越完善，任何不诚信的经营方式都会降低企业的信用等级，从而影响其获得融资的能力。

8.3.3　拓宽融资渠道

对于文化创意企业来说，除了依赖传统信贷融资渠道之外，还应该积极拓展其他融资渠道。由于文化创意企业的消费者往往是具有独特爱好的专业群体，这些群体除了对创意有专业的判断之外,还希望通过预订获得差异性的稀缺服务。因此,文化创意企业可以通过众筹模式,向消费者提供预售和个性化服务,以获得项目所需要的资金。除了众筹模式之外,文化创意企业还可以通过其他渠道获得融资。在初创期,文化创意企业可以通过政府专项资金资助、风险投资等方式获得融资;当企业发展成熟后,还可以借助资本市场获得融资,如通过新三板、创业板等上市融资。此外,对于知识产权的应用,除了前文提到的知识产权质押融资之外,文化创意企业还可以通过知识产权证券化的形式获得融资。与知识产权质押不同,知识产权证券化使得文化创意企业仍然能够保留对版权、著作权等的自主控制,实现知识产权的持续创新。

9 结论与展望

针对文化创意企业的融资困境,分析了影响文化创意企业融资能力的关键因素,在此基础上,提出了运用众筹、版权质押、保单质押三种创新融资模式来解决文化创意企业融资难困境。本书的研究取得了一些有意义的结论,但也存在一些不足和值得进一步研究的问题。

9.1 本书的主要结论

本书运用对比研究法和总结归纳法分析了英国、美国、法国、日本以及我国文化创意产业的发展状况与融资模式,研究发现与发达国家相比,我国文化创意企业主要存在融资渠道单一、融资质押缺乏创新、融资风险大三个方面的问题,对问题产生的原因进行了分析,并通过实证研究对影响文化创意企业融资能力的关键因素进行了分析,从融资渠道创新、融资质押方式创新、融资风险管理创新三个方面提出了文化创意企业融资创新模式,最后提出促进我国文化创意企业融资创新的政策建议。具体研究结论如下:

1) 从融资环境、市场环境、企业特质、政策因素四个方面考察了相关因素对文化创意企业融资能力的影响,提出理论假设,通过收集新三板上市的文化创意企业相关数据,对影响文化创意企业融资能力的关键因素进行实证检验。

研究发现文化创意企业的可担保资产价值、净资产收益率、流动资产周转率会对其融资能力产生正向影响;金融政策越好的地区,文化创意企业更容易获得负债融资;随着文化创意企业总资产报酬率和速动比率的增加,其获得内源融资和股权融资的能力越强,会减少对负债融资的依赖。研究还发现文化创意企业的无形资产实力，有助于增强各种因素对其融资能力的提升作用；但是无形资产并没有直接增加文化创意企业的负债融资，这恰恰说明我国的无形资产质押融资体系还不完善，我国迫切需要鼓励金融机构建立针对文化创意企业的版权质押等创新型融资模式。

2）众筹作为一种新兴的互联网金融模式，为中小微文化创意企业融资提供了新的渠道。首先从文化创意类项目众筹平台的功能定位以及交易流程两个方面对文化创意企业众筹交易的运作模式进行了分析，其次选取 2013 年 9 月至 2015 年 9 月在众筹网上成功筹资的演艺类项目作为样本，运用实证研究的方法分析了众筹成功项目的支持者投资行为随时间的动态变化。

研究发现支持者人数的增加在项目筹资期内呈现小 U 形特征，即在项目的前期，支持者数量会随时间递减，而在项目的后期，支持者数量会随时间递增，并在最后一天会下降；此外，项目在筹资过程中，支持者的投资行为存在明显的羊群效应，而视频宣传可以显著降低这一效应。

3）版权质押融资可以充分利用文化创意企业的版权资产价值，有效缓解文化创意企业的融资难问题，而在文化创意企业版权质押融资过程中，版权价值评估是必不可少的环节，首先对文化创意产业版权质押融资的必要性与可行性进行了分析；其次对我国文化创意企业版权质押融资模式的运行机制进行了设计，针对目前我国文化创意企业版权价值评估存在的诸如评估指标选择不合理、评估方法选择上不是很准确，在实际评估中容易出现滥评或漏评等状况，结合 VaR 风险度量方法与模糊综合评价法构建了基于质押的文化创意企业版权价值评估体系；最后通过实证数据对评估体系的有效性进行了检验。

针对现有版权质押融资服务模式中，政府、担保机构、评估机构之间相互独立，各参与方之间信息沟通少，不利于融资风险的分散与控制的状况，提出版权质押融资服务平台主导下的"政府贴息+独立评估+反担保"的版权质押融资模式。鉴于现有版权评估方法对于版权价值评估的局限性，综合成本法、市场法和收益现值法的优势，同时考虑到质押融资的风险因素，构建了文化创意版权价值评估的指标体系和版权价值 VaR 评估模型。结合专家评估与真实的市场交易价格，得出被评作品版权的最终质押价值除了与版权自身的技术因素、当前面临的风险有关之外，还与银行等金融机构的风险厌恶程度有关。具体来说，银行的目标不良贷款水平越高，银行的风险上限越高，版权的质押价值越大。

4）针对文化创意企业融资中的风险问题，提出通过购买保险的方式，将保单质押给银行，从而转移银行的信贷风险。首先对文化创意企业保单质押融资的风险承保范围进行了分析。其次将文化创意产业风险分成三类，即文化活动过程中的风险、文化创意企业本身的风险、文化内容的风险，并针对各类风险对保险产品进行了匹配。再次，设计了各种保险产品对应的中小文化创意企业保单质押融资模式，包括文化创意企业投保模式、商业银行投保模式、商业银行与保险公司合作模式。最后，针对带免赔额和最高赔付水平的商业保险，研究了文化创意产业保单质押融资的服务定价，给出了保险公司的保费决策及相应情况下银行提供贷款的条件。

研究发现文化创意产业中有大量同质的风险存在、损失的发生是意外的、已经发生的损失容易测定、被保险人的大多数不能在同时遭受损失，因此满足风险可保性的四个条件。随着文化创意企业资金缺口的增大，保险需要提供更高的最高赔付水平，才能保证银行向文化创意企业提供贷款，并且银行希望提高保险的免赔额以降低保险费用。

9.2 研究展望

由于能力及时间所限，本书的研究在数据收集、研究方法等方面还存在着一些局限，还有很多问题值得进一步深入研究，这些也将是笔者以后的研究方向，具体表现在：

1）对于文化创意企业融资能力的研究，本书仅以 2014~2015 年新三板上市的中小文化创意企业作为研究对象进行了实证分析，没有收集未上市的中小微文化创意企业数据。未来可以通过实地调研，走访各地中小微文化创意企业，收集数据，来进一步分析中小微文化创意企业融资能力的影响因素，这样结论可能更加具有普适性，且可以分地域来考察中小微文化创意企业的融资能力。

2）众筹融资模式分析中，本书选择 2013 年 9 月至 2015 年 9 月在众筹网上成功筹资的演艺类项目作为样本，分析了众筹成功项目的支持者投资行为随时间的动态变化。但是由于在众筹网上没有搜集到未成功众筹项目的数据，因而没有考虑众筹项目失败的影响因素及原因。此外，不同的众筹类网站，对项目融资成功是否有影响，这也是未来值得研究的问题。

3）由于基于质押融资的文化创意企业版权价值评估一般属于企业的商业机密，想从同类市场中获得相关数据较难实现。本书只收集到影视剧方面的版权，未来如果能够收集到其他类型的文化版权，对模型进行验证，结论可能更具说服性。

4）在保险融资研究中，由于目前文化保险在实践中刚处于起步阶段，难以收集到实证数据，本书只是从理论层面针对带免赔额和最高赔付水平的商业保险，研究了文化创意产业保单质押融资的服务定价，并没有运用具体数据对其进行证明。未来随着文化保险市场的成熟，可以通过收集文化创意企业投保的相关数据，对其进行实证分析。

附 录

附录一 众筹数据汇总

单位：元，%，天

序号	项目名称	项目起止时间	目标金额	总投资金额	筹资成功比（%）	第几天筹资成功	持续时间	支持者数量	第1天支持者人数	第1天支持金额	第7天…	第7天…	倒数第1天…	倒数第1天…	倒数第7天…	倒数第7天…	是否有视频（1=是）
1	西藏原创舞蹈微电影《香巴拉》	2015.08.06—2015.11.04	100000	130137	131	12	91	341	67	6353	14	3014					1
2	汉服微电影《忠良》北京电影学院学生	2015.08.11—2015.09.30	20000	22760	114	28	51	300	1	100	3	133	2	130	2	60	0
3	LoveMuses舞团公演众筹	2015.09.16—2015.10.08	5000	8528	171	1	22	48	31	5544	0	0	2	0	2	204	1
4	「尴卵尬」粤语网络电台—听众见面会	2015.09.09—2015.10.04	10000	12186	122	6	16	124	33	3137	1	120	0	0	0	0	0
5	话剧《时光的故事》真诚募资金	2015.08.28—2015.09.27	10000	10250	103	28	31	30	21	1750	0	0	0	0	0	0	0
6	G.I.F.T芦苇28岁演唱会众筹，为梦想加油	2015.08.05—2015.09.04	62888	62889	101	18	31	399	268	49168	3	84	0	0	0	0	0

续表

序号	项目名称	项目起止时间	目标金额	总投资金额	筹资成功比(%)	第几天筹资成功	持续时间	支持者数量	第1天支持人数	第1天支持金额	第7天…	第7天…	倒数第1天…	倒数第1天…	倒数第7天…	倒数第7天…	是否有视频(1=是)
7	李维基TOGETHER演唱会 武汉站	2014.11.12—2014.12.17	80000	294400	368	15	36	230	12	15360	1	1280	5	6400	10	12800	1
8	谭维维"北京所欲为"演唱会门票&福利众筹	2015.04.16—2015.05.15	100000	101148	102	12	30	3172	6	1535	7	7847	0	0	0	0	0
9	倡行·斯里兰卡爱情朝圣之旅纪录片	2015.07.22—2015.08.12	12000	14056	118	17	22	1150	3	109	19	295	21	149	97	937	1
10	张赫宣翻唱专辑《点赞》限量众筹!	2014.12.12—2014.12.31	30000	60383	202	3	20	1032	1	58	37	2146	1	88	86	5012	0
11	电视访谈系列片《创业美国》	2014.12.15—2015.01.14	10000	53190	532	1	31	445	105	17365	7	205	1	1	5	5	1
12	神谷浩史39岁生日应援	2015.12.02—2015.12.04	50000	181600	364	2	3	289	24	18500	0	0	71	31300	0	0	0
13	紧急计划:金字彬FM上海站、握手会追加?	2014.03.14—2014.03.20	300000	341312	114	7	7	257	123	197544	5	1766	5	1766	123	197544	0
14	[苦乐年华与爱情有关]倾听来自丽江的声音	2015.07.14—2015.09.12	30000	30904	104	58	61	252	2	2	1	159	2	218	0	0	1

续表

序号	项目名称	项目起止时间	目标金额	总投资金额	筹资成功比(%)	第几天筹资成功	持续时间	支持者数量	第一周支持者数量及金额			最后一周支持者数量				是否有视频(1=是)
									第1天支持者人数	第1天支持金额	第7天…	第7天…	倒数第1天…	倒数第1天…	倒数第7天…	倒数第7天…	
15	一吻定情~Love in Tokyo 甜蜜众筹	2014.12.22—2014.12.26	500000	985260	198	4	5	249	0	0	0	0	0	0	0	0	0
16	Girls' Generation 七周年联合应援(深圳站)	2014.09.05—2014.09.15	1000000	1032431	104	11	11	802	7	304	18	21922	756	1009590	0	0	0
17	刘思涵《拥抱你》Live 巡回音乐会上海站	2013.10.28—2013.11.19	280000	281485	101	23	23	1041									0
18	法国 PBP 1230 公里 90 小时单车毅行	2015.07.14—2015.08.03	5000	12248	245	2	22	150	58	3535	3	60	7	768	3	143	0
19	拍遍北京城关注	2014.11.16—2015.01.27	200000	312416	157	71	73	694	0	0	0	0	0	0	0	0	0
20	杨坤"今夜 20 岁"2014 北京演唱会	2014.08.14—2014.08.15	1000000	1002900	101	2	2	269	18	213450	0	0	251	789450	0	0	0
21	海外创新企业家访谈录《创业美国》	2015.08.24—2015.09.15	100001	102003	103	23	23	67	23	3135	5	418	1	101	1	501	1
22	Tamas Wells 北京首演	2014.05.29—2014.06.20	3000	57840	1928	14	23	141	0	0	1	280	13	5320	8	3200	1

续表

序号	项目名称	项目起止时间	目标金额	总投资金额	筹资成功比(%)	第几天筹资成功	持续时间	支持者数量	第一周支持者数量及金额				最后一周支持者数量				是否有视频(1=是)
									第1天支持人数	第1天支支持金额	第7天…	第7天…	倒数第1天…	倒数第1天…	倒数第7天…	倒数第7天…	
23	青春从未逝去,只需音乐	2015.04.27—2015.05.17	100000	102765	103	21	21	247	86	10641	7	3043	0	0	1	10000	0
24	"一年之白"	2015.07.14—2015.09.13	61000	61105	101	60	61	176	0	0	0	0	2	58	0	0	0
25	[7.4]邓超演绎《分手大师》逗比大爬梯	2014.06.26—2014.07.04	3000	43128.6	1438	2	9	251	5	977.4	38	7096	3	532.2	16	2085	0
26	中国光大银行员工自创微电影关注	2015.03.03—2015.04.02	30000	73405	245	2	30	302	0	0	2	2	1	2000	0	0	0
27	留美大学生毕业作品独立电影《当年情》	2015.08.11—2015.09.10	15000	18190	122	19	31	91	0	0	13	1340	0	0	1	17	0
28	404乐队首张EP《Plasma Ball》	2015.07.13—2015.08.02	6000	11064	185	8	21	178	61	1292	9	745	17	1074	1	1	1
29	中国首部3D户外电影《七十七天》	2014.08.22—2014.09.16	200000	200634	101	26	26	152	15	450	6	7610	14	27402	6	35390	1
30	2015打工春晚关注	2014.11.13—2015.01.18	50000	59160	119	60	67	233	8	1910	17	2450	0	0	0	0	1

续表

序号	项目名称	项目起止时间	目标金额	总投资金额	筹资成功比(%)	第几天筹资成功	持续时间	支持者数量	第一周支持者数量及金额					最后一周支持者数量					是否有视频(1=是)
									第1天支持人数	第1天支持金额	第7天…	第7天…	倒数第1天…	倒数第1天…	倒数第7天…	倒数第7天…	
31	独立黑暗邪典系列漫画《拾音器》第一部	2015.05.25—2015.08.23	20000	25208	127	91	91	140	30	8910	4	6	0	0	0	0	1
32	《温暖的路》烟台首部公路暖心微电影	2015.05.21—2015.07.30	25000	30395	122	28	71	183	40	3612	0	0	3	311	5	422	0
33	大型舞台秀《太极图》上海站	2014.04.21—2014.05.22	398000	761840	192	15	32	193	0	0	0	0	92	360000	0	0	1
34	多味砂糖-佐藤健生日应援	2014.12.13—2015.01.09	90000	175650	196	25	28	357	0	0	0	0	65	33100	61	42600	0
35	张根硕圣诞众筹特别版专辑	2014.12.10—2015.01.09	10000	79905	800	29	31	137	1	70	2	70	0	0	0	0	0
36	《男神时代》九月二号,男神等你上!	2015.08.10—2015.08.30	1000	4374	438	4	21	82	23	191	2	20	0	0	0	0	1
37	纪录片《美国奇葩故事》	2015.06.24—2015.08.03	36000	36893	103	36	42	107	31	5660	1	100	0	0	3	16300	0
38	独立微电影《美图马良》	2015.08.04—2015.08.24	8000	8910	112	13	21	120	52	2265	1	100	0	0	1	10	0

续表

序号	项目名称	项目起止时间	目标金额	总投资金额	筹资成功比(%)	第几天筹资成功	持续时间	支持者数量	第一周支持者数量及金额				最后一周支持者数量及金额				是否有视频(1=是)
									第1天支持人数	第1天支持金额	第7天…	第7天…	倒数第1天…	倒数第1天…	倒数第7天…	倒数第7天…	
39	独立短片Cadence后期经费众筹	2015.07.20—2015.08.24	38000	40800	108	5	36	68	30	17050	0	0	0	0	0	0	1
40	Childs 2014北京首演	2014.03.25—2014.05.30	8870	18410	208	67	67	91	0	0	0	0	16	3070	0	0	0
41	CBA职业男篮热血MTV《一起陪他》	2015.06.15—2015.09.13	30000	30647	103	91	91	102	47	1522	0	0	0	0	0	0	1
42	瓯游食记：一封送给家乡美食的情书	2015.05.29—2015.07.28	15000	16442	110	11	61	129	38	1845	3	27	0	0	0	0	0
43	珺珺的私人专辑	2014.09.23—2014.12.02	6000	6290	105	64	71	168	20	975	1	30	1	30	0	0	0
44	微纪录片《那年，笔架山下》	2015.03.10—2015.06.08	52400	53480	103	89	91	138	0	0	0	0	1	79	0	0	0
45	西奥&津国MV众筹计划	2015.07.20—2015.09.18	50000	51740	104	50	61	124	0	0	0	0	0	0	0	0	1
46	[2014北京草莓音乐节]众筹启动！	2014.04.09—2014.04.29	50000	60240	121	21	21	233	2	360	8	1740	11	1980	47	19260	1

续表

序号	项目名称	项目起止时间	目标金额	总投资金额	筹资成功比(%)	第几天筹资成功	持续时间	支持者数量	第一周支持者数量及金额				最后一周支持者数量				是否有视频(1=是)
									第1天支持者人数	第1天支持金额	第7天…	第7天…	倒数第1天…	倒数第1天…	倒数第7天…	倒数第7天…	
47	纪录片《厦门沙坡尾》	2014.08.19—2014.10.28	40000	106120	266	3	71	118	0	0	5	390	4	290	0	0	1
48	日本指弹大师真明北京站	2015.02.06—2015.03.13	3000	17000	567	3	38	76	0	0	0	0	0	0	0	0	0
49	音乐纪录片《渡》:"藏票"	2014.07.16—2014.09.14	30000	31540	106	59	61	116	15	2510	2	400	0	0	0	200	1
50	北京大学汇丰商学院2015级MBA微电影	2015.08.20—2015.09.19	9999	17358	174	1	31	117	90	13210	0	0	0	0	0	0	0
51	飞行员启航乐队出众筹,2015窄巷子音乐	2015.07.01—2015.07.22	10000	10011	101	16	22	282	0	0	0	0	0	0	8	5000	0
52	大学生微话剧:纪念属于我们的大学时光	2015.03.30—2015.03.31	1000	2550	225	2	2	255	102	1020	0	0	153	1530	0	0	0
53	ZERO TO HERO—治火乐队(李政军)答谢演唱会	2015.05.19—2015.06.08	27580	27594	101	21	21	157	66	3710	3	401	5	151	0	0	1
54	北京·南锣鼓巷戏剧节	2014.06.17—2014.06.30	200000	232836	117	13	14	255	10	2596	9	9448	10	5460	17	6632	1

续表

序号	项目名称	项目起止时间	目标金额	总投资金额	筹资成功比(%)	第几天筹资成功	持续时间	支持者数量	第一周支持者数量及金额					最后一周支持者数量					是否有视频(1=是)
									第1天支持者人数	第1天支持金额	第7天...	第7天...	倒数第1天...	倒数第1天...	倒数第7天...	倒数第7天...	
55	[曙曦宜兴]拍摄众筹计划	2015.03.03—2015.06.01	50000	57013	115	53	91	120	29	9230	3	2199	0	0	1	299	1
56	香港大学学生独立电影《或者我是你》	2015.06.03—2015.08.02	8000	14106	177	35	62	61	4	200	1	500	0	150	0	0	1
57	荷兰Call It Off乐队演出众筹,2015	2015.07.01—2015.07.20	10000	10000	100	21	21	280	0	0	29	1165	3	150	0	0	0
58	日本SKALL HEADZ乐队演出众筹,2015	2015.07.01—2015.07.17	10000	10000	100	18	18	280	0	0	1	25	2	60	0	0	0
59	我的公仔屋为梦想而筹	2015.01.06—2015.01.21	200000	201423	101	15	16	70	0	0	0	0	9	108167	37	21890	0
60	2015校园爆笑校《文艺编导班》第一季	2015.06.11—2015.07.11	30000	32009	107	30	31	99	23	4600	6	482	15	19401	1	500	0
61	古剑手绘同人周边众筹啦啦啦	2015.05.19—2015.05.26	5000	21005	421	3	8	109	0	0	0	0	24	7180	33	3320	0
62	《奔跑吧!兄弟》微跑电影	2015.04.23—2015.05.10	10000	31963	320	3	18	99	33	8420	0	0	0	0	0	0	0

续表

序号	项目名称	项目起止时间	目标金额	总投资金额	筹资成功比(%)	第几天筹资成功	持续时间	支持者数量	第一周支持者数量及金额					最后一周支持者数量				是否有视频(1=是)
									第1天支持者人数	第1天支持金额	第7天…	第7天…	倒数第1天…	倒数第1天…	倒数第7天…	倒数第7天…	
63	厦门猫剧团原创话剧《美人计》	2014.07.15—2014.08.19	18850	20535	109	16	36	105	17	3465	1	35	0	0	1	240	0
64	《不下雪的北方一夜》海外制作团队独立电影	2015.01.08—2015.02.07	75800	75950	101	30	31	150	15	810	2	3100	1	100	1	100	1
65	2015春季黄·黑蓝(基番)周边	2015.05.28—2015.06.08	30000	69793	233	2	13	71	0	0	0	0	0	0	0	0	0
66	《空房同》——湖北美术学院学生独立微电影	2015.05.12—2015.08.10	5000	5620	113	94	104	88	0	0	3	1119	0	0	0	0	0
67	青春微电影《小情人》	2014.10.22—2015.01.20	8000	11040	138	10	91	148	33	470	10	740	0	150	0	0	1
68	音乐作品《芦苇小站肆号——岩咪》	2015.06.11—2015.07.11	50000	57293	115	31	31	89	1	0	9	3301	1	50	0	0	1
69	微电影《飞翔的卡卡》我们都要自由！	2015.06.19—2015.07.09	10000	12772	128	17	20	83	7	690	2	120	1	0	5	420	1
70	中央戏剧学院学生作业《展厅杀人事件》	2015.04.24—2015.07.23	20000	20001	101	29	29	101	33	1636	4	55	0	0	0	0	1

续表

序号	项目名称	项目起止时间	目标金额	总投资金额	筹资成功比(%)	第几天筹资成功	持续时间	支持者数量	第一周支持者数量及金额				最后一周支持者数量				是否有视频(1=是)
									第1天支持者人数	第1天支持金额	第7天…	第7天…	倒数第1天…	倒数第1天…	倒数第7天…	倒数第7天…	
71	独立短片——关注二胎新政，因真实而美丽	2015.03.04—2015.03.29	20000	21931	110	3	26	170	87	9260	1	10	0	0	0	0	1
72	"青春不朽·一陆梦话"新春欢唱会	2013.12.26—2014.01.09	20000	74778	374	14	15	56	15	57637	0	0	0	0	6	1194	1
73	《驯鼠记》—一波兰罗兹电影学院出品	2015.06.11—2015.07.11	20000	20042	101	27	31	48	27	9345	0	0	0	0	0	0	0
74	《因为单身的缘故》爆笑喜剧	2015.05.21—2015.05.26	15000	40540	271	6	6	68	0	0	0	0	0	0	0	0	0
75	烟台兄弟乐队首部原创歌曲MV	2015.05.14—2015.07.03	10000	10183	102	49	50	98	23	1835	0	0	5	0	0	0	1
76	2014 G.T.S VIP GATHERING IN 上海	2014.11.20—2014.12.05	60000	74940	125	2	16	60	0	0	0	0	6	6400	0	0	0
77	纪念迈克尔·杰克逊离开我们的五周年音乐剧	2014.06.04—2014.06.21	25000	30750	123	14	18	117	1	100	4	710	6	600	2	200	1
78	忆光华峥嵘，醉柳林故事	2015.04.17—2015.05.29	38000	39469	104	41	43	97	11	3110	0	0	0	0	0	0	0

续表

序号	项目名称	项目起止时间	目标金额	总投资金额	筹资成功比(%)	第几天筹资成功	持续时间	支持者数量	第一周支持者数量及金额					最后一周支持者数量				是否有视频(1=是)
									第1天支持人数	第1天支持金额	…	第7天…	第7天…	倒数第1天…	倒数第1天…	倒数第7天…	倒数第7天…	
79	公益微电影《幸福》	2015.07.01—2015.08.08	10000	10000	100	39	39	68	2	40		1	10	1	679	1	100	0
80	英国曼联足球学校训练营项目启动众筹	2015.07.10—2015.08.24	26000	26065	101	45	46	31	0	0		3	340	0	0	0	0	0
81	零零后中学生拍摄的京剧微电影	2015.03.16—2015.03.31	10000	24503	246	16	16	47	29	13601		3	201	0	0	0	0	0
82	青年独立短片——人体运毒	2015.02.05—2015.02.25	25000	25386	102	19	21	168	8	390		0	0	2	60	9	250	1
83	电影《怨灵人偶》户外大屏幕宣传资金众筹	2014.12.05—2014.12.21	20000	21250	107	12	17	235	25	1670		18	1296	2	20	30	5494	0
84	英国曼联足球学校训练营项目启动众筹	2015.07.10—2015.08.24	26000	26065	101	7	55	31	0	0		3	340	0	0	0	0	0
85	零零后中学生拍摄的京剧微电影	2015.03.16—2015.03.31	10000	24503	246	16	16	47	29	13601		3	201	0	0	0	0	0
86	独立短片电影——讲述城中村里的人性纠葛	2015.03.16—2015.04.05	8000	9321	117	20	20	86	44	2461		1	100	0	0	0	0	1

续表

序号	项目名称	项目起止时间	目标金额	总投资金额	筹资成功比(%)	第几天筹资成功	持续筹资时间	支持者数量	第1天支持人数	第1天支持金额	第7天...	第7天...	倒数第1天...	倒数第1天...	倒数第7天...	倒数第7天...	是否有视频(1=是)
											第一周支持者数量及金额		最后一周支持者数量				
87	话剧《九人》真诚募集资金	2015.05.13—2015.06.22	30000	30275	101	40	40	70	14	1656	3	780	0	0	2	3000	0
88	如果"娱乐"可以这样玩儿,就可以抱团取暖!	2014.10.22—2014.10.27	100000	295010	296	2	6	22	11	45008	0	0	0	0	11	45008	0
89	乐视帮你见C罗享受30万世界杯基金	2014.04.22—2014.05.17	400000	405376	102	25	26	32	3	1264	0	0	0	0	0	0	0
90	李盾老师音乐剧《爱上邓丽君》携手众筹	2014.07.25—2014.08.10	500000	500640	101	16	17	60	2	504	4	532	0	0	2	392	0
91	《民国旧梦·李刚》限量版珍藏黑胶!	2014.12.24—2015.02.01	20000	23534	118	28	39	52	2	520	0	0	1	68	1	68	0
92	年度必看《变形金刚4》黄金众筹场	2014.06.23—2014.07.03	1000	7425	743	3	11	71	0	0	0	0	6	594	5	495	1
93	Lu1乐队演出众筹	2015.07.01—2015.07.22	5000	5000	100	21	21	140	0	0	0	0	0	0	3	60	0

续表

序号	项目名称	项目起止时间	目标金额	总投资成功金额	筹资成功比(%)	第几天筹资成功	持续时间	支持者数量	第一周支持者数量及金额					最后一周支持者数量					是否有视频(1=是)
									第1天支持人数	第1天支持金额	第7天…	第7天…	倒数第1天…	倒数第1天…	倒数第7天…	倒数第7天…	
94	美国田园民谣Peter Bradley Adams 2014	2014.03.17—2014.04.03	8870	19634	222	18	18	131	0	0	0	0	24	1636.6	8	998.3	1
95	长沙MINEFM独立电台：让声音获得尊重	2015.01.20—2015.4.20	8000	18450	231	91	91	78	10	750	1	50	0	0	1	100	0
96	《多庆幸有你》音乐影带	2015.04.24—2015.05.24	20000	20001	101	31	31	84	36	5776	3	200	0	0	0	0	1
97	The Stink Mouth乐队演出众筹	2015.07.01—2015.07.22	5000	5000	100	20	20	140	0	0	0	0	0	0	2	35	0
98	跳伞F1游艇7+VIP高端体验俱乐部2014	2014.12.12—2014.12.22	980000	989983	102	8	11	17	0	0	0	0	0	0	0	0	1
99	[2014上海草莓音乐节]众筹启动！	2014.04.09—2014.04.29	30000	32880	110	21	21	121	0	0	1	180	3	540	3	540	1
100	成人童话电影《魔鬼的十三》	2015.04.13—2015.07.12	28000	28540	102	30	30	62	25	5340	2	1050	0	0	0	0	0
101	上戏原创社会讽刺喜剧《求哭》！	2015.03.16—2015.03.26	10000	15936	160	11	11	89	50	10552	3	584	0	0	5	428	0

续表

序号	项目名称	项目起止时间	目标金额	总投资金额	筹资成功比(%)	第几天筹资成功	持续时间	支持者数量	第一周支持者数量及金额				最后一周支持者数量				是否有视频(1=是)
									第1天支持人数	第1天支持金额	第7天…	第7天…	倒数第1天…	倒数第1天…	倒数第7天…	倒数第7天…	
102	微电影《堕落》	2015.06.15—2015.07.05	15000	15001	101	19	21	69	11	420	1	100	0	0	0	0	1
103	赴藏拍摄《摆渡》	2015.06.03—2015.07.03	5000	5373	108	30	30	36	14	1305	0	0	0	0	1	200	0
104	更新空间海洋球计划	2015.04.17—2015.05.10	5000	5350	107	24	24	96	0	0	20	990	1	35	0	0	0
105	深圳独立短片电影《行走西藏》	2015.02.05—2015.03.17	8000	8176	103	40	40	55	0	0	0	0	0	0	5	1420	0
106	青春正能量系列微短片	2014.12.09—2014.12.13	10000	39500	395	4	5	55	0	0	0	0	3	20000	0	0	0
107	中戏学生作品：话剧《部娘》众筹	2015.06.25—2015.07.10	10000	11628	117	1	16	65	15	1493	3	700	1	100	2	1100	0
108	单人艺术叙事：微拉音乐剧	2014.10.28—2014.12.02	30000	37260	125	13	35	56	2	2600	6	1320	0	0	1	1000	1
109	Luna SOS：我在不存在的时空轮回	2015.04.24—2015.06.08	21000	24010	115	33	46	61	0	0	1	50	0	0	0	0	1
110	厦门大学生原创微电影《卞和》	2015.01.06—2015.03.07	5000	9034	181	7	50	79	0	0	7	950	0	0	1	20	0

续表

序号	项目名称	项目起止时间	目标金额	总投资金额	筹资成功比(%)	第几天筹资成功	持续时间	支持者数量	第一周支持者数量及金额			最后一周支持者数量				是否有视频(1=是)
									第1天支持者人数	第1天支持金额	第7天…	第7天…	倒数第1天…	倒数第1天…	倒数第7天…	倒数第7天…	
111	2014全国昆曲传承汇报演出大师版《牡丹亭》	2014.12.11—2014.12.15	400000	400000	100	2	5	40	0	0	0	0	0	0	0	0	0
112	高禾熙2015个人演唱会	2015.06.06—2015.06.19	10000	11041	111	11	13	65	0	0	2	380	0	0	2	380	0
113	2014G.T.S VIP GATHERING IN 武汉	2014.11.20—2014.12.05	200000	200960	101	6	6	41	5	6400	0	0	0	0	5	6400	0
114	学生独立微电影《假如爱有天意》	2014.08.22—2014.10.21	5000	5110	103	51	61	59	6	180	0	0	1	100	0	0	0
115	[7.25] Lonely Drifter Karen北京首演	2014.07.07—2014.07.25	3000	9470	316	14	19	70	0	0	3	443.5	8	1175.7	2	177.4	1
116	2015 MJSH 致敬迈克尔·杰克逊大型演唱会	2015.08.17—2015.08.27	10000	10051	101	10	11	25	0	0	2	400	0	0	1	200	0
117	[10.17] HITFM·糖果"未来音乐节"	2014.09.16—2014.10.17	3000	15680	523	15	32	56	0	0	0	0	0	0	0	0	0
118	《星球大战》来袭,明星卡位战等你观战!	2014.08.28—2014.09.25	5000	5500	110	27	29	39	2	40	2	2	1	20	0	0	0

续表

序号	项目名称	项目起止时间	目标金额	总投资金额	筹资成功比(%)	第几天筹资成功	持续时间	支持者数量	第一周支持者数量及金额					最后一周支持者数量					是否有视频(1=是)
									第1天支持者人数	第1天支持金额	第7天…	第7天…	倒数第1天	倒数第1天	倒数第7天…	倒数第7天…	
119	李盾老师音乐剧《爱上邓丽君》携手众筹	2014.08.25—2014.08.31	100000	113500	114	5	7	89	0	0	1	380	1	380	0	0	1
120	[HITFM] 2014 FB—SHOW 梦想车展·北京	2014.08.07—2014.08.20	3000	6480	216	13	14	54	15	1480	0	0	0	0	0	0	0
121	停下脚步，聆听孩子的声音	2015.04.30—2015.06.05	6500	9371	145	31	38	53	4	2150	0	0	0	0	9	3051	1
122	Crimson Romance 剧本研讨会8月1日场	2015.07.23—2015.07.30	20000	30000	150	3	7	21	6	7500	0	0	0	0	6	7500	0
123	《村小的孩子》关注留守儿童纪录片巡展	2014.01.26—2014.03.27	20000	21220	107	59	60	83	1	18	0	0	0	0	0	0	0
124	脑洞大开的原创内涵微电影	2015.03.13—2015.04.14	15000	16658	112	33	33	52	28	14017	1	1200	0	0	0	0	0
125	莎士比亚作品《亨利五世——阿金库尔之战》	2015.04.03—2015.04.23	18000	18931	106	23	23	45	12	2080	0	0	1	160	0	0	0
126	Cara Dillon 2014 北京	2014.07.25—2014.09.29	1000	6400	640	19	67	27	0	0	0	0	0	0	0	0	1

续表

序号	项目名称	项目起止时间	目标金额	总投资金额	筹资成功比(%)	第几天筹资成功	持续时间	支持者数量	第一周支持者数量及金额				最后一周支持者数量				是否有视频(1=是)
									第1天支持人数	第1天支持金额	第7天…	第7天…	倒数第1天	倒数第1天…	倒数第7天…	倒数第7天…	
127	云上学徒——班玛藏艺术纪录片	2014.08.27—2014.10.11	21000	21045	101	45	46	37	0	0	4	700	0	0	0	0	1
128	中传媒大学生原创音乐剧《周末要毕业》	2015.04.17—2015.05.17	5000	5205	105	31	31	65	0	0	1	100	0	0	1	20	0
129	小剧场话剧《致爱》	2015.03.31—2015.04.10	1000	1201	121	11	11	93	81	850	1	50	0	0	1	10	0
130	支持一路有你有声电台的第一张原创专辑	2015.03.05—2015.05.04	1200	1732	145	60	60	35	8	53	2	51	0	0	1	20	0
131	《济·在开来》同济MBA微电影	2014.08.07—2014.09.06	3000	5840	195	2	31	61	11	980	1	20	0	0	1	350	0
132	校园偶像惊悚剧《0魂》	2014.03.19—2014.04.18	30000	50800	170	30	31	57	2	1000	0	0	0	0	0	0	1
133	Back seekers 乐队演出众筹	2015.07.06—2015.07.26	5000	5641	113	16	21	38	0	0	0	0	0	0	6	140	0
134	Crimson Romance 剧本研讨会	2015.07.17—2015.07.23	20000	30000	150	6	6	12	6	13500	0	0	0	0	6	13500	0

续表

序号	项目名称	项目起止时间	目标金额	总投资金额	筹资成功比(%)	第几天筹资成功	持续时间	支持者数量	第一周支持者数量及金额				最后一周支持者数量				是否有视频（1=是）
									第1天支持者人数	第1天支持金额	第7天…	第7天…金额	倒数第1天…	倒数第1天…金额	倒数第7天…	倒数第7天…	
135	上交大第四届绿洲音乐节#BeStrong别装专场	2015.03.30—2015.04.29	5000	5632	113	30	30	45	32	1601	0	0	0	0	0	0	1
136	《转塘》农民工生存状态访谈录全国纪录片	2014.04.21—2014.05.21	19999	20867	105	31	31	53	2	108	1	99	1	699	2	498	1
137	日本电子音乐艺术家柏大辅2014中国巡演	2014.03.11—2014.03.20	8870	10040	114	10	10	67	0	0	8	1398.3	27	2572.3	1	120	1
138	黑色幽默话剧《自杀专卖店》	2015.03.26—2015.05.15	15000	15052	101	50	50	46	2	256	0	0	0	0	0	0	0
139	顶级音乐剧《爱上邓丽君》辽宁首演	2014.09.26—2014.10.06	100000	220000	220	5	11	22	0	0	2	158	0	0	22	220000	1
140	济南高校首张校园民谣专辑《往逝》	2015.06.12—2015.08.01	5000	5010	101	49	50	35	2	198	0	0	0	0	0	0	1
141	Tamas Wells 2014 广州	2014.04.16—2014.06.16	1000	8188	819	49	61	54	0	0	0	0	0	0	1	120	1
142	《这不是一个故事》	2014.11.30—2014.12.09	40000	48000	120	10	10	33	0	0	0	0	29	46300	0	0	0

续表

序号	项目名称	项目起止时间	目标金额	总投资金额	筹资成功比(%)	第几天筹资成功	持续时间	支持者数量	第一周支持者数量及金额				最后一周支持者数量				是否有视频(1=是)
									第1天支持者人数	第1天支持金额	第7天…	第7天…	倒数第1天…	倒数第1天…	倒数第7天…	倒数第7天…	
143	首部音乐骑行MV	2014.06.23—2014.7.23	30000	30100	101	29	31	48	10	2020	0	0	0	0	3	6000	1
144	浮沉商海30年,一个女人的创业史诗	2015.08.17—2015.09.01	1000	1604	161	2	15	18	0	0	1	1	0	0	1	50	0
145	《荒原》海外留学导演的国际合作青年影片	2014.06.25—2014.08.14	5000	9436	189	3	51	47	7	2868	2	120	1	200	0	20	1
146	《藏区·在路上》公益主题纪录片	2014.07.18—2014.08.07	100000	100800	101	21	21	46	3	600	0	0	8	8100	0	0	0
147	许哲佩《圆舞曲》不插电Live巡演—上海站	2015.02.18—2015.03.23	3000	3900	130	11	34	30	1	130	2	260	0	0	0	0	0
148	2015韩流巡回Show Fan合伙人召集	2014.10.23—2014.10.24	300000	300000	100	2	2	17	0	0	0	0	17	30000	0	0	0
149	给自己的歌——爱,出发	2015.05.25—2015.06.19	2000	2777	139	3	26	44	17	406	1	30	0	0	5	150	1
150	Dave Liang"上海复兴方案"2014年上海站	2014.03.13—2014.05.14	1000	9550	955	5	63	68	0	0	5	600	0	0	2	240	1

续表

序号	项目名称	项目起止时间	目标金额	总投资金额	筹资成功比(%)	第几天筹资成功	持续时间	支持者数量	第一周支持者数量及金额 第1天支持者人数	第1天支持金额	第7天…	第7天…	最后一周支持者数量及金额 倒数第1天…	倒数第1天…	倒数第7天…	倒数第7天…	是否有视频(1=是)
151	《外公外婆的十五年异地恋》	2014.12.16—2015.01.15	3500	4060	116	20	31	58	1	100	0	0	1	10	1	10	1
152	打通音乐教育脉络——周海宏爱乐沙龙	2013.12.15—2013.12.21	35000	39200	112	7	7	50									0
153	嘻哈包袱铺"一石场演出"一家庄站	2014.07.18—2014.08.18	20000	20650	104	31	32	16	6	140	0	0	0	0	0	0	1
154	绿色情人节—枕头大战	2014.07.17—2014.08.13	1000	6120	612	19	28	49	0	0	0	0	10	1280	2	240	1
155	西班牙民谣夜—Alondra Bentley北京	2014.03.04—2014.03.12	8870	9796.8	111	9	9	56	0	0	14	1996.6	10	1361.8	3	266.1	0
156	[10.18] HITFM百大DJ音乐节·2014上海	2014.09.12—2014.10.14	3000	12540	418	15	33	33	0	0	2	760	1	380	2	760	0
157	圣诞冰雪派对—冰城Spark	2014.12.01—2014.12.11	28000	46299	166	11	11	23	0	0	0	0	23	46299	0	0	0
158	欢度光棍节 枕头大战	2014.10.16—2014.11.09	1000	4400	440	22	25	55	0	0	0	0	14	1120	1	80	0

续表

序号	项目名称	项目起止时间	目标金额	总投资金额	筹资成功比(%)	第几天筹资成功	持续时间	支持者数量	第一周支持者数量及金额				最后一周支持者数量				是否有视频(1=是)
									第1天支持人数	第1天支持金额	第7天…	第7天…	倒数第1天…	倒数第1天…	倒数第7天…	倒数第7天…	
159	《我的播音系女友》点映观众筹拍先看—北京站	2014.04.13—2014.05.15	50000	58035	117	32	33	30	0	0	4	790	0	0	0	0	1
160	停下脚步 聆听孩子们发出的声音	2014.11.14—2015.01.03	6000	6070	102	47	51	74	10	1050	2	180	0	0	0	0	1
161	行者Walkers乐队	2015.07.06—2015.07.26	5000	5010	101	21	21	22	0	0	0	0	0	0	7	180	0
162	复旦大学学生独立微电影《错过》	2014.07.01—2014.08.05	3000	3880	130	7	36	35	0	0	7	860	0	0	0	0	0
163	2015年广轻计算机工程系Heart.net晚会	2015.05.11—2015.05.31	1000	1128	113	16	21	55	0	0	0	0	0	0	0	0	1
164	《催眠大师》观影活动与徐峥、莫文蔚开启催眠之旅	2014.04.22—2014.04.30	2000	3560	178	9	9	43	2	200	7	520	4	280	0	70	1
165	"空中宝马" 西SR20豪华私人飞机飞行体验	2014.12.01—2014.12.31	18000	19140	107	30	31	10	0	0	0	0	0	0	0	0	1
166	《小时代3：刺金时代》Q版形象唤醒v	2014.06.04—2014.06.13	1000	1097	110	5	10	61	4	4	1	1	0	0	3	41	1

续表

序号	项目名称	项目起止时间	目标金额	总投资金额	筹资成功比(%)	第几天筹资成功	持续时间	支持者数量	第一周支持者数量及金额				最后一周支持者数量				是否有视频(1=是)
									第1天支持者人数	第1天支持金额	第7天…	第7天…	倒数第1天…	倒数第1天…	倒数第7天…	倒数第7天…	
167	喝国安水,唱国安歌,众筹打造歌曲《只为挚爱而生》!	2014.11.14—2014.12.10	100000	100200	101	27	27	20	0	0	0	0	9	48600	0	0	1
168	自由环旅乐队演出众筹	2015.07.06—2015.07.26	10000	10000	100	27	19	16	0	0	0	0	3	2850	0	0	0
169	"京城滇韵" 2015云南人在北京迎新联谊会	2015.01.08—2015.01.19	10000	10080	101	11	12	37	0	0	4	1340	0	0	5	500	0
170	北京纸上电影摄影工作室 寻找1000名主人	2014.09.09—2014.10.29	3000	3000	100	49	52	19	0	0	0	0	0	0	3	200	0
171	蔡依林 2015 PLAY世界巡回演唱会 北京站	2015.06.25—2015.06.25	80000	101960	128	1	1	5	5	101960	0	0	5	101960	0	0	0
172	爱故乡—大地民谣音乐会	2014.10.09—2014.10.17	10000	10140	102	6	9	45	11	3040	0	0	0	0	9	1480	1
173	"那世界" 世界巡回演唱会·郑州站	2014.01.07—2014.02.16	50000	50016	101	39	41	14	0	0	0	0	0	0	0	0	0
174	2014-04-02 "枕头大战日"	2014.03.07—2014.03.31	1000	4000	400	6	25	25	1	200	0	0	1	80	0	0	0

续表

序号	项目名称	项目起止时间	目标金额	总投资金额	筹资成功比(%)	第几天筹资成功	持续时间	支持者数量	第一周支持者数量及金额				最后一周支持者数量				是否有视频(1=是)
									第1天支持者人数	第1天支持金额	...第7天...	第7天...	倒数第1天...	倒数第1天...	...第7天...	倒数第7天...	
175	Childs 2014年中国巡演·上海站	2014.03.14—2014.05.26	1000	4588	459	11	74	46	0	0	4	368	1	128	0	0	1
176	让声音获得尊重 长沙MINEFM独立电台	2014.07.31—2014.10.29	6000	6130	103	72	91	35	3	520	0	0	0	0	0	0	1
177	"那世界"2014年世界巡回演唱会·天津站	2014.01.24—2014.02.14	20000	20180	101	20	22	15	0	0	0	0	0	0	1	1200	0
178	西班牙清新民谣Pajaro Sunrise 2014中国巡演	2014.03.18—2014.04.10	8870	11809	134	24	24	58	0	0	0	0	20	3262.7	2	400	1
179	萌系美少女的美食旅游计划	2015.03.30—2015.04.09	500	500	100	11	11	92	5	33	0	0	2	373	0	0	0
180	以旅行之名,寻找"声音博物馆"的99个样本	2014.09.23—2014.11.22	6000	6894	115	46	61	29	0	0	0	0	0	0	0	0	1
181	创意家园之中美首届明星艺术沙龙	2014.03.25—2014.03.30	4180	10868	260	4	6	26	4	1672	0	0	0	0	0	0	0

续表

序号	项目名称	项目起止时间	目标金额	总投资金额	筹资成功比(%)	第几天筹资成功	持续时间	支持者数量	第一周支持者数量及金额				最后一周支持者数量				是否有视频(1=是)
									第1天支持者人数	第1天支持金额	第7天…	第7天…	倒数第1天…	倒数第1天…	倒数第7天…	倒数第7天…	
182	挪威"催眠宝宝人睡的胡须少女"Egil Olsen 2015 上海站	2015.04.15—2015.05.27	1000	2740	274	5	43	26	5	520	0	0	3	300	0	0	0
183	2014.12.25 摇滚圣诞夜枕头大大战	2014.11.25—2014.11.23	1000	3200	320	27	29	32	0	0	0	0	11	1100	2	200	1
184	太湖明珠 常州微电影三部曲	2014.03.21—2014.04.20	10000	10598	106	30	31	26	0	0	0	0	0	0	0	0	0
185	Brazzaville主唱David Arthur Brown 2014北京首演	2014.08.15—2014.08.29	3000	8214.1	274	5	15	27	2	266.1	0	0	2	354.8	0	0	1
186	《让爱回家之回家过年》亲情公益短片	2014.11.26—2014.12.11	10000	10100	101	15	16	37	0	0	0	0	0	0	1	20	0
187	2015后有男孩世界巡回演唱会—北京站	2015.03.11—2015.03.31	5000	25890	518	8	21	3	0	0	0	0	0	0	0	0	0
188	瑞典民谣歌手Anna Ternheim 2014	2014.03.13—2014.03.26	8870	9207.3	104	24	24	33	0	0	0	0	9	5322	0	0	1

续表

序号	项目名称	项目起止时间	目标金额	总投资金额	筹资成功比(%)	第几天筹资成功	持续时间	支持者数量	第一周支持者数量及金额			最后一周支持者数量			是否有视频(1=是)
									第1天支持者人数	第1天支持金额	第7天…	倒数第1天…	最后1天…	倒数第7天…	
189	传统文化之四时令	2015.05.21—2015.06.20	1000	1300	130	27	31	25	0	0	1	7	0	0	0
190	电影《催眠大师》	2014.03.24—2014.03.25	1000	2087	209	2	2	60	13	483.2	0	47	1603.8	0	1
191	Bang Gang 2014年中国巡演·上海站	2014.01.12—2014.03.05	1000	5268	527	28	53	26	0	0	1	1	160	0	1
192	万圣节假面舞会派对	2014.10.27—2014.10.30	600000	600000	100	4	4	6	0	0	0	6	600000	0	0
193	凤凰偶遇节 我要去表白	2014.07.11—2014.07.21	1000	1060	106	5	11	39	7	505	1	0	0	22	0
194	Tamas Wells 2014年中国巡演·深圳站	2014.04.16—2014.06.16	1000	3254	326	49	62	29	0	0	0	2	240	0	1
195	Maria Taylor 2014年北京首演	2014.03.21—2014.04.18	8870	9009.2	102	29	29	42	0	0	0	4	2554.8	0	0
196	裴子与鲨乐队6·9直播	2014.05.27—2014.06.08	2609	2775	107	13	13	33	1	50	2	7	645	2	0
197	相约《放手爱》!	2014.04.24—2014.04.30	1000	1500	150	7	7	50	2	60	42	42	1260	60	1

续表

序号	项目名称	项目起止时间	目标金额	总投资金额	筹资成功比(%)	第几天筹资成功	持续时间	支持者数量	第一周支持者数量及金额			最后一周支持者数量				是否有视频(1=是)
									第1天支持者人数	第1天支持金额	第7天…	第7天…	倒数第1天…	倒数第1天…	倒数第7天…	倒数第7天…	
198	魏一宁七夕欢唱会	2014.07.24—2014.08.01	3000	17279	576	4	9	12	1	388	3	975	0	0	1	1797	0
199	2014全国昆曲传承汇报演出青春版《牡丹亭》	2014.12.15—2014.12.22	400000	400000	100	8	8	4	0	0	0	0	4	400000	0	0	0
200	《我的播音系女友》点映众筹抢先看-上海站	2014.04.18—2014.05.15	50000	51490	103	27	28	13	0	0	0	0	1	65	0	0	1
201	《门神》奥斯卡学生最佳叙事片	2014.08.07—2014.09.06	1000	7120	712	2	31	8	0	0	0	0	1	10	0	0	1
202	《枪声》——视觉与心灵双重震撼的微电影	2014.01.02—2014.03.03	7500	8336	112	60	61	38	1	172	2	149	2	198	0	0	0
203	Dave Liang "上海复兴方案" 2014广州站	2014.03.11—2014.05.22	1000	3243	325	16	73	45	0	0	0	0	0	0	4	309	1
204	音乐天堂Solo蓝牙音箱	2014.01.08—2014.03.08	5000	9272	186	55	60	19	0	0	2	100	0	0	4	1952	0
205	女子音乐快闪团给城市一点点温暖	2014.04.29—2014.05.06	1000	1420	142	2	8	26	17	880	2	100	0	0	6	360	1

续表

序号	项目名称	项目起止时间	目标金额	总投资金额	筹资成功比(%)	第几天筹资成功	持续时间	支持者数量	第一周支持者数量及金额					最后一周支持者数量				是否有视频(1=是)
									第1天支持者人数	第1天支持金额	第7天…	第7天…	第7天…	倒数第1天…	倒数第1天…	倒数第7天…	倒数第7天…	
206	新花怒放 We can We up 全国巡演北京站	2014.05.05—2014.05.20	20000	21120	106	15	16	10	0	0	0	0	0	0	0	0	1
207	Pajaro Sunrise2014 中国巡演·哈尔滨站	2014.02.19—2014.04.04	1000	2328	233	13	41	39	0	0	0	0	0	0	0	0	1
208	Bang Gang2014 年中国巡演·广州站	2014.01.02—2014.03.13	1000	5122	513	38	71	26	0	0	0	0	0	0	0	0	1
209	电影《等一个人咖啡》	2014.10.09—2014.10.15	1017	1458	144	4	7	14	2	58	1	150	0	0	2	58	1
210	第三届绿洲音乐节#BeStrong 别装专场	2014.03.07—2014.03.26	3000	4110	137	14	20	33	0	0	0	0	0	0	7	1000	1
211	《窃听风云3》精彩再升级	2014.05.12—2014.05.26	6000	6345	106	12	15	61	0	0	0	0	1	80	3	240	1
212	We Shot The Moon 2014 北京首演	2014.04.18—2014.06.05	3000	5700	190	47	49	28	0	0	0	0	6	1200	1	150	1
213	用青春唱青春 RIO青春音乐会	2014.05.20—2014.05.30	2000	2520	126	2	11	35	2	180	0	0	0	0	2	80	1

续表

序号	项目名称	项目起止时间	目标金额	总投资金额	筹资成功比(%)	第几天筹资成功	持续时间	支持者数量	第一周支持者数量及金额			最后一周支持者数量				是否有视频(1=是)
									第1天支持者人数	第1天支持金额	第7天…	第7天…	倒数第1天…	倒数第1天…	倒数第7天…	倒数第7天…	
214	微电影《最后一枪》	2014.08.04—2014.10.03	3000	3020	101	60	61	22	2	520	0	0	0	0	0	1
215	K-POP 韩流俱乐部上海首站麦趴&演出	2014.07.18—2014.08.17	4000	4200	105	27	31	26	0	0	1	150	0	0	4	400	1
216	电影《狼图腾》上海发布会	2014.06.11—2014.06.21	6150	6400	105	5	11	18	1	100	0	0	0	0	1	200	1
217	大型舞台秀《大极图》上海众筹启动	2014.04.21—2014.05.17	10000	10840	109	24	27	22	2	150	2	450	0	0	0	0	1
218	Bang Gang 2014年中国巡演·成都站	2014.01.13—2014.03.08	1000	3500	350	26	55	27	0	0	1	120	0	0	0	0	1
219	《青春之旅微记录》	2014.05.30—2014.06.14	3000	3406	114	15	16	30	1	200	3	355	0	0	0	0	0
220	《哥斯拉》60年重返银幕	2014.06.06—2014.06.13	1300	1963	151	2	8	21	14	1063	2	250	0	0	2	300	1
221	你就是今天的大Boss!	2014.12.22—2015.01.21	10000	10410	105	25	31	14	0	0	0	0	0	0	1	500	0

续表

序号	项目名称	项目起止时间	目标金额	总投资金额	筹资成功比(%)	第几天筹资成功	持续时间	支持者数量	第一周支持者数量及金额					最后一周支持者数量					是否有视频(1=是)
									第1天支持者人数	第1天支持金额	...	第7天...	第7天...	倒数第1天	倒数第1天...	倒数第7天...	倒数第7天...	
222	Elsa Kopf 2014 北京首演	2014.04.24—2014.06.07	3000	4817.5	161	44	45	18	0	0		0	0	5	709.6	0	0	1
223	瑜伽+健身私人定制	2014.12.05—2014.12.28	20000	20060	101	24	24	5	2	4960		0	0	1	4800	0	0	1
224	Neil Halstead 2014 北京首演	2014.03.19—2014.04.17	8870	9768.9	111	26	30	38	0	0		1	88.7	3	443.5	0	0	1
225	Organic Stereo 2014 中国巡演·上海站	2014.03.17—2014.05.21	1000	2391	240	18	65	33	4	279		2	159	2	198	0	0	1
226	Lonely Drifter Karen2014 广州站	2014.06.04—2014.07.23	1000	1712	172	31	50	30	2	100		0	0	3	180	0	0	1
227	颠覆 M 乐队十周年北京演唱会	2014.04.14—2014.06.20	3000	4300	144	61	68	29	0	0		0	0	2	200	0	0	0
228	Katie goes to Tokyo 2014 北京首演	2014.03.24—2014.05.08	8870	9050.8	103	46	46	35	0	0		0	0	2	177.4	0	0	0
229	Dave Liang 上海复兴方案 The Classics 广州站	2015.03.09—2014.04.06	1000	1140	114	26	29	19	0	0		1	60	0	0	0	0	0

续表

序号	项目名称	项目起止时间	目标金额	总投资金额	筹资成功比(%)	第几天筹资成功	持续时间	支持者数量	第一周支持者数量及金额					最后一周支持者数量					是否有视频(1=是)
									第1天支持人数	第1天支持金额	第7天…	第7天	倒数第1天…	倒数第1天	最后一周…	倒数第7天…	倒数第7天	
230	Organic Stereo 2014 广州站	2014.03.16—2014.05.21	1000	2178	218	8	67	34	0	0	0	0	1	88	0	0	1
231	Dave Liang "上海复兴方案" 2014 年深圳站	2014.03.12—2014.05.21	1000	2922	293	21	71	40	0	0	0	0	0	0	0	0	1
232	穿原创T恤,玩儿主题Party!	2014.04.08—2014.04.29	20000	21783	109	22	22	15	0	0	0	0	0	0	0	0	1
233	Kashiwa Daisuke 2014 中国巡演·上海站	2014.01.25—2014.03.19	1000	3186	319	16	54	38	0	0	1	60	0	0	2	160	1
234	《出走萨凡纳》邀您联合制作微纪录片	2014.10.16—2014.12.25	5000	5370	108	48	71	10	0	0	2	40	0	0	0	0	1
235	支持阿依子黎,为他的北京演出之行众筹	2013.10.31—2013.11.15	5000	5060	102	42	48	35	15	510	0	0	0	0	3	700	0
236	Cara Dillon 2014 年中国巡演·上海站	2014.07.25—2014.09.29	1000	2560	256	49	67	14	0	0	0	0	0	0	0	0	1
237	Childs 20142014 年中国巡演·成都站	2014.03.16—2014.05.26	1000	1798	180	54	72	30	0	0	2	100	0	0	1	50	1

续表

序号	项目名称	项目起止时间	目标金额	总投资金额	筹资成功比(%)	第几天筹资成功	持续时间	支持者数量	第一周支持者数量及金额				最后一周支持者数量				是否有视频(1=是)
									第1天支持者人数	第1天支持金额	第7天…	第7天…	倒数第1天…	倒数第1天…	倒数第7天…	倒数第7天…	
238	Luigi Rubino 2014年中国巡演·上海站	2014.07.06—2014.07.28	1000	1680	168	11	23	13	0	0	1	160	1	160	0	0	1
239	假如爱有天意浪漫经典名曲音乐会	2014.07.17—2014.08.01	3000	3010	101	8	16	11	0	0	0	0	0	0	0	0	1
240	浪乐队6·16直播，Joyside重聚首	2014.05.30—2014.06.16	2662	2665	101	48	48	30	0	0	1	50	7	900	2	200	0
241	Childs 2014中国巡演·广州站	2014.03.12—2014.06.12	1000	2260	226	10	83	33	0	0	0	0	0	0	0	0	1
242	《我的播音系女友》点映众筹抢先看—青岛站	2014.04.21—2014.05.15	10000	15755	158	24	25	10	0	0	0	0	0	2	0	0	1
243	Anna Ternheim 2014中国巡演·上海站	2014.01.28—2014.03.26	1000	1680	168	21	58	26	0	0	0	0	0	0	0	0	1
244	Bittersweet Life 2014罗文裕便当音乐会·北京	2014.04.08—2014.04.18	10000	10140	102	11	11	23	0	0	0	0	0	0	3	1500	0
245	众筹网联合远山创意招募电视广告演员	2014.04.10—2014.03.18	1000	1264	127	4	9	19	10	563	0	0	0	0	1	1	0

续表

序号	项目名称	项目起止时间	目标金额	总投资金额	筹资成功比(%)	第几天筹资成功	持续时间	支持者数量	第一周支持者数量及金额					最后一周支持者数量					是否有视频(1=是)
									第1天支持人数	第1天支持金额	第7天…	第7天…	倒数第1天…	倒数第1天…	倒数第7天…	倒数第7天…	
246	LIVE AWARD 2014 来福全城娱乐日派对	2014.04.15—2014.04.18	2000	2006	101	4	4	14	0	0	0	0	0	0	0	0	0
247	Bang Gang2014 深圳站	2014.01.16—2014.03.12	1000	1967	197	28	56	16	0	0	0	0	0	0	1	120	1
248	HITFM Live·糖果巴西电子天团 CSS 北京	2014.06.09—2014.06.27	3000	5540	185	17	19	12	0	0	1	260	0	0	0	0	0
249	遇见众筹网资深导演！创业者约片！	2015.01.14—2015.01.16	60000	60000	100	3	3	1	0	0	0	0	1	60000	0	0	0
250	Lonely Drifter Karen 2014 中国巡演·上海站	2014.05.30—2014.07.22	1000	1257	126	53	54	19	0	0	0	0	2	120	4	240	1
251	Dave Liang "上海复兴方案" 2014 武汉站	2014.03.14—2014.05.19	1000	1268	127	63	67	23	2	100	2	100	0	0	0	0	0
252	3月22日猴山俱乐部—崔龙阳专场	2014.02.27—2014.03.20	1000	1300	130	21	22	23	3	140	0	0	4	300	0	0	1
253	沸雪北京世界单板滑雪赛与现场演唱会	2014.11.19—2014.12.05	3000	3080	103	17	17	11	0	0	1	280	2	560	2	560	0

续表

序号	项目名称	项目起止时间	目标金额	总投资金额	筹资成功比(%)	第几天筹资成功	持续时间	支持者数量	第一周支持者数量及金额			最后一周支持者数量及金额				是否有视频(1=是)
									第1天支持者人数	第1天支持金额	第7天…	倒数第7天…	倒数第1天…	倒数第7天…	倒数第7天…	
254	PURITY MOVEMENT 2014 中国巡演·广州站	2014.05.22—2014.07.08	1000	1338	134	43	48	21	0	0	0	0	0	0	1
255	We Shot The Moon 2014 中国巡演·上海站	2014.04.01—2014.06.02	1000	1890	189	34	63	25	0	0	0	0	0	0	1
256	《忘记爱的药》	2014.07.01—2014.07.31	3000	5900	197	30	31	4	0	0	0	0	0	0	0
257	北京·爱乐汇·石进《夜的钢琴曲》音乐会	2014.08.27—2014.10.02	3000	3384	113	29	37	7	0	0	0	0	0	0	1
258	学校酒吧万圣狂欢夜	2014.09.29—2014.10.29	1000	1500	150	30	31	18	0	0	0	5	420	1	0
259	Childs 2014 年中国巡演·南京站	2014.03.17—2014.05.26	1000	1638	164	52	71	27	0	0	0	0	0	0	50	1
260	《木槿花开》：影像心浪潮 2014	2014.07.07—2014.08.06	3000	3000	100	31	31	10	0	0	0	0	0	0	1
261	Dave Liang 上海复兴方案 The Classics 北京	2015.03.02—2015.04.01	1000	1020	102	30	31	9	0	0	0	0	0	0	0

续表

序号	项目名称	项目起止时间	目标金额	总投资金额	筹资成功比(%)	第几天筹资成功	持续时间	支持者数量	第一周支持者数量及金额					最后一周支持者数量					是否有视频(1=是)
									第1天支持者人数	第1天支持金额	第7天…	第7天…	…	倒数第1天…	倒数第1天…	倒数第7天…	倒数第7天…	
262	茗春曲艺社乐游圣诞爆笑季	2014.12.02—2014.12.25	1000	1060	106	15	24	9	0	0	0	0	0	0	0	0	0
263	《致命邂逅》——一种靠想象的惊悚故事	2014.09.01—2014.09.30	3000	4000	134	18	30	10	0	0	0	0	0	0	0	0	1
264	"天空之城"久石让＆宫崎骏作品大型视听音乐会	2014.08.21—2014.09.20	5000	5058	102	26	31	9	0	0	0	0	0	0	0	0	0
265	《我的播音系女友》点映众筹抢先看-重庆站	2014.04.15—2014.05.15	20000	21335	107	30	31	8	0	0	0	0	0	0	0	0	1
266	乐活女王龙宽强势复出	2014.07.17—2014.07.21	1000	1000	100	5	5	15	6	175	0	0	4	480	0	0	0
267	HITFM《匆匆那年》电影主题音乐派对	2014.12.04—2014.12.10	700	820.2	118	7	7	8	0	0	3	377.4	3	377.4	0	0	0
268	Neil Halstead 2014年中国巡演南京站	2014.02.18—2014.04.16	1000	1629	163	12	58	28	0	0	1	50	0	0	0	0	1
269	《我的播音系女友》点映众筹抢先看-郑州站	2014.04.16—2014.05.15	20000	22175	111	30	30	7	0	0	0	0	0	0	0	0	1

续表

序号	项目名称	项目起止时间	目标金额	总投资金额	筹资成功比(%)	第几天筹资成功	持续时间	支持者数量	第一周支持者数量及金额				最后一周支持者数量				是否有视频(1=是)
									第1天支持者人数	第1天支持金额	第7天…	第7天…	倒数第1天…	倒数第1天…	倒数第7天…	倒数第7天…	
270	德乐相声社三周年庆典：胡陈星 张虎专场	2014.09.23—2014.10.10	1000	1238	124	17	18	8	0	0	0	0	0	0	0	0	0
271	Katie Goes to Tokyo 2014 广州站	2014.03.01—2014.05.14	1000	1824	183	61	75	25	0	0	0	0	0	0	0	0	1
272	The Best Pessimist 2014 中国巡演·上海站	2014.04.15—2014.06.09	1000	1490	149	51	56	21	0	0	0	0	0	0	0	0	1
273	[影像季]《卧室实验》	2014.09.02—2014.09.30	3000	3000	100	29	29	3	0	0	0	0	2	2000	0	0	1
274	爱尔兰歌手 Cara Dillon 新专辑 成都站	2015.02.15—2015.03.06	1000	1000	100	20	20	10	0	0	0	0	9	900	0	0	0
275	Dave Liang "上海复兴方案" 2014 年南京站	2014.03.12—2014.05.14	1000	1698	170	45	65	23	0	0	1	50	0	0	0	0	1
276	上海·爱乐汇·石进《夜的钢琴曲》音乐会	2014.08.27—2014.09.30	4000	4085	103	22	35	8	0	0	0	0	0	0	0	0	1

续表

序号	项目名称	项目起止时间	目标金额	总投资金额	筹资成功比(%)	第几天筹资成功	持续时间	支持者数量	第一周支持者数量及金额					最后一周支持者数量					是否有视频(1=是)
									第1天支持者人数	第1天支持金额	第7天…	第7天…	倒数第1天…	倒数第1天…	倒数第7天…	倒数第7天…	
277	上海俄罗斯国家芭蕾舞团《胡桃夹子》	2014.09.02—2014.10.02	5000	5674	114	25	31	7	0	0	0	0	0	0	0	0	0
278	百度汪东坡吧应援物品及周边开发筹资	2014.06.17—2014.07.17	1000	1062	107	28	31	20	2	193	1	8	0	0	0	0	0
279	《活下去》棕榈泉电影节最佳短片	2014.07.17—2014.08.16	1000	1150	115	23	31	7	0	0	4	550	0	0	0	0	0
280	爆发吧！火山音摇滚先生——简红	2014.03.26—2014.04.21	15000	15520	104	27	27	6	0	0	0	0	1	5000	0	0	1
281	《我的播音系女友》点映众筹抢先看-武汉站	2014.04.18—2014.05.15	20000	20965	105	27	28	6	0	0	0	0	0	0	0	0	1
282	The Best Pessimist 广州站	2014.04.14—2014.06.16	1000	1280	128	44	64	24	10	500	0	0	0	0	0	0	1
283	Anna Ternheim 广州站	2014.01.27—2014.04.03	1000	1318	132	32	66	24	0	0	1	50	0	0	0	0	1
284	Neil Halstead 2014年中国巡演上海站	2014.02.20—2014.04.16	1000	1490	149	15	56	21	0	0	0	0	0	0	0	0	1

续表

序号	项目名称	项目起止时间	目标金额	总投资金额	筹资成功比(%)	第几天筹资成功	持续时间	支持者数量	第一周支持者数量及金额			最后一周支持者数量				是否有视频项(1=是)
									第1天支持者人数	第1天支持金额	第7天…	第7天…	倒数第1天…	倒数第1天…	倒数第7天…	倒数第7天…	
285	[欧洲万像]《激战》	2014.07.17—2014.08.16	2000	5210	261	20	31	4	0	0	2	110	0	0	0	0	0
286	Brooke Waggoner 2014年中国巡演·上海站	2014.04.18—2014.06.23	1000	1200	120	65	67	20	0	0	0	0	2	120	0	0	1
287	Alondra Bentley 2014年中国巡演·上海站	2014.01.20—2014.03.12	1000	1838	184	29	52	25	0	0	0	0	0	0	0	0	1
288	Pajaro Sunrise 2014年中国巡演·广州站	2014.02.11—2014.04.14	1000	1228	123	57	63	23	0	0	0	0	0	0	1	88	1
289	新街口组合4·28直播	2014.04.15—2014.04.27	1428	1450	102	13	13	22	0	0	0	0	7	500	0	0	0
290	Kashiwa Daisuke 2014年中国巡演·南京站	2014.01.13—2014.03.20	1000	1626	163	56	67	20	0	0	0	0	0	0	1	50	1
291	Alondra Bentley 2014中国首次巡演·广州站	2014.01.12—2014.03.20	1000	1589	159	39	68	29	0	0	0	0	0	0	2	120	1
292	《我的播音系女友》点映众筹抢先看-杭州站	2014.04.18—2014.05.15	20000	22175	111	28	28	5	0	0	2	1450	0	0	0	0	1

续表

序号	项目名称	项目起止时间	目标金额	总投资金额	筹资成功比(%)	第几天筹资成功	持续时间	支持者数量	第一周支持者数量及金额					最后一周支持者数量				是否有视频(1=是)
									第1天支持者人数	第1天支持金额	第7天…	第7天…	倒数第1天…	倒数第1天…	倒数第7天…	倒数第7天…	
293	上海·俄罗斯国家芭蕾舞团《睡美人》	2014.09.03—2014.10.03	5000	5005	101	31	31	7	0	0	0	0	0	0	0	0	0
294	Neil Halstead 2014年中国巡演 广州站	2014.02.15—2014.04.23	1000	1590	159	31	68	27	0	0	1	50	0	0	0	0	1
295	Lotte Kestner 2014年中国巡演·北京站	2014.07.08—2014.08.04	1000	1000	100	31	28	12	0	0	1	60	0	0	0	0	1
296	Edwina Hayes 2014年中国巡演·广州站	2014.06.06—2014.07.22	1000	1000	100	47	47	21	0	0	0	0	0	0	0	0	1
297	江小鱼力作《求你别停》演员药征集！	2014.09.28—2014.11.27	10000	10015	101	47	61	3	2	16	0	0	2	120	0	0	0
298	Edwina Hayes 上海站	2014.05.28—2014.07.15	1000	1120	112	48	49	17	0	0	0	0	0	0	0	0	1
299	《我的籍音系女友》点映众众筹抢先看-长沙站	2014.04.14—2014.05.15	20000	21000	105	32	32	6	0	0	0	0	1	10000	1	145	1

续表

序号	项目名称	项目起止时间	目标金额	总投资金额	筹资成功比(%)	第几天筹资成功	持续时间	支持者数量	第一周支持者数量及金额					最后一周支持者数量					是否有视频(1=是)
									第1天支持者人数	第1天支持金额	第7天…	第7天…	倒数第1天	倒数第1天…	倒数第7天…	倒数第7天…	
300	大开眼界 Vol:1 演出·北京站	2014.03.20—2014.03.31	1000	1000	100	12	12	21	1	40	2	80	17	840	0	0	0
301	Neil Halstead 成都站	2014.02.16—2014.04.18	1000	1000	100	60	62	20	0	0	0	0	0	0	2	100	1
302	上海久石让 VS 约翰·威廉姆斯经典动漫影视作品交响音乐会	2014.08.20—2014.08.29	3000	3382	113	10	10	7	0	0	0	0	0	0	0	0	0
303	上海·俄罗斯国家芭蕾舞团《天鹅湖》	2014.09.02—2014.09.27	5000	5028	101	26	26	6	0	0	0	0	0	0	0	0	1
304	习明 2014 年新专辑《肆月》全国巡演南昌站	2014.10.30—2014.11.19	1000	1056	106	20	21	12	0	0	0	0	0	0	0	0	1
305	[影像季]《戒断期》	2014.10.09—2014.10.25	3000	3000	100	16	16	8	0	0	0	0	6	2800	0	0	1
306	The Best Pessimist 2014 中国巡演·成都站	2014.04.15—2014.06.10	1000	1000	100	55	56	23	0	0	0	0	0	0	3	120	1

续表

序号	项目名称	项目起止时间	目标金额	总投资金额	筹资成功比(%)	第几天筹资成功	持续时间	支持者数量	第一周支持者数量及金额					最后一周支持者数量					是否有视频(1=是)
									第1天支持者人数	第1天支持金额	第7天…	第7天…	倒数第1天…	倒数第1天…	倒数第7天…	倒数第7天…	
307	《死亡派对》—一场有去无回的极致游戏	2014.09.17—2014.09.22	1000	1012	102	6	6	10	0	0	0	0	9	893	0	0	1
308	《幸孕美妈》首部孕产真人秀系列微电影	2014.07.01—2014.07.06	1000	1060	106	2	6	14	2	10	0	0	0	0	0	0	
309	The Candle Thievies 2015广州站	2014.12.15—2015.01.15	1000	1010	101	30	30	6	0	0	0	0	4	854	0	0	1
310	Bang Gang 深圳站	2014.07.23—2014.09.23	1000	1000	100	61	62	9	0	0	0	0	0	0	0	0	1
311	我欠星爷一张票"《大话西游》上下集联映众筹	2014.09.24—2014.09.27	1000	1120	112	3	4	9	1	100	0	0	1	60	0	0	1
312	Tamas Wells《On The Volatility of the Mind》引进版唱片	2014.04.16—2014.06.20	1000	1001	101	64	65	18	0	0	0	0	0	0	0	0	1
313	北京·爱乐汇·音《天涯共此时》乐会	2014.08.20—2014.09.07	3000	3290	110	2	18	7	0	0	0	0	0	0	0	0	

176

续表

序号	项目名称	项目起止时间	目标金额	总投资金额	筹资成功比(%)	第几天筹资成功	持续时间	支持者数量	第一周支持者数量及金额			最后一周支持者数量			是否有视频(1=是)
									第1天支持者人数	第1天支持金额	第7天…	倒数第7天…	倒数第1天…	倒数第7天…	
314	靳松 2014 年中国巡演·上海站	2014.06.17—2014.08.05	1000	1080	108	49	49	16	0	0	1	40	2	80	0	1
315	素堂女子乐队毕业季!	2014.06.17—2014.07.07	1000	1040	104	17	20	16	1	10	0	0	0	0	0	1
316	Cara Dillon 巡演深圳站	2014.07.28—2014.09.29	1000	1080	108	59	62	6	0	0	0	0	0	0	0	1
317	Dave Liang "上海复兴方案" 2014 重庆站	2014.03.01—2014.05.16	1000	1259	126	67	67	23	0	0	0	0	5	250	1	1
318	We Shot The Moon 2014 广州站	2014.04.01—2014.06.09	1000	1050	105	68	70	20	0	0	0	0	0	0	0	1
319	Kashiwa Daisuke2014 中国巡演·成都站	2014.01.18—2014.03.22	1000	1000	100	62	63	20	0	0	0	0	0	0	0	1
320	Edwina Hayes 巡演·武汉站	2014.06.04—2014.07.21	1000	1440	144	78	78	15	0	0	0	0	3	120	0	1
321	Bang Gang《YOU》引进版唱片	2014.01.10—2014.03.11	1000	1109	111	58	60	14	1	70	0	0	0	0	0	1
322	Bang Gang2014 年中国巡演·北京站	2014.07.23—2014.09.19	1000	1330	133	57	58	7	0	0	0	0	0	0	0	1

续表

序号	项目名称	项目起止时间	目标金额	总投资金额	筹资成功比(%)	第几天筹资成功	持续时间	支持者数量	第一周支持者数量及金额					最后一周支持者数量				是否有视频(1=是)
									第1天支持者人数	第1天支持金额	第7天…	第7天…		倒数第1天…	倒数第1天…	倒数第7天…	倒数第7天…	
323	Edwina Hayes 2014年中国巡演·北京站	2014.06.16—2014.07.14	1000	1000	100	57	59	15	0	0	0	0		0	0	1	60	1
324	靳松巡演·成都站	2014.06.18—2014.08.12	1000	1000	100	54	55	11	0	0	0	0		0	0	0	0	1
325	Dave Liang《Story of a City》唱片	2014.03.21—2014.05.14	1000	1115	112	54	54	20	0	0	0	0		1	50	0	0	1
326	Dave Liang《The Shanghai Restoration Project》引进版唱片	2014.03.21—2014.05.14	1000	1000	100	53	54	17	0	0	0	0		0	0	0	0	1
327	靳松巡演·南京站	2014.06.19—2014.08.06	1000	1060	106	48	48	14	0	0	0	0		2	60	0	0	1
328	Miaou巡演·北京站	2014.07.24—2014.09.01	1000	1280	128	39	39	6	0	0	0	0		2	240	0	0	1
329	Lotte Kestner 2014年中国巡演·重庆站	2014.07.09—2014.08.06	1000	1200	120	27	28	11	0	0	0	0		0	0	0	0	1
330	瑞典后摇乐团Dorena 2015北京站	2014.12.24—2015.01.16	1000	1096	110	22	23	5	0	0	0	0		0	0	0	0	1

续表

序号	项目名称	项目起止时间	目标金额	总投资金额	筹资成功比(%)	第几天筹资成功	持续时间	支持者数量	第一周支持者数量及金额				最后一周支持者数量				是否有视频(1=是)
									第1天支持者人数	第1天支持金额	第7天…	第7天…	倒数第1天	倒数第1天	倒数第7天…	倒数第7天…	
331	2014 意林鸟"民谣之旅""夏令营！	2014.07.02—2014.07.19	10000	11040	111	12	17	3	0	0	0	0	0	0	0	0	
332	停下脚步 聆听孩子们发出的声音	2014.06.23—2014.07.03	2000	2360	118	5	10	6	1	100	0	0	0	0	0	0	1
333	[上海] 德国托尔策童声合唱团音乐会	2014.08.18—2014.09.07	3000	3268	109	13	20	5	0	0	0	0	0	0	4	2508	1
334	Dave Liang"上海复兴方案"2014 成都站	2014.03.11—2014.05.15	1000	1096	110	45	45	16	0	0	0	0	1	50	0	0	1
335	Brooke Waggoner 2014 年中国巡演·武汉站	2014.04.18—2014.06.27	1000	1020	102	69	70	11	0	0	0	0	0	0	3	150	1
336	The Best Pessimist 2014 中国巡演·长沙站	2014.04.14—2014.06.13	1000	1160	116	60	60	11	0	0	0	0	4	160	1	40	1
337	Anna Ternheim 2014 中国巡演·长沙站	2014.01.25—2014.04.02	1000	1000	100	65	67	20	0	0	0	0	0	0	2	100	1
338	大开眼界 Vol: 2 演出·北京站	2014.05.16—2014.06.04	1000	1008	101	19	19	12	0	0	0	0	11	968	0	0	1

续表

序号	项目名称	项目起止时间	目标金额	总投资金额	筹资成功比(%)	第几天筹资成功	持续时间	支持者数量	第一周支持者数量及金额				最后一周支持者数量				是否有视频(1=是)
									第1天支持人数	第1天支持金额	第7天…	第7天…	倒数第1天…	倒数第1天…	倒数第7天…	倒数第7天…	
339	Lotte Kestner 2014年中国巡演·上海站	2014.07.08—2014.08.05	1000	1240	124	27	28	10	0	0	0	0	0	0	0	0	1
340	Peter Bradley Adams 南京站	2014.02.07—2014.04.02	1000	1208	121	53	54	23	0	0	1	60	0	0	1	50	
341	《门巴将军》真实改编西藏电影	2014.07.17—2014.08.16	2000	2160	108	29	30	7	0	0	2	60	0	0	0	0	
342	[影像季]《不求上进的蕃茄》	2014.09.02—2014.09.30	3000	3000	100	28	28	3	0	0	0	0	2	2000	0	0	1
343	Cara Dillon 2014年中国巡演·武汉站	2014.07.25—2014.09.29	1200	1200	120	65	66	8	0	0	0	0	0	0	0	0	1
344	靳松 2014年北京巡演·北京站	2014.06.19—2014.08.05	1000	1000	100	42	47	14	0	0	0	0	0	0	0	0	1
345	Brooke Waggoner 2014年中国巡演·南京站	2014.04.17—2014.06.23	1000	1000	100	65	67	11	0	0	0	0	0	0	0	0	
346	Childs 2014年中国巡演·重庆站	2014.03.13—2014.05.28	1000	1002	101	76	76	16	0	0	1	50	1	60	3	150	1

续表

序号	项目名称	项目起止时间	目标金额	总投资金额	筹资成功比(%)	第几天筹资成功	持续时间	支持者数量	第一周支持者数量及金额				最后一周支持者数量				是否有视频(1=是)
									第1天支持者人数	第1天支持金额	第7天…	第7天…	倒数第1天	倒数第1天	倒数第7天…	倒数第7天…	
347	《影迷》：影像心浪潮2014最佳类型季提案	2014.08.01—2014.08.15	3000	3000	100	14	14	6	0	0	0	0	4	2000	0	0	1
348	Childs 2014年中国巡演·深圳站	2014.03.18—2014.06.04	1000	1116	112	47	47	17	0	0	0	0	6	408	0	0	1
349	Edwina Hayes 2014年中国巡演·成都站	2014.05.30—2014.07.20	1000	1120	112	50	51	13	0	0	0	0	0	0	0	0	1
350	Matt Duke 2014年中国巡演·上海站	2014.07.01—2014.08.20	1000	1200	120	49	51	9	0	0	0	0	0	0	0	0	1
351	Lotte Kestner 2014年中国巡演·南京站	2014.07.08—2014.08.05	1000	1000	100	24	28	11	0	0	0	0	0	0	0	0	1
352	Lonely Drifter Karen 2014深圳站	2014.06.05—2014.07.24	1000	1050	105	47	49	11	0	0	0	0	0	0	0	0	1
353	PURITY MOVEMENT 2014中国巡演·上海站	2014.05.22—2014.07.08	1000	1000	100	45	47	11	0	0	0	0	0	0	0	0	1
354	Kashiwa Daisuke 2014年中国巡演·重庆站	2014.01.23—2014.03.23	1000	1158	116	59	59	21	0	0	0	0	1	50	0	0	1

续表

序号	项目名称	项目起止时间	目标金额	总投资金额	筹资成功比(%)	第几天筹资成功	持续时间	支持者数量	第一周支持者数量及金额					最后一周支持者数量			是否有视频(1=是)
									第1天支持者人数	第1天支持金额	第7天…	第7天…	第7天…	倒数第1天…	倒数第1天…	倒数第7天…	倒数第7天…	
355	PURITY MOVEMENT 2014中国巡演·上海站	2014.05.22—2014.07.08	1000	1000	100	45	47	11	0	0	0	0	0	0	0	1
356	Kashiwa Daisuke 2014 中国巡演·广州站	2014.01.24—2014.03.27	1000	1060	106	45	62	21	0	0	0	0	0	0	0	1
357	西班牙穆尔西亚舞蹈团弗拉门戈舞剧《卡门》	2014.08.21—2014.09.11	3000	3274	110	10	21	4	0	0	0	0	0	0	0	
358	Miaou 2014年中国巡演·广州站	2014.07.21—2014.09.09	1000	1068	107	50	50	9	0	0	0	0	1	60	0	1
359	The Candle Thievies 2014北京站	2014.09.02—2014.10.10	1000	1400	140	45	38	6	0	0	0	0	0	0	0	1
360	幸福大街乐队十五周年纪念演出北京	2014.11.04—2014.11.24	1000	1008	101	16	20	6	0	0	0	0	0	0	0	
361	Lotte Kestner 2014年中国巡演·成都站	2014.07.09—2014.08.08	1000	1100	110	30	30	9	1	50	0	0	2	100	0	1
362	Katie Goes to Tokyo 2014成都站	2014.03.06—2014.05.12	1000	1050	105	66	67	12	0	0	0	0	0	0	0	1

续表

序号	项目名称	项目起止时间	目标金额	总投资金额	筹资成功比(%)	第几天筹资成功	持续时间	支持者数量	第一周支持者数量及金额 第1天支持者人数	第1天支持金额	第7天…	第7天…	倒数第1天…	最后一周支持者数量 倒数第1天…	倒数第7天…	倒数第7天…	是否有视频(1=是)
363	不可撤销 2014《她于鸟》首发巡演·长沙站	2014.09.22—2014.10.22	1000	1048	105	27	30	7	1	40	0	0	0	0	0	0	
364	[影像季]《平行效应》	2014.10.09—2014.10.25	3000	3000	100	15	16	3	0	0	0	0	0	0	0	0	1
365	The Candle Thievies 2015北京站	2014.12.08—2015.01.02	1000	1016	102	21	24	5	0	0	0	0	0	0	0	0	1
366	Luigi Rubino 2014年中国巡演·广州站	2014.07.02—2014.07.28	1000	1050	105	26	26	5	0	0	0	0	4	980	0	0	1
367	瑞典后摇乐团 Dorena 2015深圳站	2015.01.08—2015.01.23	1000	1002	101	16	16	5	0	0	1	200	4	864	0	0	1
368	《美人邦》情感轻喜剧	2014.07.17—2014.08.16	2000	2002	110	26	31	5	0	0	1	80	0	0	0	0	1
369	Meiko 2014中国巡演 上海站	2014.10.08—2014.11.10	1000	1040	104	31	34	7	0	0	0	0	0	0	0	0	1
370	影联传媒邀你观看《摩纳哥王妃》	2014.06.19—2014.06.21	1000	1044.2	105	3	3	10	0	0	0	0	4	392.1	0	0	1

续表

序号	项目名称	项目起止时间	目标金额	总投资金额	筹资成功比(%)	第几天筹资成功	持续时间	支持者数量	第一周支持者数量及金额					最后一周支持者数量				是否有视频(1=是)
									第1天支持者人数	第1天支持金额	第7天…	第7天…	第7天…	倒数第1天…	倒数第1天…	倒数第7天…	倒数第7天…	
371	大开眼界 Vol: 3演出·北京站	2014.07.15—2014.07.29	1000	1000	100	11	15	11	0	0	0	0	0	0	0	0	0	
372	Neil Halstead 2014年中国巡演 长沙站	2014.02.20—2014.04.23	1000	1000	100	39	63	20	0	0	1	50	0	0	0	0	1
373	靳松2014年中国巡演·西安站	2014.06.18—2014.08.11	1000	1000	100	52	55	12	0	0	0	0	0	0	0	0	1
374	[影像季]《幽灵狗第一季》	2014.10.09—2014.10.25	3000	4000	134	14	17	4	0	0	0	0	0	0	0	0	1
375	Cara Dillon 2014年中国巡演·广州站	2014.07.28—2014.09.29	1000	1080	108	61	64	7	0	0	0	0	0	0	0	0	1
376	Bang Gang2014年中国巡演·长沙站	2014.01.17—2014.03.11	1000	1000	100	52	54	9	0	0	0	0	0	0	0	0	1
377	广州·爱乐汇·俄罗斯国家芭蕾舞团《睡美人》	2014.09.02—2014.09.18	3000	3040	102	10	17	4	0	0	0	0	0	0	0	0	0
378	The Candle Thievies 天津站	2014.12.05—2015.01.01	1000	1012	102	27	28	7	0	0	0	0	0	0	0	0	1

续表

序号	项目名称	项目起止时间	目标金额	总投资金额	筹资成功比(%)	第几天筹资成功	持续时间	支持者数量	第一周支持者数量及金额			第7天…			最后一周支持者数量			是否有视频(1=是)
									第1天支持者人数	第1天支持金额	第7天…			倒数第1天…	倒数第1天…	倒数第7天…	倒数第7天…	
379	《后青春期综合症》：影像心浪潮	2014.08.26—2014.09.30	3000	3000	100	36	36	4	0	0	0	0	3	2500	0	0	1
380	PURITY MOVEMENT 2014 中国巡演·北京站	2014.06.17—2014.07.07	1000	1000	100	19	21	11	0	0	0	0	0	0	0	0	1
381	Katie Goes to Tokyo 上海站	2014.03.02—2014.05.08	1000	1100	110	67	69	17	0	0	1	60	0	0	0	0	1
382	Brooke Waggoner 2014年中国巡演·长沙站	2014.04.18—2014.06.24	1000	1150	115	72	74	5	0	0	0	0	0	0	0	0	1
383	[影像季]《时间都去哪了宝》	2014.09.14—2014.10.05	3000	3000	100	18	22	3	0	0	0	0	0	0	0	0	1
384	Alondra Bentley 2014年中国巡演·南京站	2014.01.21—2014.03.13	1000	1060	106	50	52	21	0	0	0	0	0	0	0	0	1
385	Elsa Kopf 2014年中国巡演·上海站	2014.04.11—2014.06.04	1000	1000	100	55	55	9	0	0	0	0	4	750	0	0	1
386	英国现场观影《凤凰谷》	2014.10.16—2014.11.18	1000	1050	105	34	34	6	0	0	0	0	1	80	0	0	0

续表

序号	项目名称	项目起止时间	目标金额	总投资金额	筹资成功比(%)	第几天筹资成功	持续时间	支持者数量	第一周支持者数量及金额				最后一周支持者数量及金额					是否有视频(1=是)
									第1天支持者人数	第1天支持金额	第7天…	第7天…	倒数第1天…	倒数第1天…	倒数第7天…	倒数第7天…	
387	Edwina Hayes 2014年中国巡演·深圳站	2014.06.06—2014.07.23	1000	1000	100	46	48	11	0	0	0	0	0	0	0	0	1
388	不可撤销《她千鸟》首发巡演西安站	2014.09.17—2014.10.15	1000	1000	100	27	29	7	0	0	0	0	0	0	0	0	0
389	不可撤销《她千鸟》首发巡演厦门站	2014.09.23—2014.10.27	1000	1000	100	32	35	7	0	0	0	0	0	0	0	0	0
390	不可撤销《她千鸟》首发巡演·杭州站	2014.09.12—2014.10.14	1000	1000	100	32	33	7	0	0	1	40	0	0	0	0	0
391	The Candle Thievies 2015武汉站	2014.12.15—2015.01.16	1000	1010	101	23	23	6	0	0	0	0	5	892	0	0	1
392	Edwina Hayes 2014年中国巡演·长沙站	2014.06.06—2014.07.22	1000	1000	100	46	47	10	0	0	0	0	0	0	0	0	1
393	靳松 2014年中国巡演·杭州站	2014.06.19—2014.08.07	1000	1090	109	49	50	9	0	0	0	0	0	0	1	30	1
394	《David Town》：影像心浪潮 2014	2014.08.25—2014.09.30	3000	3000	100	37	37	4	0	0	0	0	3	2500	0	0	1

续表

序号	项目名称	项目起止时间	目标金额	总投资金额	筹资成功比(%)	第几天筹资成功	持续时间	支持者数量	第一周支持者数量及金额					最后一周支持者数量				是否有视频(1=是)
									第1天支持者人数	第1天支持金额	第7天…	第7天…	倒数第1天…	倒数第1天…	倒数第7天…	倒数第7天…	
395	Brooke Waggoner 2014年中国巡演·广州站	2014.04.18—2014.06.30	1000	1000	100	72	74	11	0	0	1	50	0	0	1	50	1
396	不可撒销 2014《她千鸟》首发巡演 郑州站	2014.09.17—2014.10.15	1000	1000	100	27	29	7	0	0	0	0	0	0	0	0	0
397	[影像季]《我是僵尸之僵尸起源》	2014.09.23—2014.10.05	3000	3000	100	9	13	3	0	0	0	0	0	0	0	0	1
398	不可撒销 2014《她千鸟》首发巡演 南京站	2014.09.12—2014.10.13	1000	1000	100	30	32	7	0	0	1	40	0	0	0	0	0
399	Alondra Bentley 2014 中国巡演深圳站	2014.01.21—2014.03.22	1000	1000	100	60	61	11	0	0	0	0	0	0	2	100	1
400	靳松 2014 中国巡演·武汉站	2014.06.18—2014.08.13	1000	1000	100	56	57	11	0	0	0	0	0	0	2	60	1
401	Bang Gang2014 中国巡演·上海站	2014.07.23—2014.09.23	1000	1068	107	63	63	7	0	0	0	0	1	70	0	0	1
402	不可撒销《她千鸟》首发 哈尔滨站	2014.09.23—2014.10.31	1000	1000	100	37	39	7	0	0	0	0	0	0	0	0	0

续表

序号	项目名称	项目起止时间	目标金额	总投资金额	筹资成功比（%）	第几天筹资成功	持续时间	支持者数量	第一周支持者数量及金额					最后一周支持者数量					是否有视频（1=是）
									第1天支持者人数	第1天支持金额	第7天…	第7天…	倒数第1天…	倒数第1天…	倒数第7天…	倒数第7天…	
403	[影像季]《觉醒》	2014.09.17—2014.10.05	3000	3000	100	15	19	3	0	0	0	0	0	0	0	0	1
404	[影像季]《杀狗记》	2014.09.09—2014.10.05	3000	3000	100	23	27	3	0	0	1	1000	0	0	0	0	1
405	[影像季]《是谁》	2014.09.16—2014.10.05	3000	3000	100	16	20	3	0	0	0	0	0	0	0	0	1
406	Meiko 2014 中国巡演 武汉站	2014.09.30—2014.11.12	1000	1020	102	43	44	5	0	0	0	0	0	0	0	0	1
407	Peter Bradley Adams 2014 广州站	2014.01.28—2014.04.09	1000	1050	105	71	72	20	0	0	0	0	0	0	1	50	0
408	[欧洲万像]《我是狼之火龙山大冒险》	2014.08.18—2014.09.15	2000	2000	100	29	29	4	0	0	0	0	3	1500	0	0	0
409	Elsa Kopf 2014 中国巡演·广州站	2014.04.11—2014.06.05	1000	1020	102	56	56	12	0	0	0	0	4	640	0	0	1
410	广州·西班牙穆尔西亚舞蹈团弗拉门戈舞剧《卡门》	2014.09.02—2014.09.19	3000	3240	108	10	18	3	0	0	0	0	0	0	0	0	0

续表

序号	项目名称	项目起止时间	目标金额	总投资金额	筹资成功比(%)	第几天筹资成功	持续时间	支持者数量	第一周支持者数量及金额			最后一周支持者数量				是否有视频(1=是)
									第1天支持者人数	第1天支持金额	…第7天…	第7天	倒数第1天…	倒数第1天…	倒数第7天…	倒数第7天…	
411	[影像季]《恰似你的温柔》	2014.09.09—2014.10.05	3000	3000	100	22	26	3	0	0	1	1000	0	0	0	0	1
412	Brazzaville 2014 中国巡演·深圳站	2014.07.14—2014.09.02	1000	1128	113	51	51	7	0	0	0	0	1	120	0	0	1
413	不可撒销 2014《她千鸟》首发巡演 北京站	2014.09.11—2014.10.10	1000	1000	100	29	30	7	0	0	0	0	0	0	0	0	0
414	Brooke Waggoner 2014 中国巡演·重庆站	2014.04.18—2014.06.24	1000	1000	100	67	68	10	0	0	0	0	0	0	0	0	1
415	Peter Bradley Adams 2014 深圳站	2014.02.12—2014.04.11	1000	1000	100	57	59	11	0	0	0	0	0	0	0	0	1
416	The Best Pessimist 2014 中国巡演·深圳站	2014.04.14—2014.06.16	1000	1050	105	60	63	12	0	0	0	0	0	0	0	0	1
417	不可撒销 2014《她千鸟》首发巡演	2014.09.19—2014.10.21	1000	1008	101	31	32	6	0	0	0	0	0	0	1	88	0
418	[欧洲万像]《爱的升降》武汉站	2014.07.17—2014.08.16	1000	1010	101	29	30	6	0	0	3	450	0	0	0	0	1

续表

序号	项目名称	项目起止时间	目标金额	总投资金额	筹资成功比(%)	第几天筹资成功	持续时间	支持者数量	第一周支持者数量及金额					最后一周支持者数量				是否有视频(1=是)
									第1天支持者人数	第1天支持金额	第7天…	第7天…	第7天…	倒数第1天…	倒数第1天…	倒数第7天…	倒数第7天…	
419	[欧洲万像]《缝》	2014.07.17—2014.08.16	1000	1010	101	29	30	6	0	0	2	110	0	0	0	0	1
420	[欧洲万像]英国现场观影《情笛之爱》	2014.10.13—2014.11.18	1000	1050	105	37	37	6	0	0	0	0	1	80	0	0	1
421	The Candle Thievies 2014长沙站	2014.09.04—2014.10.15	1000	1020	102	42	42	6	0	0	0	0	0	0	0	0	1
422	北京·爱乐汇·俄罗斯国家剧院芭蕾舞《天鹅湖》	2014.08.25—2014.09.21	3000	3000	100	21	28	3	0	0	0	0	0	0	2	2000	1
423	不可撤销 2014《她千鸟》首发巡演·广州站	2014.09.22—2014.10.24	1000	1000	100	32	33	7	0	0	0	0	0	0	0	0	0
424	不可撤销 2014《她千鸟》首发巡演·深圳站	2014.09.22—2014.10.27	1000	1000	100	33	36	7	0	0	0	0	0	0	0	0	0
425	Maria Taylor 2014中国巡演·深圳站	2014.02.25—2014.04.18	1000	1000	100	51	53	11	0	0	0	0	0	0	0	0	0
426	Meiko 2014中国巡演·成都站	2014.09.29—2014.11.10	1000	1020	102	40	43	5	0	0	0	0	0	0	0	0	1

续表

序号	项目名称	项目起止时间	目标金额	总投资金额	筹资成功比(%)	第几天筹资成功	持续时间	支持者数量	第一周支持者数量及金额				最后一周支持者数量				是否有视频(1=是)
									第1天支持者人数	第1天支持金额	第7天…	第7天…	倒数第1天…	倒数第1天…	倒数第7天…	倒数第7天…	
427	Bang Gang 2014 中国巡演·广州站	2014.07.23—2014.09.26	1000	1426	143	63	66	4	0	0	0	0	0	0	0	0	1
428	不可撤销 2014《她千鸟》首发巡演·重庆站	2014.09.18—2014.10.20	1000	1000	100	30	33	7	0	0	0	0	0	0	0	0	0
429	不可撤销 2014《她千鸟》首发巡演·成都站	2014.09.18—2014.10.20	1000	1000	100	30	33	7	0	0	0	0	0	0	0	0	0
430	[欧洲万像]英短现场观影·《我的奶奶是天使》	2014.01.03—2014.11.18	1000	1050	105	16	16	0	0	0	0	0	1	80	0	0	0
431	Lotte Kestner 2014 中国巡演·广州站	2014.07.09—2014.08.12	1000	1000	100	34	35	7	0	0	0	0	0	0	0	0	1
432	Katie Goes to Tokyo 2014 长沙站	2014.03.02—2014.05.14	1000	1150	115	74	74	14	0	0	0	0	3	150	0	0	1
433	We Shot The Moon 2014 中国巡演·成都站	2014.03.31—2014.06.04	1000	1000	100	66	66	8	0	0	0	0	5	850	0	0	1
434	Luigi Rubino 2014 中国巡演·深圳站	2014.07.06—2014.07.28	1000	1060	106	20	23	6	0	0	0	0	0	0	0	0	1

续表

序号	项目名称	项目起止时间	目标金额	总投资金额	筹资成功比(%)	第几天筹资成功	持续时间	支持者数量	第1天支持者人数	第1天支持金额	第7天…	倒数第7天…	倒数第1天…	倒数第1天…	倒数第7天…	倒数第7天…	是否有视频(1=是)
435	Pajaro Sunrise 2014 中国巡演·上海站	2014.02.18—2014.04.09	1000	1000	100	52	53	13	0	0	0	0	0	0	0	0	1
436	不可撤销《她千鸟》首发巡演·上海站	2014.09.11—2014.10.13	1000	1000	100	31	33	7	0	0	0	0	0	0	0	0	0
437	From Your Balcony 2014 北京站	2014.12.05—2015.01.03	1000	1016	102	27	30	5	0	0	0	0	0	0	0	0	0
438	Brooke Waggoner 2014 中国巡演·深圳站	2014.04.17—2014.07.01	1000	1000	100	76	76	10	0	0	1	50	7	850	0	0	1
439	Pajaro Sunrise 2014 中国巡演·上海站	2014.02.18—2014.04.09	1000	1000	100	52	53	13	0	0	0	0	0	0	0	0	1
440	[影像季]《都市夜行侠》	2014.10.07—2014.10.25	3000	3000	100	18	19	3	0	0	0	0	0	0	0	0	1
441	Brazzaville 2014 中国巡演·长沙站	2014.07.14—2014.09.01	1000	1028	103	48	50	6	0	0	0	0	0	0	0	0	1
442	Meiko 2014 中国巡演·深圳站	2014.10.08—2014.11.17	1000	1020	102	39	41	5	0	0	1	60	0	0	0	0	1

续表

序号	项目名称	项目起止时间	目标金额	总投资金额	筹资成功比(%)	第几天筹资成功	持续时间	支持者数量	第一周支持者数量及金额					最后一周支持者数量				是否有视频(1=是)
									第1天支持人数	第1天支持金额	第7天…	第7天…	倒数第1天…	倒数第1天	倒数第7天…	倒数第7天…	
443	The Candle Thieves 2014 武汉站	2014.09.04—2014.10.13	1000	1020	102	38	40	5	0	0	0	0	0	0	0	0	1
444	瑞典摇后乐团Dorena2015上海站	2014.01.02—2014.01.19	1000	1006	101	18	18	4	0	0	0	0	5	1006	0	0	1
445	Monta 2014 中国巡演·上海站	2014.07.29—2014.09.15	1000	1000	100	46	49	3	0	0	0	0	0	0	0	0	1
446	Lotte Kestner 2014 中国巡演·深圳站	2014.07.10—2014.08.13	1000	1000	100	34	35	7	0	0	0	0	0	0	0	0	1
447	《救人》：影像心浪潮 2014 最佳类型季提案	2014.08.27—2014.09.30	3000	3000	100	35	35	3	0	0	0	0	2	2000	0	0	1
448	Luigi Rubino 2014 中国巡演·北京站	2014.07.06—2014.07.27	1000	1040	104	20	22	6	0	0	0	0	0	0	1	160	1
449	《被遗忘的时光》：影像心浪潮 2014	2014.08.26—2014.09.30	3000	3000	100	36	36	3	0	0	0	0	2	3000	0	0	1
450	《The Changing Room》：影像心浪潮	2014.08.25—2014.09.30	3000	3000	100	37	37	0	0	0	0	0	2	3000	0	0	1

续表

序号	项目名称	项目起止时间	目标金额	总投资金额	筹资成功比(%)	第几天筹资成功	持续时间	支持者数量	第一周支持者数量及金额					最后一周支持者数量				是否有视频(1=是)
									第1天支持者人数	第1天支持金额	…第7天…	第7天…	第7天…	倒数第1天…	倒数第1天…	倒数第7天…	倒数第7天…	
451	Neil Halstead 2014 中国巡演·深圳站	2014.02.15—2014.04.25	1000	1100	110	70	70	0	0	0	0	0	1	50	0	0	1
452	Miaou 2014 中国巡演·深圳站	2014.07.21—2014.09.08	1000	1020	102	48	50	7	0	0	0	0	0	0	0	0	1
453	Peter Bradley Adams 2014 长沙站	2014.01.11—2014.04.12	1000	1150	115	91	92	17	0	0	0	0	0	0	0	0	1
454	Maria Taylor 2014 中国巡演·广州站	2014.02.25—2014.04.17	1000	1004	101	50	52	13	0	0	0	0	0	0	0	0	1
455	The Candle Thievies 2014 中国巡演·广州站	2014.08.25—2014.10.17	1000	1020	102	54	54	5	0	0	0	0	4	960	0	0	1
456	[欧洲万象] 英国现场观影·《同桌的你》	2014.10.14—2014.11.18	1000	1050	105	36	36	6	0	0	0	0	1	80	0	0	0
457	Lonely Drifter Karen 2014 长沙站	2014.05.30—2014.07.22	1000	1002	101	53	54	8	0	0	0	0	0	0	0	0	1
458	Lotte Kestner 2014 中国巡演·长沙站	2014.07.10—2014.08.12	1000	1000	100	30	34	7	0	0	0	0	0	0	0	0	1

续表

序号	项目名称	项目起止时间	目标金额	总投资金额	筹资成功比(%)	第几天筹资成功	持续时间	支持者数量	第一周支持者数量及金额				最后一周支持者数量				是否有视频(1=是)
									第1天支持者人数	第1天支持金额	第7天…	第7天…	倒数第1天…	倒数第1天…	倒数第7天…	倒数第7天…	
459	[欧洲万像] 英国现场观影·《北京爱情故事》	2014.10.12—2014.11.18	1000	1050	105	38	38	6	0	0	0	0	1	80	0	0	0
460	Neil Halstead 2014 中国巡演 武汉站	2014.02.17—2014.04.23	1000	1118	112	65	66	11	0	0	0	0	0	0	0	0	1
461	Ashram 2014 中国巡演·北京站	2014.07.03—2014.07.28	1000	1080	108	26	26	5	0	0	0	0	2	600	0	0	1
462	[欧洲万像] 英国现场观影·《我不是王毛》	2014.10.09—2014.11.18	1000	1050	105	41	41	6	0	0	0	0	1	80	0	0	0
463	[乐童音乐]周云蓬新专辑《四.旧州》春歌行	2014.03.31—2014.05.10	1000	1080	108	37	41	10	0	0	1	180	0	0	0	0	0
464	The Candle Thieves 2015 上海站	2014.12.15—2015.01.05	1000	1014	102	22	22	4	0	0	0	0	4	1014	0	0	1
465	众筹专场看《小时代3：刺金时代》	2014.07.14—2014.07.17	1000	1240	124	3	4	4	0	0	0	0	0	0	0	0	1
466	The Candle Thieves 2014 杭州站	2014.09.03—2014.10.13	1000	1020	102	26	41	5	0	0	0	0	0	0	0	0	1

续表

序号	项目名称	项目起止时间	目标金额	总投资金额	筹资成功比(%)	第几天筹资成功	持续时间	支持者数量	第一周支持者数量及金额			第7天…	倒数第1天…	最后一周支持者数量			是否有视频(1=是)
									第1天支持者人数	第1天支持金额	第7天…			倒数第1天…	倒数第7天…	倒数第7天…	
467	Lotte Kestner 2014 中国巡演·武汉站	2014.07.09—2014.08.11	1000	1000	100	31	34	7	0	0	0	0	0	0	0	0	1
468	莫西子诗乐队首张专辑《原野》预售	2014.03.04—2014.06.30	5000	5300	106	99	119	4	0	0	0	0	0	0	0	0	1
469	[欧洲万像]《第101封情书》	2014.07.17—2014.08.16	1000	1010	101	30	31	5	0	0	1	70	0	0	0	0	1
470	Childs 2014 中国巡演·长沙站	2014.03.12—2014.05.30	1000	1008	101	80	80	10	0	0	0	0	1	60	0	0	1
471	Katie Goes to Tokyo 2014 重庆站	2014.03.02—2014.05.08	1000	1050	105	68	68	12	0	0	0	0	1	50	0	0	1
472	Meiko 2014 中国巡演 广州站	2014.09.30—2014.11.17	1000	1020	102	47	49	5	0	0	0	0	0	0	0	0	1
473	Katie Goes to Tokyo 2014 南京站	2014.03.04—2014.05.07	1000	1000	100	64	65	11	0	0	0	0	0	0	0	0	1
474	Meiko 2014 中国巡演 重庆站	2014.09.29—2014.11.11	1000	1020	102	44	44	5	0	0	0	0	4	960	0	0	1
475	茗春曲艺新春喜庆季火爆众筹中	2014.01.16—2014.02.05	1000	1020	102	12	21	2	0	0	0	0	0	0	0	0	1

续表

序号	项目名称	项目起止时间	目标金额	总投资金额	筹资成功比（%）	第几天筹资成功	持续时间	支持者数量	第一周支持者数量及金额			最后一周支持者数量				是否有视频（1=是）
									第1天支持者人数	第1天支持金额	第7天…	倒数第1天…	倒数第1天…	倒数第7天…	倒数第7天…	
476	英国现场观影·《美人帮》	2014.09.25—2014.11.18	1000	1050	105	55	55	6	0	0	0	1	80	0	0	0
477	Peter Bradley Adams 2014 武汉站	2014.01.16—2014.04.07	1000	1000	100	50	51	11	0	0	0	0	0	0	0	1
478	Monta 2014 中国巡演·广州站	2014.08.04—2014.09.23	1000	1020	102	50	51	5	0	0	0	0	0	0	0	1
479	Brazzaville 2014 中国巡演·广州站	2014.07.14—2014.09.02	1000	1020	102	48	51	5	0	0	0	0	0	0	0	1
480	From Your Balcony 2014 上海站	2014.12.04—2015.01.01	1000	1006	101	28	29	4	0	0	0	0	0	0	0	0
481	Peter Bradley Adams 2014 成都站	2014.01.13—2014.04.04	1000	1000	100	81	82	11	0	0	0	0	0	0	0	1
482	Erica Mou 2014 中国巡演广州站	2014.08.18—2014.10.10	1000	1020	102	42	54	5	0	0	0	0	0	0	0	1
483	PURITY MOVEMENT 2014 中国巡演·深圳站	2014.05.22—2014.07.09	1000	1000	100	29	49	6	0	0	0	0	0	0	0	1
484	Monta 2014 中国巡演·长沙站	2014.08.04—2014.09.23	1000	1020	102	50	51	5	0	0	0	0	0	0	0	1

续表

序号	项目名称	项目起止时间	目标金额	总投资金额	筹资成功比(%)	第几天筹资成功	持续时间	支持者数量	第一周支持者数量及金额					最后一周支持者数量				是否有视频(1=是)
									第1天支持者人数	第1天支持金额	第7天…	第7天…		倒数第1天…	倒数第1天…	倒数第7天…	倒数第7天…	
485	Katie Goes to Tokyo 2014 武汉站	2014.03.04—2014.05.13	1000	1000	100	68	71	11	0	0	0	0	0	0	0	0	1
486	Monta 2014 中国巡演·武汉站	2014.08.01—2014.09.19	1000	1020	102	49	50	5	0	0	0	0	0	0	0	0	1
487	靳松 巡演·深圳站	2014.06.17—2014.08.18	1000	1000	100	61	63	6	0	0	1	30	0	0	0	0	1
488	Dave Liang "上海复兴方案" 2014 长沙站	2014.03.13—2014.05.21	1000	1079	108	69	70	10	0	0	0	0	0	0	0	0	1
489	Pajaro Sunrise 2014 中国巡演·天津站	2014.02.18—2014.04.07	1000	1000	100	48	49	7	0	0	0	0	0	0	0	0	1
490	Neil Halstead 重庆站	2014.02.20—2014.04.21	1000	1000	100	59	61	11	0	0	0	0	0	0	0	0	1
491	Anna Ternheim 2014 中国巡演南京站	2014.01.26—2014.03.26	1000	1000	100	60	60	11	0	0	0	0	5	700	0	0	1
492	Brazzaville 巡演·成都站	2014.07.11—2014.08.29	1000	1020	102	48	50	5	0	0	0	0	0	0	0	0	1
493	[影像季]《我是僵尸之僵尸起源》	2014.09.23—2014.10.05	3000	3000	100	9	13	3	0	0	0	0	0	0	0	0	1

续表

序号	项目名称	项目起止时间	目标金额	总投资金额	筹资成功比(%)	第几天筹资成功	持续时间	支持者数量	第1天支持者人数	第1天支持金额	第7天…	倒数第1天…	倒数第1天…	倒数第7天…	倒数第7天…	是否有视频(1=是)
									第一周支持者数量及金额			最后一周支持者数量				
494	不可撤销 2014《她千鸟》首发巡演·南京站	2014.09.12—2014.10.13	1000	1000	100	30	32	7	0	0	1	40	0	0	0	0
495	The Candle Thievies 巡演·上海站	2014.09.02—2014.10.13	1000	1160	116	38	42	5	0	0	0	0	0	0	0	0

附录二 新三板文化创意企业数据（一）

证券代码	证券简称	成立日期	资产负债率(2014)(%)	资产负债率(2015)(%)	存货(2014)(万元)	存货(2015)(万元)	固定资产(2014)(万元)	固定资产(2015)(万元)	资产总计(2014)(万元)	资产总计(2015)(万元)	ROE(加权)(2014)(%)	ROE(加权)(2015)(%)	ROA(2014)(%)
834630.OC	新片场	2012.08.29	5.7182	2.5837	6.6891	255.6572	12.7287	146.5263	1148.0296	4418.9767	-36.5500	-72.4300	-53.1282
831454.OC	皇品文化	2011.08.16	11.5973	3.4607	38.7652	370.6595	47.2583	65.2901	833.2903	3579.8209	-44.1500	-15.5300	-34.7675
430358.OC	基美影业	2008.04.28	16.2175	5.0908	3206.5287	21622.1471	263.6624	226.3442	23560.8816	130648.1890	31.0700	5.8500	37.4494
833604.OC	南广影视	1998.10.21	19.2086	8.6099	732.2302	9883.7648	35.1037	15.1415	9765.1812	17360.6664	34.7100	14.8800	33.0785
835452.OC	元一传媒	2006.09.07	74.5590	16.2574	0.0003	0.0013	1.6438	6.6639	2098.7141	8771.4387	270.3300	60.0600	27.8312
834842.OC	光影传媒	2000.06.12	45.6488	16.8619	91.0003	1179.0772	37.1052	32.5325	2185.1269	4648.5052	156.8100	0.9800	33.2118
832024.OC	时代华影	2011.01.28	22.9830	20.9890	755.7814	1126.1243	968.0375	1263.7257	6842.9018	7246.4221	20.0300	8.2800	18.3824
832125.OC	天涌影视	2009.04.29	57.7634	21.4955	4161.7191	2920.5886	57.2450	26.1192	5093.9512	8108.5716	10.3000	16.1800	9.2304
834899.OC	恒大文化	2010.09.19	72.0494	26.9717	3384.3698	4651.08.05	8814.8585	20784.2520	444501.6228	113794.4532	170.5000	43.4000	36.0237

续表

证券代码	证券简称	成立日期	资产负债率(2014)(%)	资产负债率(2015)(%)	存货(2014)(万元)	存货(2015)(万元)	固定资产(2014)(万元)	固定资产(2015)(万元)	资产总计(2014)(万元)	资产总计(2015)(万元)	ROE(加权)(2014)(%)	ROE(加权)(2015)(%)	ROA(2014)(%)
834476.OC	自在传媒	2011.05.12	57.1539	34.2828	208.5967	190.7410	29.3748	64.2924	1402.8086	1892.3943	33.6300	61.8200	16.2204
833206.OC	影达传媒	2009.01.19	46.4406	36.7080	2757.1638	3026.5960	128.0716	179.4882	3023.4996	5938.2378	-5.9300	17.9300	-4.5167
835099.OC	开心麻花	2003.04.04	28.5987	39.0668	2526.6324	284.6684	731.1527	917.3765	13618.6515	33225.3586	47.7300	95.1200	45.7703
430508.OC	中视文化	2003.11.07	40.1966	39.7764	24.5572	48.0246	3980.7002	5273.2257	14177.0987	22926.7726	16.0000	19.5600	13.3442
833564.OC	乐华文化	2009.07.03	23.3549	44.5165	446.7336	190.4872	256.6887	296.5634	25271.5167	45373.6775	25.5000	22.4700	19.8382
833698.OC	中暮传媒	2012.09.03	28.9809	49.3781	13.7815	20.9385	886.6739	1279.5540	2866.4088	3737.0239	-3.4800	-7.3300	-1.3224
834146.OC	时代电影	2000.03.14	53.2341	52.2398	1141.4015	1748.0750	1201.1677	109.2831	3344.3704	3220.9733	13.0000	19.4500	6.0915
836683.OC	海润影业	2010.02.11	90.9162	52.7170	9840.7170	11801.8742	65.2314	42.1566	14151.2022	16160.2457	-13.3700	-6.7400	-1.5316
834588.OC	星光电影	2012.02.02	77.7691	54.8620	12.5249	23.8426	1139.8343	1609.3488	4038.1486	7786.1268	57.5100	47.0400	19.2442
835251.OC	嘉华美瑞	2010.04.14	109.6233	55.8032	20.0969	20.0633	1526.2922	1335.5423	3281.2403	3531.8021	0	108.6900	12.3196
834192.OC	中钜锐	2004.09.14	80.6966	57.1362	1411.3459	4730.2563	42.5355	79.3068	5314.0227	11470.0566	59.8300	36.2900	13.6753
833261.OC	中瑞影视	2011.01.30	83.4392	63.6758	44.0466	72.8646	3539.7390	3549.6438	8206.3105	9006.7646	-16.0700	13.4500	-4.8929
832927.OC	顶峰影业	2012.08.17	64.3825	74.6635	4009.1675	6371.8676	2.7276	9.2204	5839.6391	13361.3602	59.4400	37.2400	19.1896
835003.OC	龙腾影视	2008.12.25	94.8744	75.1070	19417.2277	17450.8744	250.6310	332.4279	30588.6902	56049.3451	40.7100	109.5700	4.7691
835431.OC	非凡传媒	2010.11.09	95.0688	89.3341	33.5371	11099.6372	1076.9294	2399.5884	3040.9093	15712.4915	-104.3700	102.9700	-14.6577
831051.OC	ST春秋	2005.11.30	97.1669	155.5715	4918.5936	8298.4690	162.5966	84.1045	33851.1568	14920.4533	-218.1900	0	-8.1711
430366.OC	金天地	2003.02.26	23.2933	19.6375	625.4524	3440.08.85	154.5422	299.3693	33139.6527	34765.9988	23.2900	10.5800	12.9119
830898.OC	华人天地	2008.02.21	29.5782	9.4872	751.8589	1305.1241	112.7518	82.1393	3955.5909	17006.5112	44.8200	12.7400	45.9928
830951.OC	嘉行传媒	2007.07.25	28.0669	11.9959	78.2496	861.5522	115.8465	101.3714	2422.1208	37836.8912	15.8600	82.3200	12.0308
832133.OC	天浦影视	2009.04.29	57.7634	21.4955	4161.7191	2920.5886	57.2450	26.2192	5093.9512	8108.5716	10.3000	16.1800	9.2304

续表

证券代码	证券简称	成立日期	资产负债率(2014)(%)	资产负债率(2015)(%)	存货(2014)(万元)	存货(2015)(万元)	固定资产(2014)(万元)	固定资产(2015)(万元)	资产总计(2014)(万元)	资产总计(2015)(万元)	ROE(加权)(2014)(%)	ROE(加权)(2015)(%)	ROA(2014)(%)
832698.OC	青雨传媒	2007.04.12	58.9225	48.7415	10235.0416	21105.3242	74.9831	63.5363	39542.4308	50736.7768	28.6300	21.5800	16.5757
832784.OC	妤样传媒	2012.03.23	10.2033	40.2778	0	630.2882	65.4984	79.9865	976.2620	6408.9556	57.7100	373.9600	46.5554
832927.OC	顶峰影业	2012.08.17	64.3825	74.6635	4009.1675	6371.8676	2.7276	9.2204	5839.6391	13361.3602	59.4400	37.2400	19.1896
833198.OC	奋斗传媒	2009.12.04	42.4497	56.4302	114.6777	115.7462	68.7098	82.7276	929.3990	1416.6660	10.3700	14.3000	9.1322
833482.OC	能量传播	2004.10.14	51.6570	39.3175	9142.3188	6828.5470	133.6123	120.3740	45296.0360	66505.7711	12.8600	19.7500	11.1006
833604.OC	南广影视	1998.10.21	19.2086	8.6099	732.2302	9883.7648	35.1037	15.1415	9765.1812	17360.6664	34.7100	14.8800	33.0785
833892.OC	艺能传媒	2010.07.14	81.7156	35.9728	5659.8665	8011.5075	121.9512	175.5670	9891.6671	21525.5182	64.7000	40.2600	19.6265
834371.OC	新安传媒	2008.06.11	52.9270	65.1295	3154.6975	8537.4458	75.7355	48.3314	5655.1039	10859.6288	7.2600	-4.9200	9.7345
834382.OC	爱尚传媒	2011.09.17	19.6568	16.9783	0	0.4212	0	4.5049	236.6793	519.0762	63.5300	-8.1500	72.1129
834522.OC	新媒诚品	2012.05.30	55.7118	25.8291	5255.2069	6500.1009	0.5937	14.3211	11975.0016	19241.0909	80.1500	39.0800	36.4580
834630.OC	新片场	2012.08.29	5.7182	2.5837	6.6891	255.6572	12.7287	146.5263	1148.0296	4418.9767	-36.3500	-72.4300	-53.1282
834641.OC	中广影视	2011.05.24	76.3924	27.1902	6853.8565	6886.2159	70.3946	111.2428	14753.6250	30070.2359	143.3600	32.6100	34.7589
834842.OC	光彩影视	2000.06.12	45.6488	16.8619	91.0003	1179.0772	37.1052	32.5325	2185.1269	4648.5052	156.8100	0.9800	33.2118
834899.OC	恒大文化	2010.09.19	72.0494	26.9717	3384.3698	4651.0805	8814.8585	20784.2520	444501.6228	113794.4532	170.5000	43.4000	36.0237
834949.OC	耀客传媒	2012.11.14	69.3905	77.3098	8858.8061	34921.8862	56.6177	41.3155	25948.3324	76102.2314	64.6600	44.1700	22.2065
834992.OC	上亿传媒	2011.02.28	75.2800	27.5971	722.9221	487.7554	23.3238	18.2448	2146.4637	2041.1219	32.5000	-1.0500	13.2730
835003.OC	龙腾影视	2008.12.25	94.8744	75.1070	19417.2277	17450.8744	250.6310	332.4279	30588.6902	56049.3451	40.7100	109.5700	4.7691
835137.OC	金色传媒	1996.04.05	82.5601	41.6512	3615.3881	2055.1869	23.5760	15.6969	9423.2949	6472.5871	64.9200	78.9600	17.4678
835431.OC	非凡传媒	2010.11.09	95.0688	89.3341	33.5371	11099.6372	1076.9294	2399.5884	3040.9093	15712.4915	-104.3700	102.9700	-14.6577
835452.OC	元一传媒	2006.09.07	74.5590	16.2574	0.0003	0.0013	1.6438	6.6639	2098.7141	8771.4387	270.3300	60.0600	27.8312
430230.OC	银都传媒	2003.10.13	54.6471	22.7241	7677.9814	5810.7198	283.9755	221.9094	14853.7305	19021.8920	0.6100	5.9300	2.5232

续表

证券代码	证券简称	成立日期	资产负债率(2014)(%)	资产负债率(2015)(%)	存货(2014)(万元)	存货(2015)(万元)	固定资产(2014)(万元)	固定资产(2015)(万元)	资产总计(2014)(万元)	资产总计(2015)(万元)	ROE(加权)(2014)(%)	ROE(加权)(2015)(%)	ROA(2014)(%)
430304.OC	每日视界	2001.12.07	69.6419	55.1496	524.8979	2163.8921	165.6682	142.0649	2505.9325	4210.8403	0.7100	11.0200	1.7414
830801.OC	盈富通	2002.03.29	12.8486	6.7003	57.6087	435.5626	538.2459	486.0644	1229.0713	3222.2741	0.5100	11.7500	1.0101
831015.OC	小白龙	2004.01.06	15.1094	11.6616	1700.0227	2265.2731	4323.0996	4485.1086	13381.6755	17876.9312	11.6600	14.7200	10.9868
831252.OC	博润通	2010.03.18	7.4159	8.5133	841.0393	1644.4412	65.8188	72.8094	1630.2593	4228.8957	17.7200	-8.2600	14.9189
831398.OC	东联教育	2008.03.11	39.9319	32.3601	3898.1644	3840.6455	11.8648	27.2479	8069.6877	10359.0223	1.6600	6.6000	0.5699
831721.OC	盛天彩	2008.02.27	55.5247	98.3267	2.5288	9.0132	229.6799	221.7249	992.7432	776.6185	-32.5600	-188.5600	-25.3189
832030.OC	皆悦传媒	2009.09.09	0.8633	20.1103	491.9932	634.2785	52.2694	103.4914	1358.2352	6979.1893	-10.1500	23.9300	-5.0696
832233.OC	阿法贝	2006.07.11	31.2386	50.3374	547.4254	633.0156	104.0558	94.1605	1736.1094	1109.6414	17.1800	-73.6700	10.8474
832900.OC	紫荆股份	2012.10.10	39.7067	16.1402	477.8442	379.2769	166.8667	120.4098	1047.5869	2012.3540	7.6200	50.7300	11.2299
833156.OC	中南卡通	2004.06.02	31.5809	23.1894	17821.8142	16339.3592	1444.5691	726.7822	43423.1188	40643.1992	6.2400	6.8100	5.6822
833355.OC	崇德动漫	2009.04.16	50.1015	42.2446	1414.4192	2636.9934	37.0041	69.8989	6658.0834	7274.1183	22.0000	23.5700	8.1267
833377.OC	童石网络	2011.08.31	59.0715	40.9282	572.5547	711.9755	120.0911	89.0374	16599.8618	23141.7755	9.9600	13.2300	6.7625
833392.OC	民和影视	2010.12.01	63.3563	64.0604	640.7976	947.5072	6.2290	3.2601	11557.5850	12889.1764	4.5400	8.9600	1.2512
833438.OC	鑫时空	2008.02.20	8.4809	2.0340	0	70.8727	96.6085	84.6056	515.1360	847.8564	50.6400	44.8000	30.7243
834161.OC	ST娱essed	2010.12.14	23.9709	266.4586	247.2763	339.6310	18.5864	39.2056	1407.8417	735.2042	-58.8800	0	-46.7252
834333.OC	国是经纬	2006.08.01	71.3188	58.8058	351.8076	397.5332	6.7429	33.3945	1551.7095	5959.5231	45.0600	104.5400	23.1404
834559.OC	河马动画	2006.01.10	25.6227	17.3931	1357.5879	2375.7369	721.0726	7162.9848	12537.9296	19410.4541	-10.7000	1.3800	-3.0895
834793.OC	华强方特	2006.07.12	72.6352	68.8555	16660.9004	17870.8816	615015.0020	745788.2994	1360063.2301	1501251.7795	22.5800	17.2400	7.9227
835622.OC	欢乐动漫	2004.09.22	105.8328	9.6823	2290.7261	3753.1940	39.5681	311.5412	2742.9093	7093.8846	0	54.2600	2.7400
835785.OC	芝兰玉树	2010.05.07	1041.4436	7.1777	265.1120	298.1874	30.6042	52.4300	634.7437	6052.4878	0	83.4600	-185.6571
835994.OC	咏声动漫	2003.05.30	18.3313	23.2819	801.9317	1469.5569	155.8411	236.0895	4608.5206	8310.5303	36.6100	49.4300	17.1518

续表

证券代码	证券简称	成立日期	资产负债率(2014)(%)	资产负债率(2015)(%)	存货(2014)(万元)	存货(2015)(万元)	固定资产(2014)(万元)	固定资产(2015)(万元)	资产总计(2014)(万元)	资产总计(2015)(万元)	ROE(加权)(2014)(%)	ROE(加权)(2015)(%)	ROA(2014)(%)
837364.OC	梦之城	2006.12.19	29.3340	27.7887	869.5626	814.7075	57.2742	60.0745	4341.6267	6707.5621	-36.6100	-72.5200	-30.8631
838914.OC	亲宝文化	2013.09.25	18.7997	19.5265	12.1352	1.1703	50.3109	34.6242	963.7856	880.7655	0	0	9.0270
430092.OC	金刚游戏	2001.09.24	40.5246	3.0991	0	0	126.6036	198.5887	3346.6726	21217.2920	-31.2700	39.3600	-12.5090
430127.OC	英雄互娱	2001.09.26	35.7451	89.4314	1793.8314	1770.8979	66.6126	89.5101	3032.4162	314687.8612	6.3900	21.4000	4.3047
430165.OC	光宝联合	2006.01.12	11.9456	15.1295	144.0105	953.5991	329.1760	1755.1930	2282.6742	19923.3893	30.2300	14.3500	23.8599
430181.OC	盖娅互娱	2009.08.25	44.5078	31.3156	13.5296	0	9.7616	110.9114	687.1563	109801.7353	-63.5500	-0.1800	-43.4607
430213.OC	乐升股份	2005.07.14	7.4878	18.9914	0	0	36.5243	61.1068	6821.2681	9897.2611	9.5400	24.9800	10.7150
430229.OC	绿岸网络	2008.11.28	9.3537	6.1881	0	0	343.2633	397.0140	29380.0155	42674.1876	21.9100	12.6100	21.0492
430307.OC	扬讯科技	2002.01.09	5.6023	5.4799	0	0	890.6151	845.6061	11682.3772	12299.7139	-3.0300	5.3400	-5.7725
430426.OC	长城软件	1996.08.01	9.9155	4.9647	0	0	1253.2060	1138.7499	5020.4194	7834.2426	21.5400	8.8100	17.9556
430627.OC	页游动漫	2010.07.29	101.7528	86.5685	0	0	47.1480	25.2532	1799.5009	2251.9016	0	175.9400	-49.9237
830936.OC	约克动漫	2009.03.23	6.6643	9.4662	29.9761	76.6644	1071.9324	1041.1606	2293.5337	9534.5337	21.3600	23.0600	20.9611
831302.OC	飞扬天下	2011.08.16	50.1747	40.0171	0	0	44.4700	58.2354	2257.3584	7506.3101	11.0000	43.8300	8.8630
831335.OC	时空客	2010.01.28	30.4077	14.4501	8.3414	14.5674	2908.2246	5733.3045	6525.8207	17350.9916	0.4200	-0.2200	1.5060
831360.OC	超级玩家	2008.06.24	42.7074	40.3604	0	0	107.3652	77.5256	1667.8189	1386.5188	-98.0000	-13.8900	-25.3035
831472.OC	复娱文化	2003.12.15	153.8141	55.4570	565.0318	1467.6513	339.8718	187.4378	5093.5822	59707.9610	0	0	-34.6420
831575.OC	光辉互动	2010.11.11	14.0045	6.8598	0	0	104.9985	186.3423	2978.2294	9031.3699	27.2900	-14.8200	21.9661
832028.OC	汇元科技	2008.11.14	51.2531	30.6488	0	0	463.4924	521.1586	55346.2742	110738.1358	30.3100	25.3400	13.7187
832626.OC	预言软件	2003.07.11	15.4409	15.3961	4.9764	0	50.6387	49.6067	1995.8800	2547.4074	-0.9400	24.3300	-1.7559
832900.OC	紫荆股份	2012.10.10	39.7067	16.1402	477.8442	379.2769	166.8667	120.4098	1047.5869	2012.3540	7.6200	50.7300	11.2299
832929.OC	顶点股份	2011.07.07	27.4935	9.4579	0	0	7.2218	4.1381	611.9830	577.6150	-14.4900	16.4000	-16.3842

续表

证券代码	证券简称	成立日期	资产负债率(2014)(%)	资产负债率(2015)(%)	存货(2014)(万元)	存货(2015)(万元)	固定资产(2014)(万元)	固定资产(2015)(万元)	资产总计(2014)(万元)	资产总计(2015)(万元)	ROE(加权)(2014)(%)	ROE(加权)(2015)(%)	ROA(2014)(%)
833148.OC	乐卓网络	2012.09.25	3.7740	6.4337	0	0	59.0612	198.9747	2209.7509	8590.6932	-159.4000	-3.1500	-27.8253
833377.OC	童石网络	2011.08.31	59.0715	40.9282	572.5547	711.9755	120.0911	89.0374	16599.8618	23141.7755	9.9600	13.2300	6.7625
833416.OC	掌上纵横	2007.08.30	33.8491	28.8891	733.7518	1329.9168	66.1836	152.9352	10075.6838	24224.2734	53.4600	27.7800	41.5220
833420.OC	集趣股份	2009.01.04	27.4747	8.8056	0	0	35.9571	36.7898	3112.1991	2153.5825	5.4300	-14.0100	5.8884
833710.OC	风雷科技	2006.06.19	33.9988	18.0967	0	0	230.1478	172.4232	4374.3417	2995.05.49	85.9400	23.3600	68.6080
833726.OC	蜂派科技	2012.11.19	25.7271	7.7742	0	15.3815	28.0920	25.3532	2378.8834	5777.6367	153.0400	51.4200	109.2652
833765.OC	爱扑网络	2008.03.18	9.3104	20.1848	0	0	13.1430	33.2626	1049.3726	1482.2165	12.2200	7.6200	15.1347
833857.OC	时光科技	2011.11.11	24.7682	3.5496	0	0	54.4680	51.1808	4699.1331	16568.5582	120.8300	68.0200	126.3750
833897.OC	心动网络	2011.07.29	33.6078	21.0273	0	281.2843	1877.6828	1444.7097	37841.3166	62402.8522	20.7600	6.3600	14.5929
833928.OC	火谷网络	2011.09.26	2.6114	3.7038	0	0	47.8260	52.0524	12125.4943	9413.3170	97.2900	-18.1400	92.7473
833953.OC	唯思软件	2004.09.02	3.4768	4.4524	0	0	820.1060	449.4766	6035.4045	5022.2794	-11.2800	-19.3300	-15.6785
833976.OC	新游网络	2011.05.10	26.0577	6.5905	0	0	1391.2764	1205.3001	4336.6010	3546.4504	0	37.0000	35.1917
834054.OC	游戏多	2010.02.10	12.1541	4.2531	0	11.8885	28.6569	54.9830	1644.6770	5740.2253	-22.2200	3.3300	-20.7436
834084.OC	赛能鼎力	2010.01.05	8.0197	25.9133	0	0	0.4854	22.3664	1395.2872	11663.8131	9.1500	60.1000	10.4812
834133.OC	卓杭科技	2011.03.25	28.0385	21.8978	0	0	27.5915	27.4136	567.9519	908.9268	0	33.8400	27.7185
834149.OC	动信通	2011.07.22	2.0412	21.7270	0	0.0000	18.2624	24.9918	1788.9251	2166.4555	5.0800	2.7500	3.6893
834195.OC	华清飞扬	2007.08.14	12.4473	40.4777	0	0	131.6471	136.2947	11918.0881	36424.2065	37.2300	71.5100	37.0405
834365.OC	杭州掌盟	2007.06.15	5.8171	6.2536	0	0	2274.7841	2199.8847	9516.9075	10431.9928	61.5600	31.1200	68.3244
834385.OC	力港网络	2009.02.23	21.2595	14.3407	273.2294	291.2913	316.2999	279.2598	21079.8830	17619.2774	60.1200	41.4400	52.2174
834448.OC	遥望网络	2010.11.24	40.6548	51.8995	0	4342.9121	7.6457	209.2182	3959.6217	20026.1760	182.2400	35.1400	84.2095
834470.OC	襄利网络	2010.06.18	5.6332	43.4642	0	0	85.4487	40.3996	970.9877	1525.3266	-14.6000	-44.9000	-10.5551

续表

证券代码	证券简称	成立日期	资产负债率(2014)(%)	资产负债率(2015)(%)	存货(2014)(万元)	存货(2015)(万元)	固定资产(2014)(万元)	固定资产(2015)(万元)	资产总计(2014)(万元)	资产总计(2015)(万元)	ROE(加权)(2014)(%)	ROE(加权)(2015)(%)	ROA(2014)(%)
834498.OC	易简集团	2010.11.23	13.6974	19.2595	0	0	72.2507	61.7924	4427.1628	20116.4218	71.4900	29.1800	73.7843
834597.OC	颗豆互动	2011.06.21	83.7711	8.3014	0	0	97.4359	75.3613	2126.5190	2856.6556	6062.0900	23.8700	44.7712
834643.OC	豹风网络	2008.12.08	74.9365	26.3931	0	0	68.6232	142.2232	1566.0778	3302.6627	58.0600	-113.6800	-1.6163
834645.OC	心游科技	2011.04.12	10.1779	15.5908	0	0	141.4097	107.6152	3630.0099	2535.0961	56.3900	-42.2300	56.2319
834712.OC	掌上明珠	2006.10.25	16.6306	5.8485	0	0	82.1980	59.2201	10866.6027	15303.2437	42.8300	-10.4700	40.7283
834785.OC	云畅游戏	2009.04.27	11.6137	8.2183	0	0	51.1015	82.3549	2993.7919	8076.2897	84.8000	83.5200	69.4320
834902.OC	网映文化	2006.04.26	79.7125	46.1707	0	0	61.7661	110.9670	1060.3566	2603.0336	125.6100	19.0900	24.8035
834910.OC	游酷网络	2007.07.31	27.8236	41.9157	0	0	0.4490	28.2743	2323.6371	4246.0824	32.3000	65.9300	35.0404
834924.OC	悦游网络	2012.07.11	10.9741	5.8062	0	7.2374	45.7552	194.5547	240.9863	9277.4158	-71.1100	52.8200	-63.0165
834932.OC	麒麟文化	2007.09.25	8.2984	10.9370	0	0	813.0229	586.8675	24783.0682	20019.1629	0.9500	-10.4100	-1.6828
835055.OC	乐享方登	2011.06.30	54.0422	57.1234	0	0	99.3071	170.9904	2561.9527	14754.8701	-533.0000	-112.1300	-160.8772
835067.OC	墨麟股份	2011.11.14	53.3252	16.6951	0	0	3035.9281	1856.6543	38589.8809	75722.3765	48.6500	42.9200	27.8486
835170.OC	本捷网络	2012.03.27	30.2828	32.3548	0	0	46.1206	29.0028	518.2243	563.6499	129.8100	-102.3500	124.2127
835381.OC	爱玩网络	2010.06.24	98.8528	7.0088	0	0	16.3428	15.2188	773.3642	5554.2458	-521.0300	190.9700	8.4101
835471.OC	呈天网络	2008.08.07	87.6657	17.3605	0	0	266.4982	81.9979	1206.1957	2423.1227	-167.5400	30.9000	-81.1277
835499.OC	智玩网络	2011.02.28	91.6297	3.8130	0	0	50.8800	100.1167	664.7888	2656.2340	-81.0300	-77.8000	-13.0970
835616.OC	无锡优拓	2011.06.30	7.0941	23.5278	0	0	13.9438	8.8347	1305.4219	1372.1943	0	-14.4200	-24.9265
835743.OC	展鸿软通	2006.10.10	33.8287	27.9990	0	0	13.9937	11.0764	1589.5383	3398.1394	-9.9600	32.7800	-7.1845
835804.OC	安趣股份	2011.03.11	11.4106	12.9148	0	0	35.0233	25.2798	889.1877	4627.8480	-33.0500	9.1200	-30.3838
835843.OC	皿鎏软件	2003.09.15	14.7985	30.0268	187.3489	214.5428	90.0049	104.7095	3106.0416	3297.4157	8.5200	-13.6900	6.7386
835872.OC	上方传媒	2004.09.06	30.3734	27.5639	0	0	9.8836	6.6456	1273.7777	2417.3698	32.4200	48.9900	23.5821
835982.OC	联盛科技	2008.11.21	72.9495	16.1162	0	0	30.5889	17.9691	356.7580	2566.5418	323.8300	84.7500	40.1343

续表

证券代码	证券简称	成立日期	资产负债率(2014)(%)	资产负债率(2015)(%)	存货(2014)(万元)	存货(2015)(万元)	固定资产(2014)(万元)	固定资产(2015)(万元)	资产总计(2014)(万元)	资产总计(2015)(万元)	ROE(加权)(2014)(%)	ROE(加权)(2015)(%)	ROA(2014)(%)
835997.OC	雨神电竞	2011.04.19	117.7210	25.2033	0	0	17.6526	27.8243	191.5821	1413.6938	0	213.8000	-116.4148
836002.OC	乐蜀网络	2010.09.21	89.5220	10.8104	0	0	14.9942	39.4815	423.2230	852.7773	69.6700	-114.7000	-12.7638
836014.OC	掌游天下	2010.05.13	52.5929	16.0458	0	0	89.9404	194.2984	7062.5423	30397.8323	104.7400	58.1100	65.7902
836020.OC	达唯科技	2011.12.29	49.4988	6.8528	0	0	1.0374	4.5511	127.9827	1515.1811	3.6900	-138.2700	1.8137
836031.OC	小奥互动	2009.04.16	12.8896	26.8071	0	0	68.9237	595.7453	11255.0646	12922.6424	92.3500	21.5500	78.0886
836327.OC	西岐网络	2012.01.12	35.1404	36.0689	0	0	37.7395	99.3102	718.9564	1426.2304	-62.0100	-9.6300	-48.3181
836333.OC	像素软件	2002.03.18	10.8830	13.9072	0	0	254.6958	261.5395	23396.0411	26586.3794	-17.1200	14.1100	-20.2516
836401.OC	齐思信息	2010.05.25	24.4015	17.4049	0	0	6.8927	5.3904	1427.8023	868.0560	46.0600	-40.3500	24.1079
836527.OC	盛世锦天	2010.09.02	128.0050	8.4243	14.4055	387.3261	16.1326	48.1012	455.7950	5780.4695	0	222.2400	-107.5511
836535.OC	网浆信息	2009.10.23	4.3268	3.0066	121.5692	52.8822	6.7434	21.9748	1405.6692	4077.2788	34.0400	9.8600	19.4848
836617.OC	软岛科技	2006.07.13	65.6684	14.7276	0	0	531.4928	487.0951	2424.9049	5239.9994	101.0100	64.3600	46.5174
836666.OC	摩艾客	2008.01.21	25.9675	5.5686	0	0	13.0181	10.7121	1328.5245	1097.9432	2.4500	5.2700	2.9097
837011.OC	极致互动	2010.08.11	110.4307	29.8943	47.8690	5.7692	2726.9431	1684.2682	5832.3797	7751.3753	0	27.9600	48.0555
837014.OC	塔人网络	2008.09.25	43.6678	66.9411	0	0	21.4488	77.9985	2004.5768	3543.2995	7.3800	24.7300	4.3591
837172.OC	快定网络	2010.11.18	27.3207	10.1710	0	0	58.0213	40.2449	1500.5217	1966.3928	32.3400	13.4900	29.2912
837429.OC	壹柴伍	2008.01.24	117.4671	2.6288	0	0	4.9237	9.3028	311.7212	6519.9298	0	33.8900	133.2734
837493.OC	木瓜移动	2008.04.09	21.2733	49.9496	0	0	54.9762	66.3535	8144.2554	18748.4622	63.1900	0	6.9184
837685.OC	淘金互动	2013.06.26	12.1011	35.1143	0	0	7.2097	28.4446	212.9287	765.1652	-46.1300	132.7800	20.8492
837726.OC	仙侠网络	2010.04.19	32.8780	11.5639	0	0	75.6866	73.5378	823.4336	1587.6379	-22.3600	34.4400	-35.7602
430235.OC	典雅天地	2009.02.02	25.0458	54.8790	47.8690	5.7692	163.0574	49.3720	824.7120	465.7941	27.9700	-84.6300	-17.3639
831239.OC	云南文化	2011.02.18	13.9169	7.4929	135.3889	426.7257	1455.4669	1749.8197	8954.5321	18367.2341	119.0000	3.4100	25.7204
833535.OC	新青年	2005.10.13	19.0086	7.7037	0	0	33.2648	40.7961	716.7548	1298.0755		2.7500	36.9254

续表

证券代码	证券简称	成立日期	资产负债率(2014)(%)	资产负债率(2015)(%)	存货(2014)(万元)	存货(2015)(万元)	固定资产(2014)(万元)	固定资产(2015)(万元)	资产总计(2014)(万元)	资产总计(2015)(万元)	ROE(加权)(2014)(%)	ROE(加权)(2015)(%)	ROA(2014)(%)
833605.OC	龙视星	2008.01.03	47.7231	75.1633	0	0	52.0909	48.6009	1328.7158	4808.7826	-613.8300	16.7400	-31.4016
834015.OC	金海岸	2008.07.25	19.7487	17.0744	65.9707	71.0085	1948.6086	1538.6156	26504.4241	28755.0672	11.0500	11.7100	12.9939
834191.OC	世博演艺	2008.09.22	13.4771	16.5803	0	88.0611	31.7532	60.6834	1174.9440	1127.8924	6.0400	-17.6500	7.5548
834614.OC	百禾传媒	2005.09.14	68.3654	19.3453	0	47.4295	127.6533	102.3762	2134.1608	3003.7976	34.5600	33.7900	15.7646
835099.OC	开心麻花	2003.04.04	28.5987	39.0668	2526.6324	284.6684	731.1527	917.3765	13618.6515	33225.3586	47.7300	95.1200	45.7703
836335.OC	丑小鸭	2006.08.24	53.5886	29.8070	4.1081	2.0875	66.1253	36.0438	627.8350	1050.1784	19.6600	26.9700	11.4361
839388.OC	多彩贵州	2006.01.19	16.6749	20.4943	0	4.4798	170.2575	680.9709	7146.1895	5153.4688	0	0	18.9219
430578.OC	差旅天下	2010.04.07	60.0920	23.5352	23.5451	0	327.1347	271.9778	6278.7479	16969.8577	36.2800	50.1400	23.6056
830812.OC	约伴旅游	2009.03.26	21.6806	24.5483	0	0	77.3640	56.9561	2081.3588	3722.4352	-5.8800	50.9600	-3.1017
830944.OC	景尚旅业	2005.09.28	53.0196	24.1546	281.5854	522.5788	1052.6217	20844.7381	12296.1345	45738.5127	22.8000	9.2500	14.3055
831017.OC	星月股份	2005.05.17	32.7330	68.5512	218.7810	211.9625	1803.6972	1724.3355	6587.7655	12194.1675	-3.9400	-14.4300	-0.0750
831062.OC	远古信息	2009.01.21	27.4943	18.0193	112.0655	95.2716	24.3553	22.8342	2529.1512	4856.0090	51.4000	45.5900	37.6951
831320.OC	路跨国旅	2010.12.02	28.0861	41.8253	0.0000	0	4.7042	427.8412	744.3726	6014.2831	0.1300	-63.9500	1.7848
831408.OC	大美游轮	2002.03.07	60.9455	55.2068	101.6823	84.5692	14851.5509	13713.4773	17443.2631	15131.4913	1.3600	-0.5100	2.8504
831633.OC	那然生命	2009.05.25	6.8615	6.0281	16.3392	49.8392	4601.6883	5784.8553	12323.1269	31996.7270	0.3800	0.8700	0.5301
832421.OC	恐龙谷	2005.03.28	57.1851	52.2139	7.9563	8.0059	19078.9020	18250.4490	30512.0598	30303.6790	0	10.2900	4.3621
832461.OC	西域旅游	2001.01.18	73.4809	59.1184	164.1103	186.3494	26660.7448	26152.9218	45203.9287	42940.2049	1.1600	18.8200	3.7907
832657.OC	光合文旅	1997.10.27	69.1725	70.8314	58460.1742	68506.9703	1917.9139	3170.4769	102633.0821	111585.0986	11.7900	2.8300	6.7087
832841.OC	天诺和声	2009.09.29	38.0579	57.2034	0	427.0000	13.9747	234.0787	882.7318	2059.0627	19.6500	-61.2000	15.4812
833036.OC	山西海	2010.04.01	32.8934	44.5668	0	0	2920.0482	3407.6981	13084.5235	16727.6359	9.8900	5.0100	3.5507
833099.OC	乐旅股份	2007.10.23	2.6199	15.1916	0	0	53.9361	47.5578	1360.4286	1593.7979	-32.8700	2.0100	-30.4285
833158.OC	马上游	2010.06.22	1.6190	10.8628	95.0070	222.0566	384.0591	227.3054	11000.4954	9834.3680	-2.5900	-21.2800	-1.9984

续表

证券代码	证券简称	成立日期	资产负债率(2014)(%)	资产负债率(2015)(%)	存货(2014)(万元)	存货(2015)(万元)	固定资产(2014)(万元)	固定资产(2015)(万元)	资产总计(2014)(万元)	资产总计(2015)(万元)	ROE(加权)(2014)(%)	ROE(加权)(2015)(%)	ROA(2014)(%)
833194.OC	碧螺塔	1998.10.13	46.7415	56.7491	49.8979	87.6859	723.7989	2071.4353	3712.9696	5489.7871	15.6000	8.9200	8.0004
833209.OC	苏州园林	2001.05.11	66.1343	58.4793	40130.5548	63670.0355	211.8830	1609.8590	89186.3281	128926.7819	24.8000	20.1500	11.6879
833216.OC	海涛股份	2010.05.07	78.9578	58.6586	0	0	38.1422	36.1296	11862.8528	26561.5251	0.2000	29.7700	7.8924
833536.OC	香堤湾	2011.07.20	25.7964	24.3377	105.3137	188.7173	24644.0161	23227.3825	53119.3270	53962.7550	18.9600	2.5600	0.5436
833623.OC	胜茵股份	2007.02.02	42.7072	42.1358	86.3735	164.4758	930.3408	914.7410	7070.6476	14885.0428	25.5100	29.4900	3.7230
833741.OC	山水股份	2001.11.13	74.8386	88.3415	0	0.0000	18.3516	42.1793	2320.9787	5157.7105	23.6000	2.9200	7.5479
833745.OC	恐龙园	2000.07.07	58.9539	51.1008	1413.2824	1472.6162	107070.9286	100417.4395	138797.4044	127045.7699	11.4000	10.7000	8.9935
833775.OC	文旅科技	2009.12.09	60.3442	63.5318	1751.6462	2032.9651	1165.4232	1935.1489	25317.1783	46404.1685	60.5200	50.3800	24.6604
833809.OC	白山国旅	1998.07.10	30.5459	22.9262	0	0.0000	1.6290	3.5061	1093.3125	1346.5657	47.4100	8.9000	26.5460
833935.OC	明游天下	1999.11.17	61.0626	13.2057	0	37.7370	2.0475	72.3090	2872.6586	9452.5636	27.8000	-13.6000	17.0620
834132.OC	我要去哪	2010.08.16	50.6400	60.5178	131.7073	128.8350	878.6133	5086.2780	9606.5379	26254.0945	53.6200	9.2800	25.0972
834184.OC	秦皇旅游	2012.11.12	5.3297	8.7680	351.3524	256.6296	4596.2051	4508.6884	5692.0359	6054.7931	20.4100	2.4800	8.4055
834199.OC	同里旅游	2011.07.19	111.7720	61.5988	230.4512	289.3711	30412.0243	30372.0084	35078.0258	35677.8009	0	-26.7300	-5.0909
834246.OC	喀纳斯	1999.03.26	25.1414	21.3817	2.9871	7.3877	16028.3292	19302.7078	27845.4061	31361.6117	-7.8500	10.4900	-5.6295
834260.OC	中惠旅	2007.03.19	57.8434	29.3546	0	0	6492.7177	11489.8921	10470.0045	19862.4499	0.5800	32.2200	3.0234
834481.OC	普峰旅行	2009.11.06	79.0200	67.4119	18.2879	8.9251	4.6594	2.3740	2550.6539	1753.1304	9.5000	5.0500	2.2192
834558.OC	口岸旅游	2011.11.01	87.5603	88.7509	0	0	4210.9832	3745.3523	15279.5050	35202.0935	-77.1000	74.4900	0.4377
834598.OC	天冰温泉	2012.01.09	5.9327	15.3962	0	0	29.2541	29.2541	1846.3742	3205.7665	9.8000	43.8500	12.1750
834651.OC	飞扬旅游	2001.09.19	71.7101	58.6505	0	0	62.6305	1255.4744	5480.4611	6393.3678	71.9500	64.0600	20.2840
834697.OC	道旅旅游	2012.03.29	98.1410	87.1176	0	0	10.0154	21.2071	467.8670	3742.1226	-140.5500	-9.2700	-34.5723
834793.OC	华强方特	2006.07.12	72.6352	68.8555	16060.9004	17870.8816	615015.0020	745788.2994	1360063.2301	1501251.7795	22.5800	17.2400	7.9227

续表

证券代码	证券简称	成立日期	资产负债率(2014)(%)	资产负债率(2015)(%)	存货(2014)(万元)	存货(2015)(万元)	固定资产(2014)(万元)	固定资产(2015)(万元)	资产总计(2014)(万元)	资产总计(2015)(万元)	ROE(加权)(2014)(%)	ROE(加权)(2015)(%)	ROA(2014)(%)
834833.OC	成都文旅	2012.10.26	39.8786	2.5417	402.6986	394.1435	49612.4218	57895.2491	60812.1418	70013.6973	16.6500	9.8300	11.3824
834856.OC	国游网络	2007.11.22	25.3050	28.6309	159.5241	127.8833	602.7445	369.7881	4760.9692	6401.1438	25.0100	24.9200	24.3751
834999.OC	上游文旅	2004.05.13	75.7270	39.7939	17.5298	25.7747	113.3599	89.7279	1205.4283	1071.8144	5.2200	10.6700	7.9651
835048.OC	龙云旅游	2008.10.15	48.3304	2.4448	51.6529	157.9937	2260.8941	2234.4747	4481.3019	10987.1313	123.8800	11.1600	14.9963
835073.OC	行知探索	2005.08.11	27.8091	47.2612	43.1593	14.7469	180.7351	359.6961	2689.2998	3880.2341	64.4400	-2.9300	37.8620
835105.OC	紫竹米	2011.09.05	77.4683	10.6478	0	0	47.1248	69.3343	683.4366	1702.2401	-12.2000	58.3900	-3.5043
835156.OC	丽江文旅	2003.12.01	7.3258	5.1848	1427.3295	1467.7259	816.0060	727.3131	4645.1675	6152.1140	15.3000	14.9200	15.0568
835188.OC	景域文化	2007.08.13	93.9668	86.2479	0	0	742.3476	1953.9649	46987.6440	86771.2251	-141.9800	-374.3000	-42.7038
835260.OC	票管家	2012.05.16	85.6404	88.0980	0	0	20.2737	52.4017	1635.5527	3137.8527	-47.8400	-279.3700	-6.9328
835397.OC	马仁奇峰	2002.04.28	71.8639	73.1710	89.4385	95.9508	5747.3105	5785.4624	18673.8105	17623.1743	-3.9400	-10.5500	0.9353
835418.OC	翔川股份	2009.03.11	41.4348	64.3852	0	0	19.6444	32.0762	1556.2031	6397.2611	0	26.6300	-27.4779
835451.OC	走客股份	2011.05.06	16.3492	10.0214	0	0	7.6741	78.3935	506.1204	1420.1263	-178.4300	-66.6800	-121.9961
835453.OC	火焰山	2002.11.01	9.2000	5.7308	0	0	828.1023	875.9499	1274.6014	1768.9331	11.6300	47.1300	10.9273
835495.OC	视野股份	2010.06.04	88.9044	26.7727	0	0	6.4093	3.7368	2798.0409	5436.4764	41.8400	8.1600	6.5965
835658.OC	金旅居	2010.04.28	42.1032	44.7426	75.9380	65.5587	208.4088	199.6855	1398.5357	9748.4525	-33.0400	2.4800	-20.6872
835714.OC	山水酒店	1999.03.09	52.9371	60.1633	1086.4133	1189.7016	9102.2680	8820.4789	43951.6873	44615.8453	10.5700	8.4700	8.1004
835976.OC	白鹿温泉	2007.04.24	78.1703	68.1667	249.1930	222.7111	34905.9863	34706.4983	62175.3913	66636.6867	8.6300	12.2500	3.3850
836004.OC	古井酒店	2000.11.29	108.3943	85.8684	74.4826	77.7239	1156.6100	960.4617	7306.2127	6708.7811	0	0.9600	-1.8766
837096.OC	一块去	2012.07.31	16.2207	82.6751	0	0	56.5344	74.6824	1403.5737	2836.2276	-302.2500	-319.5700	-69.1764

附录三　新三板文化创意企业数据（二）

证券代码	证券简称	ROA(2015)(%)	营业利润/营业总收入(2014)(%)	营业利润/营业总收入(2015)(%)	速动比率(2014)	速动比率2015	流动资产周转率(2014)(次)	流动资产周转率(2015)(次)	净利润(同比增长率)(2014)(%)	净利润(同比增长率)(2015)(%)	总资产(同比增长率)(2014)(%)	总资产(同比增长率)(2015)(%)
834630.OC	新片场	-59.4570	-151.9081	-221.4747	14.9103	31.9264	0.4121	0.3055	-638.8512	-467.6323	837.0175	284.9184
831454.OC	皇品文化	-8.6146	-45.7420	-26.1483	7.4015	24.5544	0.9396	0.5081	-4472.3467	35.5703	18.8693	329.6007
430358.OC	基美影业	5.0471	48.7180	23.0443	5.1650	15.6911	0.7952	0.2597	556.7092	-32.0300	43.7755	454.5132
833604.OC	南广影视	19.7166	54.9237	54.6885	4.7275	4.8817	0.6207	0.3465	-7.2512	8.2006	143.1367	77.7813
835452.OC	元一传媒	43.7703	24.6698	36.0123	1.3402	5.3134	1.0985	1.4222	2389.4494	195.1398	-24.3162	317.9435
834842.OC	光彩传媒	2.1596	20.4376	2.6708	3.4177	4.3211	1.5391	0.6934	11671.6359	-97.4100	-67.3785	112.7339
832024.OC	时代华影	7.5762	16.2720	1.3802	3.5324	3.3878	1.0148	1.1230	-51.3045	-53.4382	26.7248	5.8969
832133.OC	天涌影视	10.2246	17.7266	23.2532	0.2894	2.9510	0.4180	0.3882	37.7645	119.1147	101.4162	59.1804
834899.OC	佰大文化	27.9935	644.0579	339.9405	3.4251	6.6088	0.0599	0.0778	797.5945	-21.5027	391.1287	-74.3995
834476.OC	自在传媒	49.7764	9.2921	26.5938	1.4525	2.5166	1.8245	1.9372	35494.2222	311.2573	69.6604	34.9004
833206.OC	影达传媒	16.5243	-56.1873	17.5474	0.0688	1.1758	0.0933	0.9854	-387.5342	655.3527	8.2612	96.4028
835099.OC	开心麻花	74.9690	34.3961	44.2635	1.9845	2.5086	1.7830	1.8106	17.7279	224.5498	33.7886	143.9695
430508.OC	中视文化	17.1983	6.0592	12.4715	0.7758	1.9566	2.3572	2.8854	103.1101	81.8643	19.7459	61.7170
833564.OC	乐华文化	16.8872	25.1142	27.0157	3.9389	2.0950	0.7365	0.6374	46.5295	62.9557	100.3042	79.5447
833698.OC	中喜传媒	-3.2485	-3.2043	-4.5700	0.6283	0.3391	6.7795	6.9799	85.2720	-154.4813	14.6720	30.3730
834146.OC	时代电影	14.9376	12.2862	24.9624	0.2268	0.4063	0.7668	0.8265	-89.7356	396.7495	-0.1387	-3.6897
836583.OC	海润影业	-2.9026	-27.4480	-9.3904	0.2616	0.3896	0.0597	0.3098	-16.6186	-81.0013	57.3772	14.1970
834588.OC	星光电影	24.0572	10.2750	13.4369	0.3416	0.4428	4.7011	4.9452	98.8120	150.5891	93.9324	92.8143
835251.OC	嘉华美瑞	27.6951	0.1696	9.6233	0.2634	0.8700	7.7503	5.5505	303.5862	188.7490	-11.4189	7.6362
834192.OC	中钜鋮	18.8700	3.9144	6.9464	0.8910	1.0064	3.1115	2.5409	466.8758	194.9670	81.5652	115.8451
833261.OC	中瑞影视	8.8154	-9.9653	4.7580	0.2583	0.3723	3.8506	6.2127	-13.4227	211.5274	28.4706	9.7541

续表

证券代码	证券简称	ROA (2015) (%)	营业利润/营业总收入 (2014) (%)	营业利润/营业总收入 (2015) (%)	速动比率 (2014)	速动比率 2015	流动资产周转率 (2014) (次)	流动资产周转率 (2015) (次)	净利润(同比增长率) (2014) (%)	净利润(同比增长率) (2015) (%)	总资产(同比增长率) (2014) (%)	总资产(同比增长率) (2015) (%)
832927.OC	顶峰影业	10.2873	30.9790	6.5492	0.4730	0.6917	0.5884	1.1159	292.2467	6.7783	−21.4212	128.8046
835003.OC	龙腾影视	13.0545	20.5630	37.2910	0.4027	1.1135	0.1381	0.3241	205.0100	853.1088	109.7322	83.2355
835431.OC	非凡传媒	16.5347	−57.8818	36.5776	0.4048	0.0948	0.7815	0.5328	−283.7833	413.4031	63.0375	416.7037
831051.OC	ST春秋	−57.9509	−46.2836	−115.9248	0.9462	0.2455	0.2302	0.5769	−298.1707	−166.3323	17.1402	−52.0310
430366.OC	金天地	8.6097	25.8058	55.6735	4.1875	4.4950	0.4521	0.1504	11.5246	4.3158	121.0769	4.9076
830898.OC	华人天地	18.6958	51.0378	52.0352	2.6333	9.6561	0.9073	0.3442	109.0938	44.3743	96.2367	329.9360
830951.OC	嘉行传媒	40.0230	9.9511	56.2899	3.1438	8.0402	0.9177	0.7167	34.6270	3071.0397	−3.9588	1462.1389
832133.OC	天涌影视	10.2246	17.7266	23.2532	0.2894	2.9510	0.4180	0.3882	37.7645	119.1147	101.4162	59.1804
832698.OC	青雨传媒	15.3335	27.2103	28.1358	1.4020	1.1541	0.4889	0.3987	78.1284	14.1219	4.6846	28.3097
832784.OC	好样传媒	−102.1987	23.7722	−121.1454	8.6986	0.5346	2.2430	2.3989	59269.6620	−1929.4647	463.4392	556.4791
832927.OC	顶峰影业	10.2873	30.9790	6.5492	0.4730	0.6917	0.5884	1.1159	292.2467	6.7783	−21.4212	128.8046
833198.OC	奋斗传媒	10.5736	6.3447	5.8008	1.1278	1.1441	1.8385	2.6646	441.6030	53.3598	30.8857	52.4282
833482.OC	能量传播	12.2570	8.5033	15.3553	1.5164	2.2174	1.0089	0.7247	−34.3310	66.1539	29.9396	46.8247
833604.OC	南广影视	19.7166	54.9237	54.6885	4.7275	4.8817	0.6207	0.3465	−7.2512	8.2006	143.1367	77.7813
833892.OC	艺能传媒	30.8498	30.2476	41.3108	0.4941	2.1102	0.6145	0.7241	520.4944	292.8750	222.3869	117.6126
834371.OC	新安传媒	2.7928	3.3823	−13.5167	0.7148	0.3192	0.2311	0.1610	−82.1494	−174.8843	23.7575	92.0323
834382.OC	爱尚传媒	−11.9652	27.0495	−6.4525	5.0873	5.2685	2.6840	1.9487	98868.3990	−137.3144	112.8784	119.3162
834522.OC	新媒诚品	31.4836	36.9246	37.2426	1.0072	2.5467	0.8672	0.8191	53.1697	16.7311	113.8676	54.1698
834630.OC	新片场	−59.4570	−151.9081	−221.4747	14.9103	31.9264	0.4121	0.3055	−638.8512	−467.6323	837.0175	284.9184
834641.OC	中广影视	21.5264	36.8855	29.6446	0.6929	2.8009	0.9148	0.6587	1888.5793	23.4718	76.8481	103.8159
834842.OC	光彩传媒	2.1596	20.4376	2.6708	3.4177	4.3211	1.5391	0.6934	11671.6359	−97.4100	−67.3785	112.7339

续表

证券代码	证券简称	ROA(2015)(%)	营业利润/营业总收入(2014)(%)	营业利润/营业总收入(2015)(%)	速动比率2014	速动比率2015	流动资产周转率(2014)(次)	流动资产周转率(2015)(次)	净利润(同比增长率)(2014)(%)	净利润(同比增长率)(2015)(%)	总资产(同比增长率)(2014)(%)	总资产(同比增长率)(2015)(%)
834899.OC	恒大文化	27.9935	644.0579	339.9405	3.4251	6.6088	0.0599	0.0778	797.5945	-21.5027	391.1287	-74.3995
834949.OC	耀客传媒	16.5578	20.4476	21.1941	0.9391	0.6971	0.8923	0.6776	428.4664	63.2789	22.5372	193.2837
834992.OC	上亿传媒	-0.1431	18.8578	-0.1587	0.8641	2.6932	0.7182	0.5367	132.7258	-105.7242	138.2174	-4.9077
835003.OC	龙腾影视	13.0545	20.5630	37.2910	0.4027	1.1135	0.1381	0.3241	205.0100	853.1088	109.7322	83.2355
835137.OC	金色传媒	34.7624	25.0733	31.7532	1.0723	1.5325	0.5515	0.8557	313.4693	166.2194	47.8052	-31.3129
835431.OC	非凡传媒	16.5347	-57.8818	36.5776	0.4048	0.0948	0.7815	0.5328	-283.7833	413.4031	63.0375	416.7037
835452.OC	元一传媒	43.7703	24.6698	36.0123	1.3402	5.3134	1.0985	1.4222	2389.4494	195.1398	-24.3162	317.9435
430230.OC	银都传媒	7.8313	-5.6417	1.7084	0.8283	2.7687	0.2440	0.3261	-95.8828	1449.7252	27.0150	28.0614
430304.OC	每日视界	4.2524	-9.0612	2.0173	0.8866	0.7509	1.1394	0.6600	106.6575	2257.5456	75.5314	68.0349
830801.OC	盈富通	11.8218	-27.7915	17.7582	4.1348	10.8852	0.9007	0.6714	-86.7410	2139.7692	-6.7755	162.1714
831015.OC	小白龙	14.9339	12.0488	13.4550	2.7413	4.4470	1.6151	1.6698	-7.6925	69.2802	8.1106	33.5926
831252.OC	博润通	-7.8237	-30.5895	-115.7601	8.0907	7.4362	0.3531	0.1757	100.5985	-252.7784	82.1795	159.4002
831398.OC	东联教育	3.3454	-85.0802	16.7336	1.2817	1.4927	0.0554	0.2345	127.9141	493.1727	30.0611	28.3696
831721.OC	盛天彩	-48.5193	-54.0902	-117.1898	97.1102	1.8974	0.9079	1.0800	-365.6441	-113.6162	47.5142	-21.7705
832030.OC	普悦传媒	14.4319	-33.9507	29.6958	29.3672	2.3770	0.3033	0.8027	-198.3957	531.3078	-38.3757	380.5377
832233.OC	阿法贝	-47.4843	-29.8942	-3714.0098	1.6025	0.3363	0.6379	0.0187	-67.9121	-572.2090	489.3449	-36.0846
832900.OC	紫荆股份	44.0228	9.8228	30.9896	0.3897	3.6574	1.8619	1.9711	150.5394	708.3625	52.6288	92.0942
833156.OC	中南卡通	6.4598	3.3420	6.1929	1.2690	2.1815	0.4403	0.5116	-15.4232	24.8437	33.4850	-6.4019
833355.OC	崇德动漫	15.7369	-0.1335	21.4295	1.8003	1.5531	0.1567	0.4945	9.6117	34.3788	30.7214	9.2524
833377.OC	童石网络	6.9335	7.5949	18.5631	1.4282	1.6591	0.8433	0.4779	589.8263	68.0596	71.5228	40.1794
833392.OC	民利影视	4.3653	-283.0382	5.2069	0.1456	0.6548	0.0133	1.9252	-52.3566	111.1067	-38.9431	11.5214

续表

证券代码	证券简称	ROA(2015)(%)	营业利润/营业总收入(2014)(%)	营业利润/营业总收入(2015)(%)	速动比率(2014)	速动比率2015	流动资产周转率(2014)(次)	流动资产周转率(2015)(次)	净利润(同比增长率)(2014)(%)	净利润(同比增长率)(2015)(%)	总资产(同比增长率)(2014)(%)	总资产(同比增长率)(2015)(%)
833438.OC	鑫时空	50.1856	15.0291	28.1223	8.0286	35.4100	1.2918	1.6701	3255.9619	134.0030	663.0645	64.5888
834161.OC	ST娱通	-214.1817	-47.5864	-76.0959	3.2070	0.1622	1.1051	3.0348	-1.9658	-446.2262	258.7745	-47.7779
834333.OC	国是经纬	45.6753	38.0217	46.9870	1.0778	1.5755	0.3294	0.5817	969.2388	737.7708	417.3890	284.0618
834559.OC	河马动画	0.9760	-63.8584	-34.1150	3.2018	5.6237	0.3965	0.3998	-409.6790	152.1464	381.0269	54.8139
834793.OC	华强方特	7.2518	21.2834	22.2106	0.2567	0.1880	2.1698	2.2564	-3.1696	-8.2208	19.2633	10.3810
835622.OC	欢乐动漫	36.3737	-94.7986	41.0351	0.1513	6.1633	0.1424	0.8740	85.6070	6644.5711	-13.7089	158.6263
835785.OC	芝兰玉树	-41.5691	-176.9967	-60.1034	0.0358	13.9357	1.2249	0.7929	33.9941	12.5005	-39.7269	853.5326
835994.OC	咏声动漫	33.9348	7.3494	16.6141	4.8815	2.8950	0.9194	1.9606	1831.7252	250.6127	89.1470	80.3297
837364.OC	梦之城	-33.3919	-59.3061	-58.7560	2.5312	2.9331	0.6133	0.7116	-101.2951	-24.6304	-18.2107	54.4942
838914.OC	亲宝文化	5.2231	12.2841	9.8323	4.9618	4.9012	0.6031	0.6634	0	-45.1596	0	-8.6140
430092.OC	金刚游戏	24.7042	-41.2455	38.4359	1.5770	28.9617	1.0768	0.6728	55.7118	1072.5891	96.9289	533.9817
430127.OC	英雄互娱	1.6726	5.1839	22.2439	1.0462	0.7629	0.7529	0.0977	270.7871	1097.0823	-1.2079	10277.4626
430165.OC	光宝联合	14.3941	9.6331	18.7892	6.6327	5.8842	2.2083	0.7604	482.2009	277.6326	69.5782	772.8092
430181.OC	盖娅互娱	-0.0208	-105.0736	1.6338	1.4896	2.9697	0.7572	0.0227	-1230.9492	97.3115	-25.1876	15879.1508
430213.OC	乐升股份	24.0543	38.0850	37.5517	11.3142	4.2704	0.3217	0.7897	-41.1152	214.3618	11.6334	45.0942
430229.OC	绿岸网络	13.4317	20.5986	21.8418	10.4409	13.3749	0.9663	0.6446	-50.6455	-0.3298	48.8488	45.2490
430307.OC	扬讯科技	3.6884	-28.6875	15.2365	18.1346	18.1726	0.2011	0.3963	-985.1882	278.1687	-0.7992	5.2843
430426.OC	长城软件	8.7080	17.3359	12.8686	8.5887	19.0776	1.3111	0.8223	-18.0061	-34.1507	9.0540	56.0476
430627.OC	页游科技	-18.0574	-166.8001	-25.1447	0.5329	0.7973	0.4623	1.7010	-2712.4862	65.6259	-43.8808	25.1403
830936.OC	约克动漫	17.8820	17.8703	15.9434	9.1409	9.8259	2.5153	0.9303	166.0121	111.0538	3.4363	315.6314
831302.OC	飞扬天下	32.3710	18.2710	40.6869	1.5673	2.3236	0.5374	0.8432	66.1156	1075.0450	56.4633	232.5263

续表

证券代码	证券简称	ROA（2015）（%）	营业利润/营业总收入（2014）（%）	营业利润/营业总收入（2015）（%）	速动比率（2014）	速动比率2015	流动资产周转率（2014）（次）	流动资产周转率（2015）（次）	净利润（同比增长率）（2014）（%）	净利润（同比增长率）（2015）（%）	总资产（同比增长率）（2014）（%）	总资产（同比增长率）（2015）（%）
831335.OC	时空客	1.7401	-3.6235	-6.9607	1.1855	7.7345	1.3645	0.5612	-69.4191	1753.4642	30.4954	165.8821
831360.OC	超级玩家	-5.7723	-126.1730	-311.8101	2.4913	2.3388	0.4346	0.1673	-400.2126	79.6493	-37.9195	-16.8663
831472.OC	复娱文化	-5.6442	-62.3498	-74.6657	0.3666	1.4893	0.8650	0.1041	-21.5550	44.2040	-42.2611	1072.2194
831575.OC	光辉互动	-23.4119	36.5657	-201.1390	5.2573	13.2097	0.6872	0.1451	-39.9105	-273.8898	26.3095	203.2463
832028.OC	汇元科技	10.5171	55.6026	57.8392	1.8301	3.0707	0.2822	0.2009	46.9333	25.8185	22.6615	100.0824
832626.OC	预言软件	23.1588	-1.7180	9.4162	6.0343	6.7139	1.4819	1.7136	-104.7764	3017.7251	2.2647	27.6333
832900.OC	紫荆股份	44.0228	9.8228	30.9896	0.3897	3.6574	1.8619	1.9711	150.5394	708.3625	52.6288	92.0942
832929.OC	原点股份	20.1903	-251.4697	17.6756	21.9463	79.6023	0.0967	1.0596	-198.5324	214.3589	17.8875	-5.6158
833148.OC	乐卓网络	-3.1698	-33.4852	13.5870	25.7891	11.8525	0.8441	0.4969	34.7032	73.8465	723.8701	288.7630
833377.OC	童石网络	6.9335	7.5949	18.5631	1.4282	1.6591	0.8433	0.4779	589.8263	68.0596	71.5228	40.1794
833416.OC	掌上纵横	26.8647	31.5456	24.3688	2.3006	2.0483	1.4946	1.4874	316.9754	106.8985	1129.1414	140.4231
833420.OC	集趣股份	-11.4272	3.2981	-14.1078	3.1775	9.7903	2.1728	1.0094	122.2559	-417.5939	27.7913	-30.8019
833710.OC	风雷网络	18.2881	65.2334	19.3319	1.3393	0.6797	2.3159	2.5898	46.4903	-76.9401	4.6223	-31.5386
833726.OC	蜂派科技	29.2569	54.7348	34.6081	6.0331	23.9069	2.0656	0.5102	1291.7859	-27.3276	547.4369	142.8718
833765.OC	爱扑网络	8.6071	11.3944	-1.4157	9.6745	3.0587	1.2850	1.2281	621.2808	-25.7590	15.8623	41.2479
833857.OC	时光科技	42.9031	75.9065	60.9472	3.8747	25.8841	1.7274	0.7366	3310.2503	43.9861	436.8250	252.5876
833897.OC	心动网络	3.7695	12.0412	1.4465	2.5418	3.5906	1.2276	0.7257	-62.8943	-49.1272	-26.0858	64.9067
833928.OC	火谷网络	-20.2995	78.9998	-60.0828	38.1056	23.9120	1.2032	0.3514	97.3127	-122.6946	130.0652	-22.3676
833953.OC	唯思软件	-23.6724	-126.5605	-270.5232	18.6594	13.9757	0.1836	0.1272	51.1544	-47.5224	-11.0818	-16.7864
833976.OC	新游网络	31.0938	31.2007	34.4280	3.2568	9.3593	1.6297	1.3287	53.5703	-16.8751	2.9886	-18.2205
834054.OC	游戏多	-0.3942	-22.3903	-0.8272	8.0784	23.6298	0.9506	1.7084	63.8078	143.4270	55.0919	249.0184

续表

证券代码	证券简称	ROA (2015) (%)	营业利润/营业总收入 (2014) (%)	营业利润/营业总收入 (2015) (%)	速动比率 (2014)	速动比率 2015	流动资产周转率 (2014) (次)	流动资产周转率 (2015) (次)	净利润(同比增长率) (2014) (%)	净利润(同比增长率) (2015) (%)	总资产(同比增长率) (2014) (%)	总资产(同比增长率) (2015) (%)
834084.OC	聚能鼎力	43.9377	17.4434	37.3779	12.4386	3.8315	0.6026	1.1857	-20.2910	2072.1819	-5.2984	735.9435
834133.OC	卓杭科技	31.3262	27.1625	24.0863	2.8117	3.1702	1.3102	1.3992	14.0234	112.4451	149.8432	60.0359
834149.OC	动信通	4.5816	4.0009	4.7703	48.4799	4.5459	0.9331	0.9624	-83.6963	13.8331	85.6764	21.1038
834195.OC	华清飞扬	53.7761	22.6070	37.6988	7.8746	2.4456	1.7082	1.4864	22.0712	231.7237	40.5713	205.6212
834365.OC	杭汽掌盟	33.0588	50.9136	33.9709	13.0732	12.4502	2.0996	1.1461	440.4506	-21.2132	187.6803	9.6154
834385.OC	力港网络	53.4043	42.5467	49.7409	4.2794	6.4601	1.3753	1.1734	46.1773	22.2275	83.2864	-16.4166
834448.OC	遥望网络	29.3544	10.2682	5.9619	2.4550	1.4594	5.6822	3.3826	1440.6778	95.2147	3244.4937	405.7598
834470.OC	蒙利网络	-28.2030	-12.2274	-36.5305	12.6019	2.0766	1.4812	0.9358	-3112.8289	-159.9785	-8.9188	57.0902
834498.OC	易简集团	17.0687	37.8294	15.3822	7.1460	3.6993	2.0146	1.3873	48.1059	0.5629	126.9796	354.3863
834597.OC	颗豆互动	10.4925	39.6851	11.0619	1.7238	11.6770	1.3882	0.9280	295.4551	-58.9568	67.8561	34.3348
834643.OC	豹风网络	-33.5615	-1.7279	-67.8389	3.2457	4.4403	1.0424	0.7541	145.4169	-676.7630	32.0719	110.8875
834645.OC	心游科技	-43.2237	35.3179	-74.9277	8.8233	4.6881	1.8137	0.7151	313.0069	-178.1368	62.9645	-30.1628
834712.OC	掌上明珠	-7.8705	40.6023	-34.8459	5.2500	16.9981	1.1653	0.3713	-7.5004	-124.8508	-2.9876	40.8282
834785.OC	云畅游戏	86.0992	43.7747	55.5188	8.1014	11.3298	1.6796	1.6628	467.2015	340.9619	868.6627	169.7679
834902.OC	网映文化	21.8411	11.0308	10.9439	1.3400	1.5674	1.9422	2.5710	-25.6244	12.1114	68.6281	145.4866
834910.OC	游酷网络	60.5421	25.5588	34.3803	3.5575	1.7752	1.3139	1.9786	120.9862	233.7236	44.6061	82.7343
834924.OC	悦游网络	62.1918	-394.7548	71.7415	7.3823	12.9622	0.2162	0.3931	6.6983	1208.6264	-52.8927	3749.7684
834932.OC	麒麟文化	-11.0348	1.7450	-35.2796	10.9757	7.8769	0.4823	0.3607	107.1973	-1044.1575	-1.6728	-19.2224
835055.OC	乐享方登	-48.6608	-627.3217	-235.3724	1.5872	1.6559	0.3168	0.2233	-190.2045	-84.5248	966.8109	475.9228
835067.OC	墨麟股份	28.5077	12.6236	52.1654	1.4304	5.6434	2.3093	0.7250	-34.2657	59.6856	111.5936	96.2234
835170.OC	本捷网络	-82.9010	56.9131	-83.6249	3.0080	2.4696	2.4039	1.1598	1325.5301	-233.6048	469.7882	8.7635

续表

证券代码	证券简称	ROA(2015)(%)	营业利润/营业总收入(2014)(%)	营业利润/营业总收入(2015)(%)	速动比率(2014)	速动比率2015	流动资产周转率(2014)(次)	流动资产周转率(2015)(次)	净利润(同比增长率)(2014)(%)	净利润(同比增长率)(2015)(%)	总资产(同比增长率)(2014)(%)	总资产(同比增长率)(2015)(%)
835381.OC	爱玩网络	105.2699	13.0930	78.6573	0.9384	31.0923	0.6911	1.3652	227.9396	11478.1077	1129.4134	618.1927
835471.OC	呈天网络	23.3364	-86.3198	15.1415	0.9126	2.6429	1.4065	2.8275	-2.9335	121.6416	-53.7039	100.8897
835499.OC	智玩网络	-58.5220	-9.3863	-1228.7891	0.9525	23.8935	1.4914	0.0527	-189.4781	-1029.8361	-7.4101	299.5606
835616.OC	无锡优拓	-13.4012	-19.6505	-13.3707	13.0512	2.6828	1.3752	1.3844	-360.3928	-17.1998	360.5102	5.1150
835743.OC	展鸿轶通	22.6697	-11.1434	16.6279	2.9300	3.3743	0.6527	1.3002	-395.8664	480.3662	9.2580	113.7815
835804.OC	安趣股份	9.2187	-38.2654	2.5059	8.4186	7.6087	0.8183	3.8122	-319.0759	223.4238	118.0478	420.4579
835843.OC	皿鎏软件	-10.4637	-0.7452	-19.5729	3.3157	0.8048	1.9041	2.1237	111.7592	-317.7929	28.7595	6.1613
835872.OC	上方传媒	42.8821	11.8956	25.7288	2.8942	3.1696	2.2394	1.9203	782.8186	215.6797	82.8482	89.7796
835982.OC	联盛科技	73.6754	3.7411	36.4092	1.3790	5.3286	5.1083	2.4276	933.7172	698.8831	49.5935	619.4069
835997.OC	雨神电竞	136.0560	-86.8490	45.9768	0.7712	3.4088	1.4131	2.8559	-67.4882	516.3627	-25.3061	637.9012
836002.OC	乐蜀网络	-114.8753	-5.3648	-70.7843	0.9564	6.5524	3.3010	2.1620	62.3909	-2103.7637	301.6707	101.4960
836014.OC	掌游天下	46.2126	30.3858	43.7156	1.7735	4.2524	2.3159	1.4759	560.9680	223.1671	460.6909	348.1740
836020.OC	达唯科技	-74.9563	0.7407	-105.0468	1.9963	13.6189	2.7403	0.7695	391.5906	-26907.3579	-2.3363	1083.8957
836031.OC	小奥互动	18.7480	63.8895	43.3612	7.6951	2.9956	1.2371	0.4935	46.2747	-65.8055	63.0720	14.8162
836327.OC	西岐网络	-16.1900	-97.7391	-23.7136	4.2250	2.5915	0.5234	0.9844	-169.1588	52.5220	-7.4387	98.3751
836333.OC	像素软件	12.4958	-54.6709	33.9405	6.4405	4.2741	0.5737	0.5674	-183.0317	177.8438	-11.3805	13.6362
836401.OC	齐思信息	-23.7570	14.2043	-28.9669	8.5318	8.5608	1.7042	0.9475	279.6708	-247.9427	473.8436	-39.2033
836527.OC	盛世锦天	86.9877	-30.6968	54.2984	0.7927	12.1143	4.2412	1.6150	-115.0574	912.1868	378.8346	1168.2170
836535.OC	网弦信息	11.1961	9.2198	9.3932	16.7687	27.0893	2.6365	1.3844	493.9218	70.3301	301.8435	190.0596
836617.OC	软岛信息	46.1479	5.2048	11.3099	0.8620	5.1552	10.5053	5.1788	700.5744	168.0729	301.2330	116.0909
836666.OC	摩艾客	5.9134	6.4173	4.1328	3.3205	13.4160	0.5204	1.7903	136.9003	141.8274	601.8696	-17.3562

续表

证券代码	证券简称	ROA(2015)(%)	营业利润/营业总收入(2014)(%)	营业利润/营业总收入(2015)(%)	速动比率(2014)	速动比率2015	流动资产周转率(2014)(次)	流动资产周转率(2015)(次)	净利润(同比增长率)(2014)(%)	净利润(同比增长率)(2015)(%)	总资产(同比增长率)(2014)(%)	总资产(同比增长率)(2015)(%)
837011.OC	极致互动	9.6297	17.6819	3.7560	0.5183	2.6528	5.9486	2.9598	373.8743	-78.4947	60.9454	32.9024
837014.OC	塔人网络	9.1184	10.5520	6.8502	1.7115	1.0198	0.7661	1.6252	896.0420	94.1876	39.5110	76.7605
837172.OC	快定网络	14.6276	10.7871	10.9555	3.5114	9.5545	2.9583	1.6856	133.4629	51.9697	459.2500	31.0473
837429.OC	壹柒伍	14.2332	23.5210	40.2026	0.8824	37.0255	3.7589	0.3634	94.5201	84.7333	242.0022	1991.5904
837493.OC	木瓜移动	26.1653	2.1181	10.1886	4.5411	1.9719	3.2110	2.5920	136.9436	611.3363	24.1796	130.2047
837685.OC	淘金互动	95.4182	31.7161	52.8870	9.8045	4.4883	0.7066	2.0457	0	758.6866	0	259.3528
837726.OC	仙侠网络	38.2642	-46.0911	33.5229	1.8894	5.7453	1.0467	1.6786	-942.2117	206.0222	-26.0498	92.8070
430235.OC	典雅天地	-62.2165	-45.1512	-208.3188	1.5182	0.4934	0.9289	0.9190	-81.6640	-161.7064	-7.3073	-43.5204
831239.OC	云南文化	4.7272	24.0284	-16.4826	3.3876	6.9305	1.5099	0.9500	28.2072	-73.8648	20.2952	105.1166
833535.OC	新青年	2.1995	14.4107	0.7519	3.4555	11.3381	2.6594	1.2537	3542.8252	-84.8598	530.3133	81.1045
833605.OC	龙视星	8.0326	-33.5505	3.8247	1.9968	1.3069	1.1361	1.3639	-50.0177	154.2241	77.8755	261.9120
834015.OC	金海岸	12.6834	15.8373	22.1290	3.8456	4.3058	0.8439	0.7290	20.2229	18.8173	23.2386	8.4916
834191.OC	世博演艺	-20.3607	15.2109	-24.9418	7.5465	4.9264	0.5012	0.8965	262.1810	-394.7466	14.3924	-4.0046
834614.OC	百禾传媒	26.6165	9.5443	12.7477	1.2398	4.7061	2.0392	1.7982	47.4683	163.4519	36.9256	40.7484
835099.OC	开心麻花	74.9690	34.3961	44.2635	1.9845	2.5086	1.7830	1.8106	17.7279	224.5498	33.7886	143.9695
836335.OC	丑小鸭	23.1264	-6.0894	6.5784	1.6429	3.2123	2.8817	2.3264	-56.8420	173.7471	10.7660	67.2698
839388.OC	多彩贵州	23.1485	35.6244	35.0142	3.1823	5.4988	0.8938	0.9686	0	6.5503	0	-27.8851
430578.OC	差旅天下	20.4870	23.2132	36.4376	1.5280	4.0030	0.8268	0.4913	57.2030	120.9215	102.7682	170.2746
830812.OC	约伴旅游	51.4711	-4.5957	11.8396	4.3258	3.9458	3.0637	4.0184	-172.1316	4051.6903	243.4270	72.0884
830944.OC	景尚旅游	10.5531	5.3686	8.3618	0.6199	1.8477	6.1281	2.9396	314.3330	141.7841	92.6497	271.9747
831017.OC	星月股份	-4.9654	-4.4818	-12.3164	1.0304	0.3105	1.1485	1.2700	-158.7564	-234.8864	-6.5738	85.1032

续表

证券代码	证券简称	ROA(2015)(%)	营业利润/营业总收入(2014)(%)	营业利润/营业总收入(2015)(%)	速动比率(2014)	速动比率2015	流动资产周转率(2014)(次)	流动资产周转率(2015)(次)	净利润(同比增长率)(2014)(%)	净利润(同比增长率)(2015)(%)	总资产(同比增长率)(2014)(%)	总资产(同比增长率)(2015)(%)
831062.OC	远古信息	34.9177	29.0433	35.1835	3.4409	5.0638	1.0396	0.8962	41.0184	57.1346	63.0062	92.0015
831320.OC	路骋国旅	-37.3433	-4.8330	-16.7780	3.5380	2.3645	2.1455	2.8904	-99.4331	-3928.4702	259.5525	627.3824
831408.OC	大美游轮	3.4993	-10.0891	-4.5732	0.4998	0.0955	3.4621	7.8226	120.5850	-137.4866	0.4463	-13.2531
831633.OC	那然生命	0.5872	1.1958	4.8645	1.1884	24.7230	0.7910	0.2914	574.4640	236.5774	19.6308	159.6478
832421.OC	恐龙谷	5.6689	27.4443	24.9845	0.8059	3.6603	1.5609	2.7339	70.5188	41.5736	-9.5193	-0.6829
832461.OC	西域旅游	11.8377	-5.1969	15.2456	0.1815	0.1276	2.9175	7.0141	-73.3459	147.4818	-9.9384	-5.0867
832657.OC	光合文旅	2.8740	7.2130	2.7805	0.4192	0.3979	0.7167	0.4759	-30.4903	-74.2117	20.8919	8.7223
832841.OC	天语和声	-22.3855	5.0598	-26.3642	2.5737	1.1493	3.3002	1.4583	201.7222	-372.9410	-21.0266	133.2603
833036.OC	山屿海	3.0994	12.1775	18.3779	2.2695	1.6444	0.4271	0.2862	580.7492	130.9863	850.8221	27.8429
833099.OC	乐旅股份	1.5675	-35.5519	-5.3791	36.4279	2.9145	0.9706	2.0656	-604.3589	109.7684	175.9963	17.1541
833158.OC	马上游	-23.1597	-3.3292	-15.7126	44.7174	6.2218	0.7142	2.0680	-166.4389	-2007.0263	98.9332	-10.6007
833194.OC	碧螺塔	15.6295	2.4728	5.8418	0.9851	0.6889	1.5346	2.0465	201.8386	126.2796	-2.3011	47.8544
833209.OC	苏州园林	10.3553	15.7941	18.3555	0.6803	0.7270	0.7186	0.5786	51.6619	30.2367	39.9162	44.5589
833216.OC	海涛股份	10.2150	0.0488	0.8651	1.2606	1.8951	11.0489	6.2903	640.6394	211.2559	232.4612	123.9050
833536.OC	香堤湾	3.2278	3.2271	10.4625	0.1249	0.2596	3.8393	2.9749	205.4758	431.6281	-0.5576	1.5878
833623.OC	胜高股份	13.7369	4.2047	14.3537	0.1906	0.8388	3.0237	3.7334	-20.4381	1043.4964	79.1431	110.5188
833741.OC	山水股份	2.4099	0.8376	0.1304	1.3117	1.1126	8.3297	6.3681	309.0200	-78.6246	83.9934	122.2214
833745.OC	恐龙园	8.4090	16.3611	18.0050	0.3852	0.3180	2.9982	2.6104	29.4828	6.9729	25.4929	-8.4668
833775.OC	文旅科技	21.3134	26.7281	30.2688	1.4723	1.4503	0.9749	0.7101	65.3699	14.2969	-7.7496	83.2912
833809.OC	白山国旅	9.0257	4.6114	1.5081	3.2677	4.3491	5.9011	5.1167	144.1191	-58.1434	49.2793	23.1638
833935.OC	明游天下	-10.3257	4.4341	-5.9761	1.3172	6.9515	3.6746	1.9184	276.7337	-333.9321	43.3043	229.0528

续表

证券代码	证券简称	ROA (2015) (%)	营业利润/营业总收入 (2014) (%)	营业利润/营业总收入 (2015) (%)	速动比率 (2014)	速动比率 2015	流动资产周转率 (2014) (次)	流动资产周转率 (2015) (次)	净利润(同比增长率) (2014) (%)	净利润(同比增长率) (2015) (%)	总资产(同比增长率) (2014) (%)	总资产(同比增长率) (2015) (%)
834132.OC	我要去哪	3.8191	15.0017	7.3259	1.4926	1.2143	2.4572	0.6791	1479.5931	-50.1584	362.5489	173.2940
834184.OC	秦皇旅游	3.0688	22.1301	6.3129	3.1759	0.1954	1.2480	1.9233	606.1145	-35.1062	519.0386	6.3731
834199.OC	同里旅游	-6.1398	-28.2944	-23.5385	0.0219	0.0647	5.4183	6.3168	16.9986	-14.8174	-5.7856	1.7098
834246.OC	喀纳斯	8.9586	-15.4058	14.5199	1.1153	1.1810	1.3333	2.1485	-503.4223	246.6178	13.4138	12.6276
834260.OC	中惠旅	27.9924	1.7257	45.1783	0.0558	0.2817	5.0881	9.4603	-89.0363	27115.6561	46.8308	89.7081
834481.OC	普峰旅行	1.5503	0.3689	0.2876	1.2620	1.4496	5.9175	6.6830	41230.2250	32.9203	74.0799	-31.4781
834558.OC	口岸旅游	10.6439	-8.6242	35.0438	0.1365	0.1727	1.7876	2.5953	-36.0894	595.9535	321.4978	130.3877
834598.OC	天沐温泉	51.3718	44.1788	45.3810	16.8557	6.4227	0.2756	1.1429	110.8920	501.2214	8.4224	73.6250
834651.OC	飞扬旅游	30.0426	2.6481	4.1711	1.2501	1.2068	7.2305	8.1686	1455.4682	71.7003	9.9127	16.6575
834697.OC	道旅旅游	-1.5160	-40.0133	-2.8425	0.9971	1.1414	0.3841	0.4483	-42.5443	35.2657	494.3014	699.8261
834793.OC	华强方特	7.2518	21.2834	22.2106	0.2567	0.1880	2.1698	2.2564	-3.1696	-8.2208	19.2633	10.3810
834833.OC	成都文旅	9.1481	44.3458	38.4514	0.0794	6.2552	8.0990	2.1797	32.9657	-8.3682	1.5879	15.1311
834856.OC	国游网络	23.8275	33.4808	33.8309	3.3700	3.1013	0.8567	0.7464	86.6929	30.1694	68.5904	34.4504
834999.OC	上游文旅	10.2914	0.2132	-5.0859	1.1871	2.2878	1.4379	1.5592	-25.7156	254.1190	-9.6128	-11.0844
835048.OC	龙云旅游	9.1568	31.2995	28.1938	12.5462	29.7075	0.8099	0.4081	377.8700	11.4650	102.6954	145.1772
835073.OC	行知探索	-3.7097	9.6965	-0.8593	2.5112	0.7555	5.1922	3.6675	3641.8783	-183.2059	42.9508	44.2842
835105.OC	紫特来	13.7740	-3.0032	9.2952	0.7550	1.9719	1.8529	4.3324	40.8201	735.0290	153.5397	149.0707
835156.OC	丽江文旅	15.5445	30.5190	38.8291	5.0276	10.5468	1.2866	0.8614	38.1914	21.8285	2.1181	32.4412
835188.OC	景城文化	-60.9580	-11.7729	-13.9090	0.9905	1.0722	4.3759	4.9161	-132.4949	-162.9135	128.1938	84.6682
835260.OC	票管家	-35.7000	-2.1473	-12.3348	1.1225	1.1626	3.4981	2.9965	-296.6468	-409.7304	12.2607	91.8527
835397.OC	马仁奇峰	-0.9445	-53.9526	-51.4364	0.2299	0.1380	0.4297	0.9273	80.1201	-208.6080	-29.1583	-5.6263

续表

证券代码	证券简称	ROA (2015) (%)	营业利润/营业总收入 (2014) (%)	营业利润/营业总收入 (2015) (%)	速动比率 (2014)	速动比率 2015	流动资产周转率 (2014) (次)	流动资产周转率 (2015) (次)	净利润(同比增长率) (2014) (%)	净利润(同比增长率) (2015) (%)	总资产(同比增长率) (2014) (%)	总资产(同比增长率) (2015) (%)
835418.OC	翔川股份	11.9903	−22.8884	6.2542	1.9542	1.4734	1.7191	0.8811	−95.6682	283.1995	354.1239	311.0814
835451.OC	走客股份	−61.6925	−148.4924	−89.7263	5.9702	8.2572	0.8435	0.7903	−480.7572	−24.4631	79.2642	180.5906
835453.OC	火焰山	49.6092	20.2312	48.9178	5.7640	15.2226	1.4218	2.4691	−67.0715	387.7086	−20.2065	38.7832
835495.OC	视野股份	3.5511	2.1138	1.5202	1.1195	3.6623	3.7379	2.6643	37.7060	−1.7603	83.0530	94.2958
835658.OC	金旅居	1.3548	−26.0569	2.6990	0.9068	0.5424	1.8488	1.5038	69.9624	123.9731	−15.9383	597.0471
835714.OC	山水酒店	7.1652	7.7485	4.0032	0.2949	0.3605	4.2523	3.9738	8.4602	−17.8303	1.5090	1.5111
835976.OC	白鹿温泉	5.1015	13.5403	22.6279	0.6840	0.0758	0.6947	1.4377	539.1834	79.4200	13.7023	7.1753
836004.OC	古井酒店	2.3842	−3.6590	1.5398	0.1733	0.2317	3.0854	4.3522	76.6483	204.1038	−4.9904	−8.1770
837096.OC	一块去	−103.0827	−49.6990	−10.0499	7.8465	1.1998	2.1568	10.9987	−50.3940	−331.8219	2393.5063	102.0719

参考文献

[1] Pinheiro R, Hauge E. Global scripts and local translations: The case of cultural and creative industries (CCIs) in Norway [J]. City, Culture and Society, 2014, 5 (2): 87-95.

[2] Schmookler J. Invention and economic growth [M]. Cambridge: Harvard University Press, 1966.

[3] Mowery D C, Rosenberg N. The influence of market demand upon innovation: A critical review of some recent empirical studies [J]. Research Policy, 1979, 8 (2): 102-153.

[4] Rosen S. The Economics of superstars [J]. American Economic Review, 1981, 71 (5): 845-858.

[5] Throsby D. Cultural capital [J]. Journal of Cultural Economics, 1999 (23): 3-12.

[6] Sarooghi H, Libaers D, Burkemper A. Examining the relationship between creativity and innovation: A meta-analysis of organizational, cultural, and environmental factors [J]. Journal of Business Venturing, 2015, 30 (5): 714-731.

[7] Greffe X. From culture to creativity and the creative economy: A new agenda for cultural economics [J]. City, Culture and Society, 2016, 7 (2): 71-74.

[8] Landry C. The creative city: A toolkit for urban innovators [M]. London: Earthscan Publications, 2000.

[9] Caves R. Creative industries: Contracts between art and commerce [M]. Cambridge: Harvard University Press, 2002.

[10] Franke S, Verhagen E. Creativity and the city: How the creative economy changes the city [M]. Rotterdam: Nai Publishers, 2005.

[11] Florida R. The rise of the creative class and how its transforming work, leisure, community, and everyday life [M]. New York: Basic Books, 2003.

[12] Markusen A, King D. The artistic divided: The arts' hidden contribution to regional development [M]. Humphrey Institute of Public Affairs, University of Minnesota, 2003.

[13] Mommaas H. Spaces of culture and economy: Mapping the cultural-creative cluster landscape [M]. Kong and O'Connor (eds.), 2009: 45-60.

[14] Wyszomirski M J. The local creative economy in the United States of America [J]. Journal of Cultural Economy, 2008: 199-205.

[15] Florida R. The rise of the creative class revisited [M]. New York: Basic Books, 2012: 35-48.

[16] Molina D M B, Oliver H J L, Boix R. The importance of creative industry agglomerations in explaining the wealth of European regions [J]. European Planning Studies, 2012, 20 (8): 1263-1280.

[17] Lazzeretti L, Boix R, Capone F. Do creative industries cluster mapping creative local production systems in Italy and Spain? [J]. Industry and Innovation, 2008, 15 (5): 549-567.

[18] Lazzeretti L, Capone F, Boix R. Reasons for clustering of creative industries in Italy and Spain [J]. European Planning Studies, 2012, 20 (8): 1243-1262.

[19] Francois P. A new concept of development: Basic tenets [M]. London: Croom Helm, 2010.

[20] Daubaraitè U, Startienè G. Creative industries impact on national economy in regard to sub-sectors [J]. Social and Behavioral Sciences, 2015, 213 (12): 129-134.

[21] Hsueh S L, Hsu K H, Liu C Y. A multi-criteria evaluation model for developmental effectiveness in cultural and creative industries [J]. International Workshop on Information and Electronics Engineering, 2012, 29: 1755-1761.

[22] Tsang K K M, Siu K W M. The 3Cs model of sustainable cultural and creative cluster: The case of Hong Kong [J]. City, Culture and Society, 2016, 7 (4): 209-219.

[23] Becut A G. Dynamics of creative industries in a post-communist society: The development of creative sector in Romanian cities [J]. City, Culture and Society, 2016, 7 (2): 63-68.

[24] Bonet L, Colbert F, Courchesne A. From creative nations to creative cities: An example of center-periphery dynamic in cultural policies [J]. City, Culture and Society, 2011, 2 (1): 3-8.

[25] Craig C S. Creating cultural products: City, context and technology [J]. City, Culture and Society, 2013, 4 (4): 195-202.

[26] Douglass M. Creative communities and the cultural economy—Insadong,

chaebol urbanism and the local state in Seoul [J]. Cities, 2016, 56 (6): 148-155.

[27] Pine B J, Gilmore J H. The experience economy [M]. Cambridge: Harvard University Press, 1999.

[28] Richards G, Raymond C. Creative tourism [J]. ATLAS News, 2000, 23: 16-20.

[29] Davie L. Turning the city into an art gallery [R]. Unpublished Discussion Paper, 2002.

[30] Pappalespore I, Maitland R, Smith A. Prosuming creative urban areas: Evidence from East London [J]. Annals of Tourism Research, 2014, 44: 227-240.

[31] Kakiuchi E. Culturally creative cities in Japan: Reality and prospects [J]. City, Culture and Society, 2016, 7 (2): 101-108.

[32] Christopherson S. Beyond the self-expressive creative worker: An industry perspective on entertainment media [J]. Theory, Culture and Society, 2008, 25: 73-95.

[33] DCMS. Creative Britain: New talents for the new economy [R]. London: Department of Culture, Media and Sport, 2008.

[34] Higgs P, Cunningham S, Bakhshi H. Beyond the creative: The creative economy in the United Kingdom [M]. London: NESTA, 2008.

[35] Banks Mark. Craft labour and creative industries [J]. International Journal of Cultural Policy, 2010, 16 (3) : 305-321.

[36] Chena A, Penga N, Hung K. Examining tourists' loyalty toward cultural quarters [J]. Annals of Tourism Research, 2015, 51: 51-63.

[37] Muller K, Rammer C, Truby J. The role of creative industries in industrial innovation [J]. Innovation: Management Policy and Practice, 2009, 11 (2): 148-168.

[38] Gonzalez R, Llopis J, Gasco J. Social networks in cultural industries [J]. Journal of Business Research, 2015, 68 (4): 823-828.

[39] Greenstein S, Khanna. What does industry mean? Competing in the age of digital convergence [M]. The President and Fellows of Harvard Press, 1997: 490-552.

[40] Scott A J. The cultural economy of cities [J]. International Journal of Urban and Regional Research, 1997, 21: 323-339.

[41] Pratt. A New Media: The new economy and new spaces [J]. Geo Forum, 2000 , 31 : 425-436.

[42] Bujdosóa Z, Dávidb L, TEzsérc A, Kovácsd G, MajorKathie V, Uakhitovaf G, Katonag P, Vasvárih M. Basis of heritagization and cultural tourism development [J]. Social and Behavioral Sciences, 2015, 188: 307-315.

[43] Gibson C, Gordon A. Rural cultural resourcefulness: How community music enterprises sustain cultural vitality [J]. Journal of Rural Studies, 2008, 63: 259-270.

[44] Scott A J. Capitalism, cities, and the production of symbolic forms [J]. Transactions of the Institute of British Geographers, 2001, 26: 11-23.

[45] Vinet, Mark. Entertainment industry [M]. Canada: Wadem Publishing, 2005.

[46] Wu W. Dynamic cities and creative cluster [EB/OL]. https://ideas.repec.org/p/wbk/wbrwps/3509.html, 2005.

[47] Towse R. A handbook of cultural economics [M]. Cheltenham: Edward Elgar Publishing, 2011: 125-132.

[48] Green L, Miles I, Rutter J. Hidden innovation in the creative sectors [R]. London: NESTA, 2007.

[49] Kawashima N. Cultural policies in East Asia [M]. International Encyclopedia of the Social & Behavioral Sciences (second edition), 2015: 453-459.

[50] 宋泓明. 文化创意产业集群发展研究——以北京市朝阳区为例的分析 [J]. 上海经济研究, 2007, 12: 118-122.

[51] 兰建平, 傅正. 创意产业、文化产业和文化创意产业 [J]. 浙江经济, 2008, 4: 40-41.

[52] 于嘉. 文化产业、创意产业与文化创意产业概念辨析 [J]. 全国商情, 2009, 15: 21-22.

[53] 朱自强, 张树武. 文化创意产业概念及形态辨析 [J]. 东北师范大学学报 (哲学社会科学版), 2012, 1: 117-121.

[54] 余霖. 文化产业、创意产业和文化创意产业概念辨析 [J]. 厦门理工学院学报, 2013, 21 (3): 73-77.

[55] 刘亚军. 文化创意产业的知识产权保护 [J]. 社会科学辑刊, 2015, 3: 60-65.

[56] 陈少峰, 侯杰耀. 2015 年文化创意产业的发展情况与趋势展望 [J]. 艺术评论, 2016, 2: 11-18.

[57] 王宇红, 张晓玲. 陕西文化创意产业知识产权保护现状、问题和对策研

究［J］. 科技管理研究, 2009, 8: 555-558.

［58］陈静. 北京市文化创意产业知识产权保护的问题与对策［J］. 新闻界, 2010, 5: 177-179.

［59］邵培樟. 浙江文化创意产业知识产权创新与保护机制研究［J］. 特区经济, 2010, 8: 57-59.

［60］董凤华, 姚英春. 文化创意产业中的知识产权保护问题与对策［J］. 人民论坛, 2012, 11: 188-189.

［61］宋春光, 王舒. 文化创意产业知识产权保护问题探讨——基于移动互联网视阈［J］. 学术交流, 2013, 11: 192-195.

［62］王海燕. 武汉城市圈文化创意产业知识产权战略分析［J］. 科技进步与对策, 2011, 28（11）: 59-62.

［63］邹龙妹. 文化创意产业中的知识产权保护方法与策略［J］. 知识产权, 2012, 8: 77-81.

［64］彭辉, 姚颉靖. 版权保护与文化产业: 理论与实证研究——基于价值链分析为视角［J］. 科学学研究, 2012, 30（3）: 359-365.

［65］刘海虹. 欧美电视版式产业的繁荣之道探析——以文化创意产业的知识产权保护策略为视角［J］. 新闻大学, 2013, 2: 127-133.

［66］杨德桥. 文化创意产业知识产权保护战略研究［J］. 理论月刊, 2013, 8: 89-94.

［67］孙玉荣. 大数据时代我国文化创意产业知识产权保护的路径选择［J］. 北京联合大学学报（人文社会科学版）, 2014, 12（2）: 54-59.

［68］张静静. 文化创意产业的知识产权价值管理和战略决策探究［J］. 出版发行研究, 2015, 2: 14-18.

［69］花建. 产业丛与知识源——论文化创意产业集聚区的内在规律和发展动力［J］. 上海财经大学学报, 2007, 9（4）: 3-7.

［70］夏兰, 阚大学. 江西省文化创意产业集群的形成条件和生成模式分析［J］. 出版发行研究, 2013, 9: 55-58.

［71］厉无畏. 文化创意产业集聚区建设——以中国文化创意产业先行区上海为例［J］. 甘肃社会科学, 2014, 3: 1-7.

［72］黄天蔚. 文化创意产业集群形成机理研究［D］. 武汉: 武汉理工大学, 2014.

［73］张振鹏, 马力. 文化创意产业集群形成机理探讨［J］. 经济体制改革, 2011, 2: 176-180.

[74] 曾琍. 文化创意产业集群化发展对策研究 [J]. 科技进步与对策, 2012, 15: 71-75.

[75] 王庆金, 侯英津. 文化创意产业集聚演化路径及发展策略 [J]. 财经问题研究, 2015, 2: 33-37.

[76] 姜照君. 文化创意产业空间集聚与层级分工——基于江苏省 13 个地级市的数据 [J]. 福建论坛·人文社会科学版, 2016, 2: 69-77.

[77] 万里洋, 董会忠, 吴朋, 张峰. 文化创意产业空间集聚及发展模式研究——以济南市为例 [J]. 科技管理研究, 2016, 7: 185-189.

[78] 姜照君, 吴志斌. 文化创意产业集聚与城市化耦合的实证研究——基于系统耦合互动的视角 [J]. 现代传播, 2016, 2: 129-133.

[79] 谭娜, 彭飞. 文化创意产业集聚区影响区域文化产业优势形成的实证分析 [J]. 中国科技论坛, 2016, 5: 97-103.

[80] 张洁. 中国文化创意产业的空间分布和地区绩效分析 [J]. 商业经济与管理, 2011, 2: 64-70.

[81] 池建宇, 姚林青. 北京市文化创意产业集聚效应的实证分析 [J]. 中央财经大学学报, 2013, 8: 75-78.

[82] 李明彧. 基于主成分分析的北京市文化创意产业发展水平及功能分区研究 [J]. 生态经济, 2016, 32 (3): 127-130.

[83] 鲍枫, 沈颂东. 文化创意产业竞争力评价与集聚水平的关系分析 [J]. 当代传播, 2013, 1: 84-86.

[84] 程乾, 方琳. 生态位视角下长三角文化旅游创意产业竞争力评价模型构建及实证 [J]. 经济地理, 2015, 35 (7): 183-189.

[85] 方燕, 冯雨菲. 北京市文化创意产业的竞争力评价 [J]. 新闻与写作, 2016, 1: 100-103.

[86] 王健. 基于钻石模型下藏族文化创意产业竞争力评价 [J]. 贵州民族研究, 2016, 37 (1): 109-112.

[87] 赵琼, 姜惠宸. 文化产业上市公司效率评价及影响因素分析——基于 DEA 模型的分析框架 [J]. 经济问题, 2014, 9: 52-59.

[88] 于泽. 我国文化产业发展效益效率评价及资金配置对策研究 [D]. 北京: 中国矿业大学, 2014.

[89] 郭淑芬, 王艳芬, 黄桂英. 中国文化产业效率的区域比较及关键因素 [J]. 宏观经济研究, 2015, 10: 111-119.

[90] 刘颖. 中国文化创意企业创意效率研究 [D]. 北京: 中国矿业大

学，2015.

[91] 雷原，赵倩，朱贻宁. 我国文化创意产业效率分析——基于68家上市公司的实证研究 [J]. 当代经济科学，2015，37（2）：89-97.

[92] 赵倩，杨秀云，雷原，朱贻宁. 我国文化创意产业技术效率：行业差异及影响因素研究 [J]. 经济问题探索，2015，11：88-97.

[93] 洪涓，刘甦，孙黛琳，付建文. 北京与伦敦文化创意产业发展比较研究 [J]. 城市问题，2013，6：38-42.

[94] 王曦. 澳大利亚文化创意产业发展对我国的启示——以"昆士兰模式"为例 [J]. 中央财经大学学报，2013，1：71-77.

[95] 周光毅. 中国文化创意产业的发展现状与问题研究 [J]. 艺术百家，2015，3：76-84.

[96] 向勇，刘颖. 国际文化产业的政策模式及对中国的启示研究 [J]. 福建论坛·人文社会科学版，2016，4：102-110.

[97] 胡敏姿. 湖南省演艺业发展现状与推进策略研究 [D]. 长沙：湖南大学，2013.

[98] 张叶露. 我国文化创意产业的现状分析及对策 [J]. 河南社会科学，2015，23（8）：103-106.

[99] 沈毅玲. 台湾布袋戏：从传统表演艺术到文化创意产业 [J]. 新闻界，2015，4：55-61.

[100] 金元浦. 我国当前文化创意产业发展的新形态、新趋势与新问题 [J]. 中国人民大学学报，2016，4：2-10.

[101] 鲁肖荷. 当前我国特色演出产业发展研究及未来展望 [J]. 福建论坛·人文社会科学版，2014，6：138-142.

[102] 金元浦. 我国文化创意产业发展的三个阶梯与三种模式 [J]. 中国地质大学学报（社会科学版），2010，10（1）：20-24.

[103] 胡晓鹏. 文化创意产业的地区发展模式研究 [J]. 中国地质大学学报（社会科学版），2010，10（1）：25-30.

[104] 王国华. 论现代演艺产业园区的建设与管理 [J]. 北京联合大学学报（人文社会科学版），2012，10（4）：82-92.

[105] 马骏. 我国文化创意产业发展模式演变 [J]. 学术交流，2016，6：130-135.

[106] 黄锦宗，陈少峰. 互联网文化产业商业模式创新 [J]. 福建论坛·人文社会科学版，2016，2：63-68.

[107] 臧志彭, 解学芳. 论我国演艺产业发展模式的变革与重塑 [J]. 经济纵横, 2014, 4: 123-126.

[108] 黄学, 刘洋, 彭雪蓉. 基于产业链视角的文化创意产业创新平台研究——以杭州市动漫产业为例 [J]. 科学学与科学技术管理, 2013, 34 (4): 52-59.

[109] 郑志, 冯益. 文化创意产业协同创新生态系统构建对策研究 [J]. 科技进步与对策, 2016, 31 (23): 62-65.

[110] 蒋婷婷, 谢富纪, 张言, 黄蒨群. 基于软创新理论的文化创意产业创新系统研究 [J]. 中国科技论坛, 2014, 9: 34-39.

[111] 黄天蔚, 刘容志. 长江经济带文化创意产业园创新能力评价研究 [J]. 科研管理, 2016, 37 (4): 482-488.

[112] 王蕾. 文化创意产业技术创新绩效的实证检验 [J]. 统计与决策, 2016, 7: 108-111.

[113] 郭淑芬, 裴耀琳. 中国内地31省市文化产业创新绩效区域比较——基于过程视角 [J]. 科技进步与对策, 2016, 33 (4): 31-37.

[114] 陆淑敏, 饶元, 金莉, 吕晓宁, 李勇. 面向科技融合的文化创意产业协同创新机制研究 [J]. 西安交通大学学报 (社会科学版), 2013, 33 (3): 13-17.

[115] 杨秀云, 郭永. 文化创意产业提升城市创新能力的演化机理及其政策启示 [J]. 西安交通大学学报 (社会科学版), 2013, 33 (5): 5-12.

[116] 贺艳. 京津冀文化创意产业协同发展的问题及对策研究 [J]. 理论与现代化, 2016, 3: 26-30.

[117] 荆艳峰. 文化创意产业与旅游业的集成模式研究 [J]. 学术论坛, 2012, 1: 74-77.

[118] 杨永超. 文化创意产业与旅游产业融合消费机制研究 [J]. 学术交流, 2013, 8: 208-211.

[119] 薛兵旺. 文化创意产业与旅游产业融通效应与发展模式研究 [J]. 西南民族大学学报 (人文社会科学版), 2015, 1: 168-171.

[120] 赵华, 于静. 新常态下乡村旅游与文化创意产业融合发展研究 [J]. 经济问题, 2015, 4: 50-55.

[121] 袁俊, 吴中堂. 基于网络文本的文化创意产业园与旅游业融合效果研究——以深圳大芬油画村为例 [J]. 资源开发与市场, 2016, 32 (5): 631-636.

[122] 谢文海, 马海涛. 北京市文化创意产业与体育产业互动发展模式探讨 [J]. 经济问题探索, 2012, 8: 76-80.

[123] 王学人. 文化创意产业跨界发展研究进展与前瞻 [J]. 云南财经大学学报, 2013, 2: 27-33.

[124] 程善兰, 廖文杰. 苏南文化产业与金融融合的相关性研究——基于苏州文化创意产业 [J]. 商业经济研究, 2016, 20: 211-213.

[125] 胡慧源. 文化创意产业与相关产业融合路径研究 [J]. 中国出版, 2016, 7: 33-36.

[126] Lampel J, Lant T, Shamsie J. Balancing act: Learning from organizing practices in cultural industries [J]. Organization Science, 2000, 11 (3): 263-269.

[127] [美] 凯茜·芭芭. 进军美国演出市场 [J]. 中外文化交流, 2005 (1).

[128] Clara C R, Jose C M, Margarita S S. Do banking relationships improve credit conditions for Spanish SMEs [EB/OL]. http://www.e-archivo.uc3m.es/bitstream/handle/10016/142/wb052806.pdf?sequence=1.

[129] Higson C, Rivers O, Deboo M. Creative financing [J]. Business Strategy Review, 2007, 18 (4): 49-53.

[130] Manning S, Sydow J. Transforming creative potential in project networks: How TV movies are produced under network-based control [J]. Critical Sociology, 2007, 33: 19-42.

[131] Gaustad T. Private film financing: Gains and losses in the Norwegian film sector [R]. BI Norwegian School of Management Department of Public Governance Research Report, 2008, 1: 3-44.

[132] Siwek S E. Copyright industries in the U. S. economy [R]. International Intellectual Property Alliance, 2011.

[133] Angilella S, Mazzù S. The financing of innovative SMEs: A multicriteria credit rating model [J]. European Journal of Operational Research, 2015, 244 (2): 540-554.

[134] 李华成. 中小文化企业融资难的成因与对策——以武汉 CBI 动漫基地调研为蓝本 [J]. 湖北社会科学, 2011, 7: 74-77.

[135] 厉无畏. 文化创意产业的投融资与风险控制 [J]. 毛泽东邓小平理论研究, 2011, 2: 1-6.

[136] 王运生. 文化创意产业的融资新思路 [J]. 金融理论与实践, 2012, 6: 109-111.

[137] 睢博, 韩丹. 文化创意产业的金融抑制现状研究 [J]. 统计与信息论

坛, 2013, 28 (6): 51-55.

[138] 邓丽丽. 北京文化创意产业投融资分析及对策 [J]. 首都经济贸易大学学报, 2014, 4: 58-64.

[139] 郭玉军, 李云超. 文化企业著作权质押融资法律问题研究 [J]. 武汉大学学报 (哲学社会科学版), 2014, 67 (5): 92-98.

[140] 张苏秋, 顾江. 文化产业区域性股权市场与小微文化创意企业融资分析 [J]. 南京社会科学, 2015, 8: 53-58.

[141] 王大为, 魏亚平. 文化创意产业企业融资困境及对策 [J]. 东南大学学报 (哲学社会科学版), 2015, 17 (6): 25-26.

[142] 李为. 文化创意产业的融资困境 [J]. 中国金融, 2016, 6: 98-99.

[143] 唐斌, 彭媛. 文化创意产业投融资困境的理论分析及改善策略 [J]. 长沙民政职业技术学院学报, 2016, 23 (3): 77-81.

[144] 杨光, 尹君, 谢家平. 文化创意产业融资租赁发展的问题及对策研究 [J]. 现代管理科学, 2016, 8: 69-71.

[145] 郭娅丽. 版权质押融资的实践困境及制度破解 [J]. 知识产权, 2017, 1: 105-108.

[146] Gwee J. Innovation and the creative industries cluster: A case study of Singapore's creative industries [J]. Innovation: Management, Policy & Practice, 2009, 11 (2): 240-252.

[147] Rupeika-Apoga R. Financing in SMEs: Case of the Baltic States [J]. Social and Behavioral Sciences, 2014, 150 (9): 116-125.

[148] Fujita K. Athens and the politics of the sovereign debt crisis [J]. Cities and Crisis: New Critical Urban Theory, 2013, 6: 1-8.

[149] 袁新敏. 文化创意产业的发展脉络与融资困境 [J]. 求索, 2013, 8: 253-255.

[150] 马树华, 金昕. 现金流分析: 破解文化产业融资难的一种思路 [J]. 福建论坛·人文社会科学版, 2011, 8: 69-72.

[151] 郑万青, 熊斌斌. 电影期待版权预告质押制度研究 [J]. 知识产权, 2013, 9: 66-71.

[152] 易华, 易小云, 傅珍珍. 我国文化创意产业融资机制探析 [J]. 现代管理科学, 2013, 12: 65-67.

[153] 张铮, 熊澄宇. 我国小微传媒企业的融资困境及其破解路径分析 [J]. 现代传播, 2014, 10: 102-106.

[154] 魏亚平，宋佳.文化创意园区企业集群融资的策动机理与路径［J］.华东经济管理，2014，28（3）：75-79.

[155] 李海燕，陈梦滢.中国文化传媒产业融资现状分析［J］.河南师范大学学报（哲学社会科学版），2015，42（1）：66-69.

[156] 张立波.变专项资金为担保基金，破解小微文化企业融资难题［J］.中国海洋大学学报（社会科学版），2015，3：45-47.

[157] 庞惠文.试论中国文化创意产业融资的路径［J］.改革与战略，2015，31（7）：143-146.

[158] 魏鹏举.基于"创意阶层"的小微文化创意行业发展与融资机制探讨［J］.北京联合大学学报（人文社会科学版），2015，13（2）：38-43.

[159] 徐丹丹，孟潇，卫倩倩.文化创意产业发展的文献综述［J］.云南财经大学学报，2011，2：105-113.

[160] 李华成.欧美文化产业投融资制度及其对我国的启示［J］.科技进步与对策，2012，29（7）：107-112.

[161] 程立茹，周煊.美国文化产业发展融资特点研究［J］.人民论坛，2013（11）：238-239.

[162] 刘巨文.演艺产业投融资机制探究［J］.山西财经大学学报，2013，35（1）：31.

[163] 王平，徐兵，李本乾.美国影视制作投融资改革及中国借鉴［J］.新闻界，2014，1：72-76.

[164] 王健.传媒创意产业投融资发展路径分析［J］.湖北社会科学，2015，12：194-198.

[165] Boscoianu M, Prelipean G, Calefariu E, Lupan M. Innovative instruments for SME financing in Romania: A new proposal with interesting implications on markets and institutions［J］. Procedia Economics and Finance, 2015, 32: 240-255.

[166] Lavoie C, Abdulnour G. How to define a creative SME［J］. IFAC-Papers Online, 2015, 48（3）: 910-915.

[167] 皮智.文化创意企业贷款模式探析［J］.中国金融，2010，4：79-80.

[168] 谢闽.文化传媒业投融资模式创新的基本逻辑［J］.上海金融，2010，（8）：26-29.

[169] 王海英.文化创意产业版权融资相关法律问题探析［J］.福建论坛·人文社会科学版，2011，8：73-76.

[170] 刘友芝.我国文化企业的多层次直接融资模式探析［J］.浙江大学学

报（人文社会科学版），2013，43（3）：126-134.

[171] 张静. 山西省文化创意产业融资问题及对策研究［J］. 经济研究参考，2014，39：76-80.

[172] 王锦慧，晏思雨. 电影版权证券化的融资模式选择［J］. 重庆社会科学，2014，6：42-50.

[173] 张辉锋，刘庆楠. 影视剧产业版权证券化融资模式分析［J］. 国际新闻界，2015，2：130-141.

[174] 王颖. 文化创意产业资产证券化融资模式研究——以电影产业为例［D］. 北京：北京理工大学，2014.

[175] 向勇，杨玉娟. 我国文化企业版权质押融资模式研究［J］. 福建论坛·人文社会科学版，2013，2：17-25.

[176] 龙怒. 美国文化产业投融资模式分析及对云南的启示［J］. 学术探索，2011，11：112-116.

[177] 刘婵君. 文化产业之资本博弈——演艺业投融资机制探析及个案研究［D］. 北京：中央音乐学院，2012.

[178] 张彬，晏丹. 中日文化产业投融资模式比较［J］. 商业时代，2012，2：118-121.

[179] 李彬，于振冲. 日本书化产业投融资模式与市场战略分析［J］. 现代日本经济，2013，4：60-68.

[180] 耿同劲. 文化产业供应链融资研究［J］. 贵州社会科学，2013，6：96-101.

[181] 葛欣航. 发达国家文化创意产业融资发展经验与借鉴［J］. 当代经济，2012，8：10-13.

[182] 戴建忠，冯雪. 中国文化创意产业融资模式探索［J］. 商业时代，2014，5：89-90.

[183] 王雪婷. 国外文化产业投融资模式对我国文化产业的启示［J］. 郑州铁路职业技术学院学报，2015，27（2）：40-43.

[184] 杨光，谢家平. 文化创意产业未来票房收入质押融资模式研究［J］. 经济体制改革，2016，3：120-124.

[185] 高超. 文化创意产业投融资模式探讨［J］. 中国高校科技，2016，9：88-90.

[186] 魏亚平，宋佳. 企业内源融资能力和外源融资约束对投资支出的影响——以文化创意上市公司为例［J］. 软科学，2013，27（10）：74-77.

[187] 潘玉香，孟晓咪，赵梦琳. 文化创意企业融资约束对投资效率影响的研究［J］. 中国软科学，2016，8：127-136.

[188] 魏亚平，范文静. 文化创意企业融资内生决策：理论与实证［J］. 预测，2013，4：64-69.

[189] 张梦婉，刘桂英. 文化创意企业投融资动态研究——基于可持续增长率的视角［J］. 财会通讯，2013，10：29-31.

[190] Klapper L F, Virginia S A, Sulla V. Small and medium size enterprise financing in Eastern Europe［EB/OL］. http：//elibrary. worldbank. org/doi/book/10. 1596/1813-9450-2933.

[191] 潘玉香，强殿英，魏亚平. 基于数据包络分析的文化创意产业融资模式及其效率研究［J］. 中国软科学，2014，3：184-192.

[192] 罗春燕，张品一，李欣，梁锶. 基于DEA方法的文化金融产业融资效率研究［J］. 统计与决策，2016，23：107-109.

[193] 胡小雅，路曜琛，任梦营，邓敏敏，姜俊延. 文化创意产业的知识产权保护研究［J］. 中小企业管理与科技，2016，3：194-195.

[194] 石安琪. 试论检察机关服务文化创意产业发展的主要路径［J］. 法制与社会，2012，33：120-122.

[195] 李康. 版权产业融资中的版权价值评估问题探析［J］. 编辑之友，2011，9：91-93.

[196] 蔡尚伟，钟勤. 论文化产业发展中的版权评估问题［J］. 西南民族大学学报（人文社科版），2012，1：139-143.

[197] Chiu Y J, Chen Y W. Using AHP in patent valuation［J］. Mathematical and Computer Modelling, 2007, 46：1054-1062.

[198] Imoto S, Yabuuchi Y, Watada J. Fuzzy regression model of R&D project evaluation［J］. Applied Soft Computing, 2008, 8：1266-1273.

[199] Eilat H, Golany B, Shtub A. R&D project evaluation：An integrated DEA andbalanced scorecard approach［J］. Omega, 2008, 36：895-912.

[200] Jung U, Seo D W. An ANP approach for R&D project evaluation based on interdependencies between research objectives and evaluation criteria［J］. Decision Support Systems, 2010, 49：335-342.

[201] Axtle-Ortiz M A. Perceiving the value of intangible assets in context［J］. Journal of Business Research, 2013, 66：417-424.

[202] Incekara A, Sener S, Hobikoglu E H. Economic evaluation of the film in-

dustry in terms of strategic management within the scope of the creative innovative industries: The case of Turkey [J]. Social and Behavioral Sciences, 2013, 99: 636-647.

[203] Boj J J, Rodriguez-Rodriguez R, Alfaro-Saiz J J. An ANP-multi-criteria-based methodology to link intangible assets and organizational performance in a balanced scorecard context [J]. Decision Support Systems, 2014, 68: 98-110.

[204] Tsai C F, Lu Y H, Hung Y C, David C. Yen. Intangible assets evaluation: The machine learning perspective [J]. Neurocomputing, 2016, 175: 110-120.

[205] 刘晓西, 来小鹏. 论文化创意产业版权评估中存在的法律问题 [J]. 江西财经大学学报, 2010, 6: 118-121.

[206] 苑泽明, 李海英, 孙浩亮, 王红. 知识产权质押融资价值评估: 收益分成率研究 [J]. 科学学研究, 2012, 30 (6): 856-865.

[207] 李明发, 田地. 文化创意产业版权质押融资法律问题研究 [J]. 安徽大学学报 (哲学社会科学版), 2013, 2: 119-124.

[208] 吴玉玲, 高铭. 电视剧版权交易评估指标体系的建构 [J]. 当代传播, 2014, 2: 105-108.

[209] 肖冰. 版权产业经济贡献评估体系的比较研究 [J]. 科技与出版, 2015, 2: 111-117.

[210] 王守龙, 陈宇明, 王智源. 版权资产价值评估基本方法及其市场化运用 [J]. 出版发行研究, 2015, 5: 20-22.

[211] 蔡晓宇. 版权价值评估机制建设研究 [J]. 中国出版, 2015, 22: 44-49.

[212] 王锦慧, 晏思雨. 中国电影版权商业价值评估模型研究 [J]. 当代电影, 2015, 11: 73-80.

[213] 司若, 张强. 电影项目风险评估的指标与方法体系研究 [J]. 当代电影, 2016, 2: 66-71.

[214] 金元浦, 欧阳神州. 互联网金融模式下文化中小企业的融资 [J]. 学习与探索, 2014, 6: 86-90.

[215] 王帅, 张友祥. 互联网驱动下我国文化产业融资模式探讨 [J]. 税务与经济, 2016, 2: 29-33.

[216] Hemer J. A snapshot on crowdfunding [R]. SSRN Working Paper, 2011.

[217] Moritz A, Block J. Crowdfunding and crowdinvesting: A review of the literature [R]. SSRN Working Paper, 2013.

[218] 孟韬, 张黎明, 董大海. 众筹的发展及其商业模式研究 [J]. 管理现代化, 2014, 2: 50-53.

［219］陈秀梅，程晗. 众筹融资信用风险分析及管理体系构建［J］. 财经问题研究，2014，12：47-51.

［220］苗文龙，严复雷. 众筹融资、项目选择与技术进步［J］. 金融经济学研究，2014，4：118-128.

［221］张万军，邢珺，林汉川. 我国众筹融资的风险分析与政策建议［J］. 现代管理科学，2015，5：33-35.

［222］Herzenstein M, Sonenshein S, Dholakia U M. Tell me a good story and I may lend you money: The role of narratives in peer-to-peer lending decisions［J］. Journal of Marketing Research，2011，48（1）：138-149.

［223］Burtch G, Ghose A, Wattal S. Private displays of affection: An empirical examination of online crowdfunder information hiding behaviour［R］. SSRN Working Paper, 2013.

［224］Yum H, Lee B, Chae M. From the wisdom of crowds to my own judgment in microfinance through online peer-to-peer lending platforms［J］. Electronic Commerce Research and Applications，2012，11（5）：469-483.

［225］叶芳，杜朝运. 众筹参与者的行为决策机制：一个两阶段理论模型分析［J］. 金融经济学研究，2015，4：96-107.

［226］Kuppuswamy V, Bayus B L. Crowdfunding creative ideas: The dynamics of project backers in kickstarter［R］. SSRN Working Paper, 2014.

［227］Marom D, Sade O. Are the life and death of an early stage venture indeed in the power of the tongue? Lessons from online crowdfunding pitches［R］. SSRN Working Paper, 2013.

［228］Marom D, Robb A, Sade O. Gender dynamics in crowdfunding (kickstarter): Evidence on entrepreneurs, investors, deals and taste based discrimination［R］. SSRN Working Paper, 2015.

［229］Mollick E. Swept away by the crowd? Crowdfunding, venture capital, and the selection of entrepreneurs［R］. SSRN Working Paper, 2013.

［230］Mollick E. The dynamics of crowdfunding: An exploratory study［J］. Journal of Business Venturing，2014，29（1）：1-16.

［231］张成虎，李霖魁. 中国互联网金融众筹模式运行特征研究［J］. 中国科技论坛，2015，7：28-34.

［232］Colombo M G, Franzoni C, Rossi-lamastra C. Internal social capital and the attraction of early contributions in crowdfunding projects［R］. SSRN Working Paper, 2013.

[233] Younkin P, Kashkooli K. A crowd or a community? [R]. SSRN Working Paper, 2013.

[234] Zvilichovsky D, Inbar Y, Barzilay O. Playing both sides of the market: Success and reciprocity on crowdfunding platforms [R]. SSRN Working Paper, 2013.

[235] 曾江洪, 甘信禹. 社会资本对众筹项目融资成功率影响的实证研究 [J]. 技术经济, 2014, 11: 90-97.

[236] Qiu C. Issues in crowdfunding: Theoretical and empirical investigation on kickstarter [R]. SSRN Working Paper, 2013.

[237] 郭新茹, 韩顺法, 李丽娜. 基于双边市场理论的众筹平台竞争行为及策略 [J]. 江西社会科学, 2014, 7: 79-84.

[238] Rubinton B J, Errunza V. Crowdfunding: Disintermediated investment banking [R]. SSRN Working Paper, 2011.

[239] Belleflamme P, Lambert T, Schwienbacher A. Crowdfunding: Tapping the right crowd [J]. Journal of Business Venturing, 2014, 29 (5): 585-609.

[240] 黄健青, 刘雪霏, 郑建明. 众筹项目成功的关键因素——基于 KIA 与 AON 融资模式的实证研究 [J]. 财贸经济, 2015, 9: 74-84.

[241] Cumming D J, Leboeuf G, Schwienbacher A. Crowdfunding models: Keep-it-all vs all-or-nothing [R]. SSRN Working Paper, 2015.

[242] 姜照君, 张容. 基于参照依赖模型的众筹投融资决策研究 [J]. 江西社会科学, 2015, 2: 73-79.

[243] Keane M, Ryan M D, Cunningham S. Worlds apart? Finance and investment in creative industries in the People's Republic of China and Latin America [J]. Telematics and Informatics, 2005, 22 (4): 309-331.

[244] Apring S, Loranth G, Morrison A. Public foitiatives to support entrepreneurs: Credit guarantees veisus co-funding [J]. Journal of Financial Stability, 2010, 6 (1): 26-35.

[245] Thorsten B, Klapper L F, Mendoza J C. The typopogy of partial credit guarantee funds aroung the world [J]. Journal of Financial Stability, 2010, 6 (1): 10-25.

[246] Kleer R. Government R&D subsdies as a signal for private investors [J]. Research Policy, 2010, 39 (10): 1361-1374.

[247] Feder T, Katz-Gerro T. Who benefits from public funding of the performing arts? Comparing the art provision and the hegemony-distinction approaches [J]. Poe-

tics, 2012, 40 (4): 359-381.

[248] Feder T, Katz-Gerro T. The cultural hierarchy in funding: Government funding of the performing arts based on ethnic and geographic distinctions [J]. Poetics, 2015, 49 (4): 76-95.

[249] Dörry S, Rosol M, Thissen F. The significance of creative industry policy narratives for Zurich's transformation toward a post-industrial city [J]. Cities, 2016, 58 (10): 137-142.

[250] 曾志兰. 对金融支持福建文化产业发展的思考 [J]. 福建论坛·人文社会科学版, 2010, 12: 173-176.

[251] 章金萍, 李兵. 我国文化产业保险支持的供需分析与对策引导 [J]. 保险研究, 2012, 7: 68-74.

[252] 福建省工商行政管理局课题组. 福建省文化创意产业的财税政策研究 [J]. 中共福建省委党校学报, 2012, 8: 75-80.

[253] 陈思. 中国演艺产业发展现状及提升策略研究 [J]. 山东社会科学, 2012, 8: 107-110.

[254] 张凤华, 傅才武. 我国文化产业投融资及财政政策的成效与优化策略 [J]. 学习与实践, 2013, 8: 115-122.

[255] 俞燕. 台湾地区产业转型期的中小企业融资辅导制度及其对大陆的启示 [J]. 上海金融, 2014, 8: 87-92.

[256] 郭颖. 文化财经政策亮点与出版传媒企业投融资问题研究 [J]. 出版发行研究, 2015, 7: 21-24.

[257] 朱尔茜. 政府文化产业投资基金: 基于公共风险视角的理论思考 [J]. 财政研究, 2016, 2: 104-112.

[258] 杨向阳, 童馨乐. 财政支持、企业家社会资本与文化企业融资——基于信号传递分析视角 [J]. 金融研究, 2015, 1: 117-128.

[259] 魏鹏举. 新常态下中国文化产业金融支持体系的学理探讨 [J]. 中国人民大学学报, 2016, 4: 20-25.

[260] 边燕杰, 丘海雄. 企业的社会资本及其功效 [J]. 中国社会科学, 2000, 2: 87-99.

[261] Durlauf S N, Marcel F. Social capital [R]. NBER Working Paper, 2004.

[262] 梁爽, 张海洋, 平新乔, 郝朝艳. 财富、社会资本与农户的融资能力 [J]. 金融研究, 2014, 4: 83-97.

[263] Batjargal B, Liu M. Enterpreneurs access to private equity in China: The

role of social capital [J]. Organization Science, 2004, 15 (2): 159-172.

[264] Zhang J, Souitaris V, Soh P, Wong P. A contingent model of network utilization in early financing of technology ventures [J]. Entrepreneurship Theory and Practice, 2008, 32 (4): 593-613.

[265] Florin J, Lubatkin M, Schulze W. A social captial model of high-growth ventures [J]. Academy of Management Journal, 2003, 46 (3): 374-384.

[266] Du J, Guariglia A, Newman A. Does social capital affect the financing decisions of Chinese small and medium-sized Enterprises? [J]. Entrepreneurship Theory and Practice, 2015, 39: 601-631.

[267] Bettiol M, Sedita S R. The role of community of practice in developing creative industry projects [J]. International Journal of Project Management, 2011, 29 (4): 468-479.

[268] Chuluunbaatar E, Ottavia, Luh D B, Kung S F. The role of cluster and social capital in cultural and creative industries development [J]. Procedia-social and Behavioral Sciences, 2014, 109: 552-557.

[269] García-Villaverde P M, Elche D, Martínez-Pérez A, Ruiz-Ortega M J. Determinants of radical innovation in clustered firms of the hospitality and tourism industry [J]. International Journal of Hospitality Management, 2017, 61 (2): 45-58.

[270] 徐明亮. 发达国家金融体系支持创意产业发展的举措及启示 [J]. 浙江金融, 2011, 2: 40-43.

[271] 李建林. 国外文化创意产业金融支持的经验模式与启示 [J]. 未来发展与研究, 2012, 12: 33-39.

[272] 许丹丹, 宋欣, 张维昊. 国外城市发展文化创意产业的金融支持研究 [J]. 首都经济贸易大学学报, 2011, 5: 52-56.

[273] 张新建, 林树, 孙俊峰. 我国文化产业的金融化选择 [J]. 山东社会科学, 2012, 12: 150-153.

[274] 何树红, 刘玉清. 云南文化产业发展的金融支持 [J]. 经济问题探索, 2011, 5: 72-75.

[275] 龙怒. 云南省文化产业发展的金融支持研究 [J]. 云南社会科学, 2012, 12: 27-31.

[276] 刘继广. 金融支持文化产业发展繁荣的途径与手段 [J]. 中国发展观察, 2012, 11: 57-60.

[277] 蒲晓晔, 赵守国. 文化市场发展的金融支撑体系研究——以陕西省为

例 [J]. 求索, 2013, 5: 1-4.

[278] 侯英. 文化产业金融支持体系创新研究 [J]. 经济问题, 2016, 3: 80-85.

[279] Wurgler J. Financial markets and the allocation of capital [J]. Journal of Financial Economies, 2000, 58: 187-214.

[280] Claessens S, Laeven L. Financial development, property rights, and growth [J]. Journal of Finance, 2003, 58: 2401-2436.

[281] Ndikumana L. Financial development, financial structure, and domestic investment: International evidence [J]. Journal of International Money and Finance, 2005, 24 (4): 651-673.

[282] 叶园园, 陈孝明. 金融发展对促进文化企业投资的影响 [J]. 金融经济学研究, 2016, 31 (6): 74-83.

[283] 周月书, 杨军. 农村中小企业融资障碍因素分析——来自江苏吴江和常熟的问卷调查 [J]. 中国农村经济, 2009, 7: 77-85.

[284] 王洪生. 金融环境、融资能力与中小型科技企业成长 [J]. 当代经济研究, 2014, 3: 86-91.

[285] 吴芃, 魏莎, 陈天平. 中小企业融资能力的影响因素研究——基于江苏省中小企业的调查 [J]. 东南大学学报 (哲学社会科学版), 2012, 14 (6): 25-29.

[286] Cole R. The importance of relationships to the availability of credit [J]. Journal of Banking & Finance, 1998, 22: 959-997.

[287] Cole R. What do we know about the capital structure of privately held firms? Evidence from the SSBFs [J]. Financial Management, Forthcoming, 2013.

[288] 崔学刚, 杨艳艳. 我国中小企业融资需求与资本结构选择研究——基于上市中小企业的检验 [J]. 北京工商大学学报 (社会科学版), 2008, 11: 58-66.

[289] Chakravarty S, Yilmazer T. A multi-stage model of loans and the role of relationships [J]. Financial Management, 2009, 2: 781-816.

[290] Boot A W A. Relationship banking: What do we know [J]. Journal of Financial Intermediation, 2000, 10: 7-25.

[291] Berger A N, Udell G F. The economics of business finance: The roles of private equity and debt markets in the financial growth cycle [J]. Journal of Banking and Finance, 1998, 22 (6-8): 613-673.

[292] Chakravarty A, Hu C. Lending relationships in line-of-credit and non-

line-of-credit loans: Evidence from collateral use in small business [J]. Journal of Financial Intermediation, 2006, 1: 86-107.

[293] 张晓玫, 潘玲. 我国银行业市场结构与中小企业关系型贷款 [J]. 金融研究, 2013, 6: 133-145.

[294] 陈斌. 中小企业的外部股权融资: 需求与效果 [R]. 深交所研究报告, 2004.

[295] Heino H. Use of borrowed start-up capital and microenterprises in Mexico: Existence of liquidity constraints [J]. Portuguese Economic Journal, 2006, 5 (1): 1-30.

[296] 李鑫, 王宝明. 农村中小企业信贷融资制约因素的实证研究——基于济南市农村中小企业的问卷调查 [J]. 农业技术经济, 2010, 9: 37-44.

[297] 谭之博, 赵岳. 企业规模与融资来源的实证研究——基于小企业银行融资抑制的视角 [J]. 金融研究, 2012, 3: 166-179.

[298] Rajan R, Zingales L. What do we know about capital structure? [J]. Journal of Finance, 1994, 50 (5): 1421-1460.

[299] 肖作平. 资本结构影响因素和双向效应动态模型——来自中国上市公司面板数据的证据 [J]. 会计研究, 2004, 2: 36-41.

[300] Acs Z J, Audretsch D B. The determinants of small-firm growth in U.S manufacturing [J]. Applied Economics, 1990, 22: 143-153.

[301] Davidsson P, Bruce Kirchhoff B, Hatemi A, Gustavsson H. Empirical analysis of business growth factors using awedish data [J]. Journal of Small Business Management, 2002, 40 (4): 30-34.

[302] 中小企业发展问题课题组. 成长型中小企业评价方法 (2003 修订方案) [EB/OL]. http://www.liuhongzhi.com.

[303] 慕静, 韩文秀, 李全生. 基于主成分分析法的中小企业成长性评价模型及其应用 [J]. 系统工程理论方法应用, 2005, 14 (4): 369-371.

[304] 陈超, 饶育蕾. 中国上市公司资本结构、企业特征与绩效 [J]. 管理工程学报, 2003, 1: 70-74.

[305] 胡彦斌, 钟田丽. 企业技术创新能力与融资结构: 理论与实证——来自中国创业板面板数据 [J]. 工业工程与管理, 2013, 18 (6): 106-114.

[306] Meriküll J, Helen Poltimäe H, Paas T. International technology diffusion: The case of central and eastern European countries [J]. Eastern European Economics, 2013, 51 (2): 21-28.

[307] Maiti D, Singh P. Firm size finance and innovation: Country level study [R]. Working Paper, 2011.

[308] 刘宗林,程静薇.传媒上市公司经营绩效评价与分析——以中视传媒上市公司为例 [J].商业文化(学术版),2008,4:44.

[309] 胡志勇,王首程,李祥伟.我国传媒上市公司经营绩效剖析 [J].广州大学学报,2007,6(1):38-41.

[310] 束义明.我国传媒上市公司经营绩效评价及实证研究 [J].出版发行研究,2011,1:15-19.

[311] 洪锡熙,沈艺峰.我国上市公司资本结构影响因素的实证分析 [J].厦门大学学报(哲学社会科学版),2000,3:114-120.

[312] 陆正飞,辛宇.上市公司资本结构主要影响因素之实证研究 [J].会计研究,1998,8:34-37.

[313] Booth L, Aivazian V, Asli Demirguc-kunt A, Maksimovic V. Capital structures in developing countries [J]. Journal of Finance, 2001, 56: 87-130.

[314] Eriotis N, Vasiliou D, Ventoura-neokosmidi Z. How film characteristics affect capital structure: An empirical study [J]. Managerial Finance, 2007, 33: 331.

[315] 陈维云,张宗益.对资本结构财务影响因素的实证研究 [J].财经理论与实践,2002,23:76-79.

[316] 陶晖.中小文化企业融资困难的原因及其对策 [J].武汉金融,2013,5:55-57.

[317] 罗荷花,李明贤.小微企业融资需求及其融资可获得性的影响因素分析 [J].经济与管理研究,2016,37(2):52-60.

[318] 李正卫,陶真婵,吴嘉庆.中小企业银行融资能力的影响因素:基于浙江省的实证研究 [J].浙江工业大学学报(社会科学版),2014,13(1):110-114.

[319] 李丹,张兵,胡雪枝.农村中小企业融资需求与信贷可获性 [J].金融论坛,2014,1:10-16.

[320] 李润平.生命周期、融资条件、行业分类与中小企业融资——基于浙江省中小企业银行信贷数据的经验分析 [J].当代经济科学,2014,36(4):77-87.

[321] 魏华林,林宝清.保险学 [M].北京:高等教育出版社,2011.

[322] 谢志刚.风险理论与非寿险精算 [M].天津:南开大学出版社,2000.

[323] 甄烨,薛耀文,王文利.我国出版企业版权质押融资模式分析与构建

[J]. 新华文摘, 2017, 2: 857-862.

[324] 甄烨, 薛耀文, 王文利. 众筹模式下创意出版的建构路径分析 [J]. 出版发行研究, 2017, 3: 29-32.

[325] 甄烨, 薛耀文, 王文利. 我国出版企业版权质押融资模式分析与构建 [J]. 出版发行研究, 2016, 7: 35-38.

[326] 甄烨, 薛耀文, 王文利. 众筹融资中支持者投资行为的动态分析——基于演艺众筹的实证 [J]. 广东财经大学学报, 2016, 4: 72-80.

[327] 甄烨, 王文利. 混合理性行为下动态古诺博弈模型的演化 [J]. 统计与决策, 2016, 23: 48-50.

[328] 甄烨, 薛耀文. 国内外户外真人秀节目融资模式比较研究 [J]. 当代电视, 2016, 11: 95-96.

[329] 甄烨, 薛耀文, 王文利. 基于质押融资的文化企业知识产权价值评估研究 [J]. 中国文化产业评论, 2017 (24): 306-319.

[330] 甄烨, 王文利, 薛耀文. 基于保险的文化创意企业融资风险管理研究 [J]. 经济问题, 2018, 3: 41-46.

[331] 王文利, 甄烨, 薛耀文. 商业保险对存货质押融资的激励作用 [J]. 系统管理学报, 2017, 26 (6): 1191-1197.